出土簡帛
宗教神話文獻研究

劉信芳◎著

北京师范大学出版集团
BEIJING NORMAL UNIVERSITY PUBLISHING GROUP
安徽大学出版社

圖書在版編目(CIP)數據

出土簡帛宗教神話文獻研究/劉信芳著. —合肥:安徽大學出版社,2014.6
ISBN 978-7-5664-0627-9

Ⅰ.①出… Ⅱ.①劉… Ⅲ.①簡(考古)—宗教—文獻學—研究—中國②簡(考古)—神話—文獻學—研究—中國③帛書—宗教—文獻學—研究—中國④帛書—神話—文獻學—研究—中國 Ⅳ.①K877.04②B929.2③B932.2

中國版本圖書館CIP數據核字(2013)第116653號

教育部哲學社會科學研究後期資助項目(批準號:11JH009)
本書得到安徽大學211工程學術創新團隊基金資助

出土簡帛宗教神話文獻研究

劉信芳 著

CHUTU JIANBO ZONGJIAO SHENHUA WENXIAN YANJIU

出版發行：北京師範大學出版集團
　　　　　安 徽 大 學 出 版 社
　　　　　(安徽省合肥市肥西路3號 郵編230039)
　　　　　www.bnupg.com.cn
　　　　　www.ahupress.com.cn
印　　刷：合肥遠東印務有限責任公司
經　　銷：全國新華書店
開　　本：170mm×230mm
印　　張：18.75
字　　數：277千字
版　　次：2014年6月第1版
印　　次：2014年6月第1次印刷
定　　價：98.00圓
ISBN 978-7-5664-0627-9

策劃編輯：盧　坡　　　　　　　裝幀設計：知耕書房
責任編輯：盧　坡　　　　　　　美術編輯：李　軍
責任校對：程中業　　　　　　　責任印製：陳　如

版權所有　侵權必究
反盜版、侵權舉報電話：0551-65106311
外埠郵購電話：0551-65107716
本書如有印裝質量問題,請與印製管理部聯繫調換。
印製管理部電話：0551-65106311

目　錄

緒　論 …………………………………………………………………… 1
　一　學術界對簡帛宗教神話文獻的相關研究 ………………………… 1
　二　本課題討論的主要內容 …………………………………………… 2
　三　本課題的主要觀點和研究方法 …………………………………… 4

第一章　楚帛書研究 …………………………………………………… 6
　一　楚帛書論綱 ………………………………………………………… 6
　　1. 伏戲、女媧傳說的文化屬性 …………………………………… 6
　　2. 四子、四神、四時 ……………………………………………… 8
　　3. 關於共工 ………………………………………………………… 9
　　4. 楚帛書對自然現象的認識 ……………………………………… 11
　　5. 楚帛書中的物候記載 …………………………………………… 14
　　6. 楚帛書的性質、結構及其思想 ………………………………… 15
　二　楚帛書所述人類起源與祖先神 …………………………………… 17
　　1. 關於伏戲 ………………………………………………………… 18
　　2. 關於女媧 ………………………………………………………… 21
　　3. 茫昧時代人類的生存活動 ……………………………………… 22
　三　楚帛書天神"德匿"與人間禍福 ………………………………… 29
　　1. 面對五妖、四殘，行腰祭以厭禱爲正 ………………………… 29

  2. 日月運行失序,以厭禱存安神靈 ……………………… 35
  3. 建立天極之恆常,使民人有所歸屬 …………………… 37

第二章　出土簡帛與古代的宇宙論 ……………………………… 43

 一　曾侯乙墓衣箱上的宇宙圖式 ……………………………… 43
  1. 衣箱畫面的構成原理 …………………………………… 44
  2. 關於衣箱箱蓋中央的"斗土" ………………………… 45
  3. 衣箱畫面中的四方之神 ………………………………… 47
  4. 由衣箱所反映的宇宙模式 ……………………………… 52

 二　《太一生水》與《曾子天圓》的宇宙論問題 …………… 55
  1. 關於"太一"和"水" ………………………………… 56
  2. 關於"水反輔太一" …………………………………… 60
  3. 關於"相輔"、"神明"、"陰陽" …………………… 61
  4. 關於"四時"、"滄熱"、"濕燥"、"歲" ………… 62
  5. 關於"太一"本身的質性問題 ………………………… 63
  6. 關於《曾子天圓》中的宇宙論問題 …………………… 64
  7. 與《太一生水》、《曾子天圓》相關的幾個問題 …… 68

 三　上博藏竹書《恆先》試解 ………………………………… 69
  1. 恆先對天地之先以及天地生成的解釋 ………………… 70
  2. 人與自然的關係 ………………………………………… 74
  3. 自作、自為與人文精神的本質 ………………………… 76
  4. 幾點相關討論 …………………………………………… 82

第三章　出土簡帛與楚辭中的宗教神話問題 …………………… 88

 一　包山楚簡神名與《九歌》神祇 …………………………… 88
  1. 釋"太" ………………………………………………… 89
  2. 釋"后土" ……………………………………………… 90
  3. 釋"司命"、"司骨" ………………………………… 91

4. 釋"大水" …………………………………………………… 92

　　5. 釋"二天子" ………………………………………………… 93

　　6. 釋"坐山" …………………………………………………… 94

　　7. "殤"與《國殤》 ……………………………………………… 94

　　8.《禮魂》之"成禮"與楚簡之"既城" ………………………… 95

二 《招魂》"像設君室"與楚簡帛之"象" …………………………… 96

　　1. "像設君室"的幾種解釋 …………………………………… 96

　　2.《天子建州》之"象" ………………………………………… 97

　　3. 帛畫與"畫像" ……………………………………………… 98

三 《繫年》"屎伐商邑"與《天問》"載尸集戰" …………………… 101

　　1. "屎伐商邑"的有關解讀 …………………………………… 101

　　2. "尸伐商邑"與"載尸集戰"之"尸" ………………………… 102

　　3. 關於"荊尸" ………………………………………………… 103

第四章　《日書》所反映的原始崇拜與民俗 …………………… 108

一 《日書》四方四維與五行淺說 …………………………………… 108

　　1. 四方四維與五行原理 ……………………………………… 109

　　2. 對《日書》相關文例的討論 ………………………………… 111

二 秦簡中的楚國《日書》試析 ……………………………………… 121

　　1.《歲》篇 ……………………………………………………… 121

　　2.《毀棄》篇 …………………………………………………… 126

　　3.《到室》篇 …………………………………………………… 127

　　4. 關於《除》與《秦除》 ………………………………………… 128

三 睡虎地秦簡《日書・馬禖》篇試釋 ……………………………… 129

　　1.《日書・馬禖》釋文 ………………………………………… 130

　　2.《日書・馬禖》解詁 ………………………………………… 130

四 《日書》驅鬼術發微 ……………………………………………… 133

　　1. 關於詰咎文體 ……………………………………………… 133

2. 土木偶與鬼怪 …………………………………………… 135

　　　3. 驅鬼的操作用具 ………………………………………… 139

　　　4. 驅鬼與儺 ………………………………………………… 143

　　　5. 驅鬼術中的合理因素 …………………………………… 144

　五 九店楚簡《日書》與秦簡《日書》比較研究 ……………… 146

　　　1. 關於"建鼕" ……………………………………………… 146

　　　2. 關於"結陽" ……………………………………………… 149

　　　3. 關於"相宅" ……………………………………………… 153

　　　4. 關於"毀棄" ……………………………………………… 155

　　　5. 關於"有疾" ……………………………………………… 156

　　　6. 可資比較的其他簡文 …………………………………… 159

第五章　與神道設教有關的竹書釋讀與討論 ……………… 163

　一 竹書所見殷高宗改制與齊桓公藉賦新法 …………………… 164

　　　1. 雉呴鼎耳,高宗改制 …………………………………… 164

　　　2. 齊桓公法先王,頒藉賦新法 …………………………… 167

　二 上博藏楚簡《魯邦大旱》"踵命"試解 …………………… 168

　三 上博藏竹書《柬大王泊旱》聖人諸梁考 ………………… 171

　　　1. "虞良"即"諸梁"說 …………………………………… 173

　　　2. 關於"晉侯"與"葉公","葉公"與"祭公"文字之異 … 175

第六章　生肖的起源及文化屬性 ……………………………… 178

　一 甚麼是生肖 …………………………………………………… 178

　二 有關生肖的早期歷史記載 …………………………………… 179

　三 秦簡《日書》將生肖的起源大大推前 ……………………… 181

　四 楚帛書十二神祇圖與物名紀月 ……………………………… 184

　五 十二生肖形成的語言學因素 ………………………………… 185

　六 十二生肖與五行學說 ………………………………………… 190

七　關於"生肖"的文化屬性問題 …………………………………… 192

附編

簡帛宗教神話文獻論著目 ………………………………………… 195

例言 ……………………………………………………………… 195

一　綜論 ………………………………………………………… 196

二　楚帛書 ……………………………………………………… 198

三　楚帛畫 ……………………………………………………… 208

四　望山楚簡 …………………………………………………… 209

五　九店楚簡 …………………………………………………… 210

六　包山楚簡 …………………………………………………… 213

七　太一生水 …………………………………………………… 215

八　子羔 ………………………………………………………… 223

九　魯邦大旱 …………………………………………………… 226

十　恆先 ………………………………………………………… 228

十一　柬大王泊旱 ……………………………………………… 233

十二　競建內之 ………………………………………………… 235

十三　鮑叔牙與隰朋之諫 ……………………………………… 237

十四　鬼神之明 ………………………………………………… 241

十五　天子建州 ………………………………………………… 243

十六　凡物流形 ………………………………………………… 244

十七　睡虎地秦簡《日書》 …………………………………… 250

十八　放馬灘秦簡《日書》 …………………………………… 264

十九　周家臺秦簡 ……………………………………………… 269

二十　秦駰禱病玉版銘文 ……………………………………… 270

二十一　銀雀山漢簡 …………………………………………… 271

二十二　馬王堆漢墓帛書 ……………………………………… 272

二十三　馬王堆漢墓帛畫 …………………………………… 276
　　二十四　尹灣漢簡 ………………………………………… 279
　　二十五　孔家坡漢簡 ……………………………………… 283
　　二十六　香港中大藏簡 …………………………………… 286
　　二十七　散見漢簡日書 …………………………………… 288

表 …………………………………………………………………… 119

　　表一　《玄戈》與《漢書·律曆志》星宿對照表 …………… 119
　　表二　《玄戈》星宿吉凶分析表 …………………………… 120
　　表三　夏曆、秦曆、楚曆月名對照表 …………………… 122
　　表四　《睡虎地》甲"徙時"、《睡虎地》乙"家(嫁)子□"、《孔家坡》
　　　　　"徙時"對應關係表之一 ………………………………… 124
　　　　　《睡虎地》甲"徙時"、《睡虎地》乙"家(嫁)子□"、《孔家坡》
　　　　　"徙時"對應關係表之二 ………………………………… 126
　　表五　《除》與《秦除》對照表 …………………………… 128
　　表六　建毄、建陷、建窖日值對照表 …………………… 147
　　表七　《九店》、《睡虎地》甲、《睡虎地》乙"結陽"日值對照表 …… 150
　　表八　《九店》、《睡虎地》乙"有疾"文句對比之一 …… 156
　　表九　《九店》、《睡虎地》乙"有疾"文句對比之二 …… 157
　　表十　《九店》、《睡虎地》乙"有疾"文句對比之三 …… 158
　　表十一　《九店》、《睡虎地》乙"有疾"文句對比之四 … 158
　　表十二　《九店》、《睡虎地》乙"有疾"文句對比之五 … 159
　　表十三　楚帛書十二神祇與十二生肖 …………………… 184

圖 ……………………………………………………………………… 44

　　圖一　曾侯乙墓衣箱 E66 ………………………………… 44
　　圖二　衣箱刻銘與楚簡"芒"字比較 ……………………… 47
　　圖三　楚帛書秉月神祇圖 ………………………………… 48

圖四　衣箱朱雀與子彈庫楚墓帛畫…………………………… 49
圖五　帛書敊月神祇圖………………………………………… 50
圖六　1 衣箱西方神祇圖　2 帛書糸月神祇圖 ……………… 51
圖七　長沙子彈庫一號楚墓人物御龍帛畫…………………… 98
圖八　天干、四方、五行關係圖解……………………………… 109
圖九　地支、四方、五行關係圖解……………………………… 110
圖十　日月星辰與四方、五行關係圖解……………………… 116
圖十一　十二禽與五行關係圖解……………………………… 190
圖十二　《周易》八卦、八禽與方位關係圖解………………… 192

緒　論

一　學術界對簡帛宗教神話文獻的相關研究

在出土的戰國秦漢簡帛中，宗教神話類文獻佔有相當大的比重，其中重要的有三十餘種。

自 1942 年楚帛書出土以來，對其進行專題研究的論著達一百四十餘種。較早階段最重要的發現爲李學勤考訂帛書十二月名即《爾雅》十二月名[①]。釋文有嚴一萍《楚繒書新考》較精審[②]。1967 年美國哥倫比亞大學"古代中國藝術及其在太平洋地區之影響"學術討論會期間公佈帛書紅外線照片後，以饒宗頤編著的《楚帛書》爲最善本[③]，李零《長沙子彈庫楚帛書研究》[④]、何琳儀《長沙帛書通釋》[⑤]等論著都取得了許多重要的成就。

卜筮祭禱文書的內容主要有各類神名、先祖名、祭祀禮儀名、犧牲名等，目前學者所做的工作主要是文本整理與釋讀。

九店楚簡《日書》、睡虎地秦簡《日書》、天水放馬灘秦簡《日書》、沙市周家臺秦簡《日書》、孔家坡漢簡《日書》、銀雀山漢簡陰陽時令占候之類佚書等爲

[①] 李學勤：《補論戰國題銘的一些問題》，《文物》，1960 年第 7 期。
[②] 嚴一萍：《楚繒書新考》，《中國文字》第 26、27、28 冊，臺北：藝文印書館，1967 年 12 月、1968 年 3 月、6 月。
[③] 饒宗頤、曾憲通：《楚帛書》，中華書局香港分局，1985 年。
[④] 李零：《長沙子彈庫楚帛書研究》，北京：中華書局，1985 年。
[⑤] 何琳儀：《長沙帛書通釋》，《江漢考古》，1986 年第 1 期、2 期連載。

宗教神話類文獻研究的又一重點，有關論著超過三百種。中、日學者都曾組織"日書"研讀班，開展集體研究①。饒宗頤、李學勤討論了五行與納音、稷辰、艮山圖等關鍵的疑難問題②。李家浩對九店簡《日書》作的釋文與注釋③，劉樂賢、王子今對睡虎地秦簡《日書》作的疏證④，都做了重要的基礎工作。

上博藏二《魯邦大旱》、上博藏四《柬大王泊旱》的內容體現了春秋戰國時期人們面臨自然災害時對神人關係的理解。上博藏五《競建內之》載殷高宗祭成湯，因雉雊鼎耳而修先王之法，此乃史家所云"神道設教"。高宗由此頒發的政令中涉及殷代施行的助法與關市之征，可與《大戴禮記·少閒》、《孟子·滕文公上》、竹書《容成氏》等有關記載相印證。齊桓公效法殷高宗，災後朝廟頒佈征籍與田賦之法，可與《管子·霸形》有關記載相印證。

卜筮祭禱文書及日書研究因其涉及戰國秦漢民間信仰、民俗及社會生活狀況，一直受到學術界的關注，已取得許多重要的進展。如何從宗教神話的角度入手，深入探討當時人們的精神世界，仍有許多工作值得做。

二　本課題討論的主要內容

目前學術界對出土簡帛宗教神話類文獻的研究是相對薄弱的，本課題在相關簡帛文獻整理釋讀的基礎上，嘗試展開較為深入的綜合性分析與研究。

第一章"楚帛書研究"，主要討論楚帛書所述人類起源與祖先神，楚帛書對自然現象的認識，楚帛書天神"德匿"與人間禍福，楚帛書的性質、結構及其思想等問題。

第二章"出土簡帛與古代的宇宙論"，第一節"曾侯乙墓衣箱上的宇宙圖

---

① 林劍鳴：《曲徑通幽處　高樓望路時——評介當前簡牘〈日書〉研究狀況》，《文博》，1988年第3期。

② 饒宗頤：《秦簡中的五行說與納音說》，《古文字研究》第14輯，北京：中華書局，1986年。李學勤：《睡虎地秦簡中的〈艮山圖〉》，《文物天地》，1991年第4期。

③ 湖北省文物考古研究所、北京大學中文系：《九店楚簡》，北京：中華書局，2000年。

④ 劉樂賢：《睡虎地秦簡日書研究》，臺北：文津出版社，1994年。王子今：《睡虎地秦簡〈日書〉甲種疏證》，武漢：湖北教育出版社，2002年。

式",分析衣箱畫面的構成原理;指出衣箱箱蓋中央的"斗土"二字具有天地之中的意義;箱體四面繪畫中含有四方之神的神像;衣箱反映的宇宙模式近於蓋天説。第二節"《太一生水》與《曾子天圓》的宇宙論問題",分析"太一"和"水"的關係,"反輔"、"相輔"、"神明"、"陰陽"的思想與神話含義,對"四時"、"滄熱"、"濕燥"、"歲"的理解,並論及《大戴禮記·曾子天圓》中的宇宙論思想。第三節"上博藏竹書《恆先》試解",討論恆先對天地之先以及天地生成的解釋,人與自然的關係,自作、自爲與人文精神的本質等問題。

第三章"出土簡帛與楚辭中的宗教神話問題",第一節"包山楚簡神名與《九歌》神祇",對楚簡卜筮祭禱類文書中的太、后土、司命、司骨、大水、二天子、坐山、殤等天神、地祇、人鬼,結合《楚辭·九歌》展開對比研究。第二節"《招魂》'像設君室'與楚簡帛之'象'",依據上博藏六《天子建州》"士象大夫之位"、"大夫象邦君之位"、"邦君象天子之位"之類記載,以及楚地出土的楚帛畫、西漢帛畫,重新討論由周代之"尸"到戰國之"象"的禮制變革問題。第三節"《繫年》'屎伐商邑'與《天問》'載尸集戰'",清華藏楚簡《繫年》"成王屎伐商邑"之"屎",研究者多解爲"繼"。結合《楚辭·天問》武王"載尸集戰"的記載,可知"屎"應讀爲"尸","尸"乃西周出師祭祀禮儀。《左傳》"荆尸"與《繫年》"尸"相類,乃楚國尸祭。論者或解爲楚國月名,學者提出的反駁意見理由充分,應該重視。

第四章"《日書》所反映的原始崇拜與民俗",第一節"《日書》四方四維與五行淺説",分析秦簡《日書》中的四方四維與五行原理,並在此基礎上,對《日書》相關文例提出釋讀意見。第二節"秦簡中的楚國《日書》試析",指出睡虎地秦簡《日書》中包含楚國《日書》,從秦簡中析出楚國《日書》,可以使秦簡《日書》的研究建立在一個更加可靠的基礎之上。第三、第四節是對《日書·馬禖》、《日書·詰咎》等篇的專題研究。第五節"九店楚簡《日書》與秦簡《日書》比較研究",主要是通過楚、秦兩種《日書》的對比分析,對九店楚簡《日書》編聯復原、文句解讀提出新的意見。

第五章"與神道設教有關的竹書釋讀與討論",第一節"竹書所見殷高宗改制與齊桓公藉賦新法",指出竹書《競建内之》所載殷高宗祭成湯,修先王之法,此乃史家所云"神道設教"。簡文又載齊桓公效法殷高宗,災後朝廟頒佈征藉與田賦之法,則可與《管子·霸形》有關記載相印證。第二節"上博藏楚簡《魯邦大旱》'踵命'試解",是針對《魯邦大旱》的討論分歧提出新的見解。第三節"上博藏竹書《柬大王泊旱》聖人諸梁考"曾發表於《中國史研究》2007年第4期,其中證明簡文"聖人盧良"即見於經史之葉公"諸梁",已得到部分學者重視。該文還對《柬大王泊旱》之"晉侯"、郭店簡《緇衣》"晉公"、今本《禮記·緇衣》"葉公"、《逸周書》"祭公"等異文作有分析。

第六章"生肖的起源及文化屬性",依據睡虎地、放馬灘兩種秦簡《日書》討論十二生肖的起源;從分析楚帛書十二神祇圖入手,指出十二生肖屬於物名紀月的範疇;對十二生肖的形成展開語言學方面的分析;對十二生肖涉及的數術問題展開五行學説方面的分析;在分析"生肖"文化屬性的基礎上,對十二生肖的定義提出新的意見。

三　本課題的主要觀點和研究方法

1. 楚帛書的文字佈局來源於式圖,本課題將結合曾侯乙墓衣箱星宿圖作進一步討論。曾侯乙墓衣箱E66箱蓋中央書有"斗土"二字,揭示出天地的軸心;箱體四側繪有四方神像,東方之神爲"芒",南方之神爲"且",西方之神爲"弇茲",北方之神爲"玄冥",四方神像與楚帛書邊文司季之神相合。整個衣箱可以稱爲古人認識宇宙的圖式,對於研究中國古代的宇宙論及古代宗教原理具有重要意義。

2. 郭店簡《太一生水》、上博藏三《恆先》是兩篇不可多得的宇宙論文獻,結合楚帛書、曾侯乙墓衣箱展開討論,可以揭示古代宗教的思想原理。

3. 楚簡帛神名與《楚辭》神名可資對比討論者比比皆是,研究空間巨大。

4. 九店楚簡《日書》、睡虎地秦簡《日書》、孔家坡漢簡《日書》體現了楚、秦、漢三個時代的《日書》形態,本課題將揭示其間民間信仰、神話、擇日、祭祀的傳承及變異,討論爲學術界關注的重要問題。

本課題主要從宗教學、歷史文獻學的角度,並結合古文字、考古學等研究方法，對簡帛宗教神話文獻作全面的整理與研究。但凡涉及文字釋讀方面的考證，遵循傳統的做法，證據充分，則下結論，否則闕疑。但凡涉及理論方面的分析，遵循史學的實證做法，有一分材料説一分話，避免空發議論。

本課題形成的以下結論或許具有進一步研究的價值。

在理論研究方面：1. 指出包山楚簡神名與《九歌》諸神的對應關係。2. 指出《曾子天圓》與《太一生水》同爲宇宙論文獻，曾侯乙墓衣箱的宇宙圖式反映的是數術家的宇宙論思想。3. 竹書《恆先》應是稷下學者所作。《恆先》的"作"就是創造，是人類文明的基本精神。4. 依據上博藏六《天子建州》"士象大夫之位"進一步論證由周代之"尸"到戰國之"象"的禮制變革。5. 對《日書》四方四維與五行原理的分析。6. 指出《日書·詰咎》所反映的逐疫之俗，以前學者多以宗教、巫術、迷信視之，然其中實包涵了娛樂的積極因素。

在文本釋讀方面：(1)對帛書"五妖"、"四殘"、"三時是行"的解説。(2)對曾侯乙墓衣箱"斗土"二字的解説，證東方之神爲"芒"，南方之神爲"且"，西方之神爲"拿兹"，北方之神爲"玄冥"。(3)指出《恆先》的"無有"不等於"啥也沒有"，"亡"是指尚未被人所見，尚未被人所了解的存在。(4)對九店楚簡《日書》的部分復原研究等等。

以上筆者多作有力所能及的論證，希望能對相關研究盡綿薄之力。

拙稿對簡帛宗教神話文獻能提出討論意見的範圍有限，目前只能説是做了局部的階段性的工作。加上不斷有新資料公佈，研究任務是長期的。筆者願不斷努力，力爭做好後續研究。

本書使用的幾種符號：

( )　　通假字、異體字、歧讀字用( )隨文注明。

〈 〉　　衍文、誤字用〈 〉隨文注明。

□　　擬補之字置於□中。

☒　　表示原簡殘斷之處。

□　　表示因各種原因造成的闕文，一個□對應一個字。

……　　表示所闕字數不明。

【 】　　竹簡編號置於【 】中。

第一章　楚帛書研究

一　楚帛書論綱

著名的楚帛書自1945年首次公佈資料以來,已經有近七十年的研究歷史。其間數十位中外專家學者爲釋讀楚帛書付出了大量的心血①。時至今日,楚帛書已基本可以讀懂。在此基礎上,我們有可能讓楚帛書從艱難的文字考釋階段走向綜合性的理性認識階段。

1. 伏戲、女媧傳説的文化屬性

帛書記伏戲、女媧爲夫婦神,人類創世之祖,學者多已闡釋之。惟以伏戲爲始祖,此乃數術家言。《史記·曆書》:"太史公曰:神農以前尚矣。蓋黃帝考訂星曆,建立五行,起消息,正閏餘。"此説本於《世本》。《大戴禮記·帝繫》述古帝王譜系,以黃帝爲首,類似説法可歸爲儒家言。

然數術家歷來以伏戲爲首,《易·繫辭下》首列"包犧氏",云:"包犧氏沒,神農氏作。"又云:"神農氏沒,黃帝、堯舜氏作。"班固《漢書·律曆志》有《世經》一篇,以太昊帝炮犧爲首,以下繼以炎帝、黃帝等,《古今人表》與之同,且將女媧附於"宓犧",顏師古注云:"自女媧以下,帝鴻以前,諸子傳記,互爲舛

---

① 饒宗頤、曾憲通:《楚帛書》,中華書局香港分局,1985年。該書後由著者吸收學術界近年的研究成果作修訂,收入《楚地出土文獻三種研究》,由中華書局於1993年出版。書中有《楚帛書研究述要》一文,詳細介紹楚帛書出土五十年來的研究史及著述概況。

駁,敍説不同,無所取正,大要知其古帝之號而已。"按班固所讀天文、曆譜之類卷册,或有出太史公之右者,其以"炮犧"爲首,已引《易》爲證,並非鑿空。經學家由於多認黄帝爲始祖,又不可否認《易》的權威地位,故對此類歧説多存而不論。今藉帛書之昭示,可知先秦學派各有傳承,各有家法;南北文化各有淵源,各有系統。以伏戲、女媧爲人類始祖,在地域上屬南方文化系統,在學派上屬數術家言。

帛書述伏戲、女媧之時,"夢夢墨墨,亡章弼弼",《天問》云:"遂古之初,誰傳道之?上下未形,何由考之?冥昭瞢闇,誰能極之?馮翼惟象,何以識之?"如此歷經"千有百歲"(帛書語,下同),人類經艱難跋涉,才迎來日月("日月夋生")。①

人類的幼年曾經經過一個黑暗時代,這幾乎在世界上各個民族的傳説中,都有類似的故事,《聖經》中的《創世紀》有一個人類祖先無法看到的伊甸園,古希臘神話中的普羅米修斯偷天火給人間,其實都是遠古黑暗時代的形象表述。其中包涵的文化意藴的共性在於,人類的祖先曾經"巢居野處",即還不能走出賴以生存的森林,有如伊甸園中的亞當和夏娃,他們的食物是"園中各樣樹上的菓子"。森林的黑暗與黑夜的黑暗雖有程度的不同,但給初民的感受卻没有甚麽差異——没有鮮明的視覺印象,没有羞恥感,没有必要計算日、月,更没有計算年齡的必要。即使人類開始使用石器,對森林的依附減弱,從森林走進了山洞(舊石器時代的古人類化石點多在山洞),山洞又不過是比森林較爲安全的另一黑暗世界而已。進入山洞使火的使用成爲必須,從這一意義上説,普羅米修斯是人類由森林進化到山洞時代的神。

如果將楚帛書中的伏戲與女媧翻譯成希伯來文,那麽翻譯家應當考慮將其翻譯爲中國的"亞當"和"夏娃"。夏娃偷吃伊甸園中"區别善惡之樹的果

---

① "日月夋生",嚴一萍《楚繒書新考》(臺灣大學《中國文字》廿六至廿八册,1968年)謂"夋"即帝俊,《山海經·大荒南經》:"羲和者,帝夋之妻,生十日。"又《大荒西經》:"帝夋妻常羲,生月十有二。"按"夋"乃"逡"之本字,《説文》:"夋,行夋夋也。"《方言》卷十二:"躔、逡,循也。……日運爲躔,月運爲逡。"若以神話學理解,"日月夋生"即日月爲帝夋所生",但若從實際内涵理解,"日月夋生"即始有日月運行。

子","眼睛就亮了,才知道自己赤身露體,便拿無花果樹的葉子爲自己編作裙子"。《天問》云:"女媧有體,孰制匠之?"有體者,始知有形體之美,始知有羞恥,始有鮮明的視覺印象,始有文明意識之謂也。

伊甸園中沒有降雨,"只有霧氣",是否有風?《聖經》沒有説,但既是一個霧氣瀰漫的時代,則不大可能有風。帛書中伏羲與女媧的時代也是無風無雨的("風雨是於"①)。人類的祖先將巢居於森林的經歷編成故事,一輩又一輩地講給自己的子孫聽,經過歷史的沉澱,留下來最籠統、最抽象而又最深刻的印象,便是楚帛書中那無風無雨的黑暗世界。

2. 四子、四神、四時

楚帛書中,伏羲、女媧之"四子"亦即炎帝時代之"四神",其神名具於帛書甲篇。帛書記"四子"之功績有如下數端:

其一,禳除凶厲,斬殺猛獸(□□□禳,而殘是格,參化虐逃,爲蛇爲萬②)。帛書此類記載反映了人類在漁獵時代與猛獸搏擊的艱難歷程。《淮南子·覽冥》:"猛獸食顓民,鷙鳥攫老弱。"亦屬這一歷史階段之傳説。

其二,建立城垣。帛書記四子"以司堵壤"③,即管理城垣之建築,"晷而步逢"④,謂四子以晷儀測定方位,以步幅測量距離。建立城垣,標誌着人類由野蠻走向了文明。

---

① 《楚帛書》:"風雨是於。"《山海經·大荒北經》:"風雨是謁。""謁"從"曷"得聲,《爾雅·釋詁》:"曷,止也。"

② 關於楚帛書此四句的考釋涉及較複雜的問題,請參劉信芳:《楚帛書解詁》,臺北:藝文印書館,2003年。

③ 《説文》:"堵,垣也,五版爲堵,從土者聲。""壤"字帛書作"襄"。

④ "晷"字帛書作"咎","晷"本古代測日影以定曆法的工具,引申爲規劃。《周禮·地官·大司徒》:"以土晷之灋測土深,正日景以求地中,日南則景短,多暑;日北則景長,多寒;日東則景夕,多風;日西則景朝,多陰。日至之景尺有五寸,謂之地中,天地之所合也,四時之所交也,風雨之所會也,陰陽之所和也。然則百物阜安,乃建王國焉,制其幾方千里,而封樹之。"《釋名·釋天》:"晷,規也,如規畫也。"《漢書·律曆志》:"乃定東西,立晷儀,下漏刻,以追二十八宿相距於四方,舉終以定朔晦分至,躔離弦望。""逢"字又見江陵九店楚簡56~30(《江陵九店東周墓》,科學出版社,1995年),帛書"逢"謂營建道路以相通達。

其三,創制舟車,開始有了山路與水路的交通。帛書云四子"上下騰傳"①,"騰"謂以船通行,"傳"謂以車通行。

其四,劃分四季。帛書云:"四神相弋(代),乃步以爲歲,是佳(惟)四寺(時)。"此類記載與《尚書》等典籍的記載多相吻合。

其五,確定節令之分至。帛書記載炎帝命令"四神"下降,使"捊奠四極"②,此"四極"謂據天象,輔以晷儀,定夏至點、冬至點、春分點、秋分點。四季的認識是很原始的時間概念,而分至點的認識則爲科學曆法的産生奠定了基礎。

帛書之"四神"可以理解爲《尚書·堯典》四仲中星之司神羲仲、羲叔、和仲、和叔,但帛書對其功績記載得更豐富、更具體。帛書之"四子"、"四神"、"四時"三位一體,"四時"是時間概念,"四子"、"四神"是"四時"的人格化和神化。

3. 關於共工

史書記載有二位共工,其一爲凶神,《堯典》四凶之一是也;其二爲水師,《左傳》昭公十七年之"共工氏"是也。

帛書云:"共工夸步十日四時,□□神則閏四。""十日"謂十干③,"四時"謂四季,"夸步"猶推步,"夸步十日四時",是云共工已經開始據日影計算四季在曆法上各占多少天。《山海經·大荒北經》記有夸父"追日影"的神話,應源自"夸步","追日影"者,以晷儀跟蹤觀測日影之謂也。

帛書甲篇有"四子"相代之"四時",這只是依據氣候變化認識到的四季,

---

① "騰傳"從陳邦懷釋,參陳邦懷:《戰國楚帛書文字考證》,《古文字研究》第 5 輯,北京:中華書局,1981 年,第 240 頁。帛書"騰"字從舟作,《廣雅·釋詁》:"艅,渡也。"《左傳》成公五年:"晉侯以傳召伯宗。"傳謂傳車。

② "捊奠四極"即持定四極。《説文》"捊"或體作"抱","抱"者,持也,守也。

③ 饒宗頤云:"此處十日以指甲至癸十干。"其説甚是。參饒宗頤、曾憲通:《楚帛書》,中華書局香港分局,1985 年,第 33 頁。

至於四季的交接點，四季各有多少天，是不清楚的①；"四神"確定之"四極"，是據晷儀測出的二分、二至點，這是對四季認識的重要進步，但由於當時尚無紀日的概念，因而仍然不知道各季的長短；共工所夸步的"四時"，既已與"十日"相聯繫，則已經知道用十干為單位來計算四季各自的天數。

《國語·周語下》"昔共工棄此道也，虞於湛樂，淫失其身，欲壅防百川，墮高堙庳，以害天下，皇天弗福，庶民弗助，禍亂並興，共工用滅"，韋昭注引賈侍中云："共工，諸侯，炎帝之後，姜姓也。顓頊氏衰，共工氏侵陵諸侯，與高辛氏爭而王也。"《左傳》昭公十七年："共工氏以水紀，故為水師而水名。"又昭公二十九年："共工氏有子，曰句龍，為后土。……后土為社。"《禮記·祭法》："共工氏之霸九州也，其子曰后土，能平九州，故祀以為社。"則共工氏是有功烈於民而列入祀典者。古代數術家所傳之共工與儒家所傳之共工略有差異，《山海經·海內經》："共工生后土，后土生噎鳴，噎鳴生歲十有二。"此説與帛書所記最為接近，只是帛書以共工為推步十日四時之神，較《山海經》之説更為古樸。

所謂"共工氏以水紀，故為水師而水名"，"水師"應理解為觀測水星的職官，《史記·天官書》："察日月之會，以治辰星之位，曰北方水……是正四時，仲春春分，夕出郊奎、婁、胃五舍，為齊；仲夏夏至，夕出郊東井、輿鬼、柳東七舍，為楚；仲秋秋分，夕出郊角、亢、氐、房東四舍，為漢；仲冬冬至，晨出郊東方，與尾、箕、斗、牽牛俱西，為中國。"馬王堆帛書《五星占》："辰星主四時，(春)分效(婁)，夏至效(鬼，或井)，(秋分)效亢，冬至效牽牛。""效者，見也。"(《史記·天官書》正義)二十八宿的婁、井、亢、牛四宿為當時春分、夏至、秋分、冬至時太陽所在的方位，也就是水星(辰星)所在的位置。水星是內行星，水星、地球與太陽的距角不超過二十八度，此所以古人以辰星之所在確定二分二至。馬王堆帛書《五星占》關於辰星的記載同於甘氏，説明楚人已知據辰星在二十八宿的位置定四時。

----

① 在四分曆產生之前，古人沒有明確的四季概念。只能依據樹木的抽青發芽、枝繁葉茂、葉黃漂零、枯枝兀立來得到四季的模糊認識。四分曆產生以後，才能準確推知春、夏、秋、冬各自佔據一個什麼樣的時間單位。

根據二十八宿的距離確定四季的天數，帛書歸其功於"共工"的發明，這與《左傳》有關共工爲水師的記載是相吻合的。

從地球上看，二十八宿繞天一周（視運動）爲三百六十五又四分之一天，帛書既已記載共工確定四時，可知帛書"閏四"是指每四年設一閏年。四年一閏與恆星年的週期已經非常接近。

帛書又云："乃逆日月，以傳相土，思（使）有宵有朝，有晝有夕。""逆日月"者，迎送日月之謂也，帛書多此類句法，舉"逆"兼指"迎、送"，舉"日月"兼代"星辰"。迎送日月即觀察日月星辰的運行。宵、朝、晝、夕既與天象相聯繫，應是古代觀測記錄天象的四個時間點，可知宵謂夜之中，朝謂日出時，晝謂日中，夕謂日落時①。其中宵、朝、夕是觀測星辰與月亮的時間點，日中是觀測日影以定方位、季節的時間點。

帛書又說，共工之製定曆法，是爲了"毋使百神風雨辰違亂作"。這是古代很重要的曆數思想。《史記·曆書》云："神農以前尚矣。蓋黃帝考定星曆，建立五行，起消息，正閏餘，於是有天地神祇物類之官，是謂五官，各司其序，不相亂也。民是以能有信，神是以能有明德，民神異業，敬而不瀆，故神降之嘉生，民以物享，災禍不生，所求不匱。"古代曆譜必記明祀神之時間及用牲諸禮儀，必記明物候以便於生產、生活，如《月令》及帛書丙篇等。有了曆譜，"百神風雨"依時而行，星辰經緯有度，而不會亂興亂作，人民也就能依時請神，依時耕作，依時收穫，依時奉獻牲禮，以答謝神靈的福佑。

《漢書·古今人表》記有二位"共工"，"上中仁人"有"共工氏"，與"女媧氏"並列；"下下愚人"有"共工"，與"讙兜、三苗、鯀"並列。帛書之"共工"於曆數貢獻甚鉅，無疑即《古今人表》之上中仁人"共工氏"。

4. 楚帛書對自然現象的認識

帛書乙篇的主要內容是敍述人們對自然現象的認識，由該篇自分爲三

---

① 《書·堯典》："宵中星虛。"《淮南子·精神》"甘瞑太宵之宅"，高誘注："長夜之中也。""晝"與"宵"相對爲文，應指日中。《説文》："朝，旦也。"《洪範五行傳》注："初昏曰夕。"

章，可將其內容歸納爲二個方面，第一章論述威脅到人類生存的種種自然災變；第二章和第三章論述人在自然災變面前的主觀反映（求神祀神），提出人神互不相擾的主張。

帛書論述的自然災異有：

其一，日月星辰的不規則運行①。帛書云："月則盈縮，不得其掌。春夏秋冬，又□尚尚。日月星辰，亂遊（失）其行。盈縮遊（失）□，卉木亡常。"所謂"月則盈縮"，《史記·天官書》云："其趨舍而前曰盈，退舍曰縮。"月亮的運行週期爲二十九天（四分曆），表現在曆譜上，一個月或爲二十九天，或爲三十天；一年有十二個朔望月，表現在曆譜上，某年或有閏月，或無閏月。由於當時掌天官者尚未掌握月贏縮的規律，此帛書"不得其掌"之謂也。"春夏秋冬，又□尚尚"，疑是指四季的長短不一。這是因爲夏至前後，太陽在黃道上移動速度慢，一氣達十六日多；冬至前後，太陽在黃道上移動速度快，一氣只有十四日多。

其二，地上的災變引起行星的變異。楚帛書認爲：地上出現妖孽、地震、彗星隕落、山陵崩廢、洪水泛濫，這些災難在星象上會有反映："□□宎（祅），天墬（地）乍（作）羕（祥），天棓（樹）酒（將）乍（作）灋（蕩），降於亓（其）方。山陵亓（其）壟（廢），又（有）凥（淵）氒（厥）浘（汨），是胃（謂）李。李歲□月，內月七日八（？）□，又（有）雩（霧）禹（霜）雨土。不得亓（其）麇（參）職，天雨喜喜是遊（失）。""李"即火星，古稱"熒惑"，《史記·天官書》："熒惑爲勃亂、殘賊、疾、喪、饑、兵。"《漢書·天文志》："熒惑，天子理也。"此所以帛書將山陵傾圮之類災害與熒惑相聯繫。

其三，帛書認爲置閏不當，將引起咎殃。楚帛書云："月閏之勿行，一月二月三月，是胃（謂）遊（失）終，亡奉，□□亓（其）邦。四月五月，是胃（謂）鬻（亂）綒（紀），亡（無）砅。""行"者，常也，"毋（無）行"謂當時置閏未有"常"例。曆法史研究者多認爲戰國時行四分曆，無中氣置閏，用的是平朔平氣，即一年

---

① 日月星辰的運行是有規律的，然而初民在認識這種規律之前，置閏不當，對星辰運行的記載不能盡合於天象，因而"日月星辰的不規則運行"僅是初民主觀認識的表現形式。

十二個月均可置閏。然而從帛書的敍述看，帛書作者是反對一月至五月置閏的，這是一個值得深究的問題。

楚曆一月、二月、三月正當夏曆冬季之十月、十一月、十二月。四月、五月正當夏曆春季正月、二月。由於置閏於楚曆之"一月、二月、三月"，屬冬季置閏，已至歲末，故帛書稱"遊（失）終"，失終即冬季當終而未終。而置閏於楚曆四月、五月，正值開春歲首，帛書稱爲"亂紀"。《方言》卷十："緤、末、紀、緒也。南楚皆曰緤，或曰端，或曰紀，或曰末，皆楚轉語也。"《禮記·月令》季冬月："是月也，日窮於次，月窮於紀，星回於天，數將幾終"，疏云："月窮於紀者，紀猶會也，去年季冬月與日相會於玄枵，自此以來，月與日相會於他辰，至此月窮盡還復會於玄枵，故云月窮於紀。""紀"既爲日月之會，故《方言》既釋之以"端"，又釋之以"末"。帛書作者認爲歲首月置閏，亂一年紀日紀月也。

由上述可知，帛書作者認爲夏曆冬季十月、十一月、十二月及春季一月、二月均不宜置閏。

帛書進一步説明，面臨災害變異之凶兆，人們應該繫帔降神（"繫之以帔降"），持五彩絲，或着五彩服裝舞以請神，並行腰祭之禮（"是月以腰"）。但當災害頻仍，歲星、火星屢屢出現凶兆之時，人們驚慌失措，於是不顧祀禮的時間慣例及禮儀程式，濫祀濫祭，其結果是，一方面弄得"群神頻行"①，神祇不知該如何降福，另一方面則人民爲祀神而財力盡竭。這種局面即《國語·楚語下》所總結的"民神雜糅，不可方物。夫人作享，家爲巫史，無有要質。民匱於祀，而不知其福。蒸享無度，民神同位。民瀆齊盟，無有嚴威。神狎民則，不蠲其爲。嘉生不降，無物以享。禍災薦臻，莫盡其氣"。

淫祀不會得到福祐，於是帛書作者主張："建恆屬民，五正乃明，其神是享。"意思是説，只有建立恆常的祀典，神有所安，民有所附，各方神祇才能昭明其神靈，下民才能接受祀禮以降福。《國語·楚語下》錄觀射父語："民神異業，敬而不瀆，故神降之嘉生，民以物享，禍災不至，求用不匱。"可以看出，楚帛書關於神人關係的論述，很忠實地繼承了春秋晚期楚國數術家觀射父的思

---

① 見《國語·楚語下》。

想，因而可以斷言，楚帛書的作者乃觀射父之一派傳人。

帛書乙篇最後指出，無論是人民的"民祀不莊"，還是神的"不欽之行"，都將由天帝恢復恆常的秩序，使"民則有穀，亡（無）有相擾"。人民即使再遇到凶災，只需年終行"舞綃"祭祀之禮，也就可以平安無事。可知帛書作者討論神人關係的意旨在於，使人民從沉重的神權壓力下得到一定程度的解脫。在淫祀風行的楚國，這一主張無疑具有針砭時弊的進步意義。《逸周書·命訓》"極禍則民鬼，民鬼則淫祭，淫祭則罷家"，又云"禍莫大於淫祭"，孔晁注"罷家"云："罷弊其財。"是天災已威脅到人民生存，爲祀神又傾其所有，則無異雪上加霜。可知淫祀於當時人民生活、生產爲害甚烈，故凡有眼光之政治家、數術家，均反對此類陋俗。

5. 楚帛書中的物候記載

帛書丙篇之十二月名爲物候曆月名，余已詳證之。此外尚有數事涉及物候記載，謹輯其例於次：

其一，丙篇"取"月記云："乙則至，不可以殺。"《夏小正》二月"來降燕"，戴氏傳："燕，乙也。"取月即夏曆正月，帛書所記較小正早一月，蓋燕至湘南較中原爲早也。知帛書取月"乙則至"爲物候實錄。

其二，"秉"月"妻畜生"。秉月，春三月也（季春）。《禮記·月令》季春之月"是月也，乃合累牛騰馬，遊牝於牡"，鄭玄注："其牝欲遊，則就牧之牡而合之。"《夏小正》三月"羣羊"，戴氏傳："羊有相還之時，其類羣羣然。""還"讀爲"旋"，"相旋"者，相追逐也。《集韻》："羣羣，羊相逐貌。"是帛書之"妻畜生"，謂季春行馬牛羊等家畜相配，爲繁殖也。

其三，"欿"月："鳶率□得，以匿不見。""鳶率"諸家多誤釋，乃不明此爲物候記載之故也。欿月爲夏曆五月，《禮記·月令》季夏之月，"蟋蟀居壁"，孔疏云："此物生在於土中，至季夏羽翼稍成，未能遠飛，但居其壁，至七月則能遠飛在野。"帛書所記較《月令》有近一月之差，原因已如前述。"鳶"字從鳥弋聲，古以有翅昆蟲爲鳥（見《夏小正》），"蟋"從悉聲，弋、悉二字不僅韻部聲紐近，且皆爲入聲字。帛書"鳶率"即"蟋蟀"，可無疑問。

其四，"倉"月，"有梟内（入）於上下"，此亦物候記載，並據此可知"梟"爲"蜩"之假，"蜩"於夏曆七月鳴（倉月即夏曆七月），爲古代重要的物候觀察對象，《夏小正》："七月，寒蟬鳴。"楚人稱"蟬"爲"蜩"，見《方言》卷十一。若以音理論之，古音宵部與幽部多旁轉之例，章太炎《國故論衡·小學略說》已舉之。

另外，帛書"虘"月謂"不可出師"，《呂氏春秋》是月記爲"不可以合諸侯，不可以起兵動衆"。其說相合。帛書"臧"月"□可以築室"，諸家多於"可"前補"不"字，然"可"前之殘畫無論如何也看不出是"不"字。《月令》於孟秋月記云："可以築城郭，建都邑，穿竇窖，修囷倉。"古人築室用板築土爲牆，須避雨季，而孟秋天氣晴好，故帛書是月所記必爲"可以築室"，若前加以"不"字，違失諸物候書之例也。

帛書丙篇備述各月生產、生活、祭祀之宜忌，從本質上說，是帛書乙篇"建恆屬民"思想的進一步展開。如果說帛書乙篇是從理論上闡述神與人的關係，那麼帛書丙篇則從實踐上對處理神人關係作了規範，是可供實際操作的圖解。

6. 楚帛書的性質、結構及其思想

帛書於《七略》應屬"數術略"，《漢書·藝文志》云："數術者，皆明堂羲和史卜之職也。史官之廢久矣，其書既不能具，雖有其書而無其人。……時楚有甘公，魏有石申夫，漢有唐都，庶得麤觕。"若求其細分，丙篇具有曆譜的性質，甲篇和乙篇則是對曆數的產生以及人何以必須認識掌握曆數的理論說明。《漢書·藝文志》云："曆譜者，序四時之位，正分至之節，會日月五星之辰，以考寒暑殺生之實。故聖王必正曆數，以定三統服色之制，又以探知五星日月之會，凶阨之患，吉隆之喜，其術皆出焉。"帛書述及歲、月、四時（季）、四極（分、至）、紀日之起源；曆數與星象、祭祀的聯繫；尤以丙篇具物候曆月名，確立了四季與方位的關係，各月之吉凶等，是帛書爲楚國曆譜之一種，可無疑問。

帛書分甲、乙、丙三篇，甲篇三章，乙篇三章，丙篇十二章，各篇章有內在的邏輯聯繫，渾然一體。甲篇記天地之開闢，曆數之創建；乙篇重點討論神人

關係,主張神人分開;丙篇則是神人互不相擾這一思想的延伸和展開。其中時間觀念以及時間的表現形式(歲、月、日的產生,日月星辰的運行、物候曆等),則是貫穿全篇的線索。

　　從理論上說,帛書討論的問題又是思想的基本問題。我們知道,人有兩個最基本的追求,一是不斷地拓展生存空間,表現在帛書中,便是人類的祖先在黑暗中艱難地跋涉,禳除凶厲,斬殺猛獸,是初民爲爭得生存空間而展開的殊死搏斗;創造舟車,便利交通,大大加快了人類佔領生存空間的步伐。作爲人的第二個基本的追求,就是企求延展生存時間,這一點在帛書中有三個方面的表述,其一是娶妻生子,以子子孫孫的綿延不絶來作爲向死亡的挑戰,帛書丙篇有關娶妻擇日的内容佔了很大比重,尤其是開篇即述伏戲娶女媧以生子四,其内在的必然性在於,古人已經認識到有天地然後有夫婦,有夫婦然後有父子,有父子然後有君臣(參《易‧序卦》);其二是使永生的觀念對象化,表現在帛書中便是不死的神;其三是對時間的認識,這是初民思考生命問題的表現形式,經過無數代人的努力,初民才得到了計算歲、季、月、日的方法,人們才能知道自己從生到死在歷史的長河中佔據一個什麽樣的時間單位。

　　追求生存空間的拓展,追求生存時間的延展,這兩個命題合在一起,便是楚帛書的宇宙觀,這當然也是中國最原始然而又是最基本的宇宙觀。

　　值得注意的是,楚帛書的宇宙觀以人爲中心,在帛書勾畫的宇宙之中,人是起點,伏戲、女媧是也;人是終點,全部問題以人神分開作結是也。

　　帛書中的"神"不過是自然現象、自然規律的抽象。既然天地山川、日月星辰各有司神,那麽認識神也就是認識自然規律。帛書中的人神具有因果聯繫,人間置閏不當,會有地震、水災,會有日月星辰的變異;人間淫祀,神不賜福,這種表述方式也是以人爲中心。

　　帛書中以人爲中心的思想是具有局限性的。舉例來說。我們前面已經提到帛書之"四子"、"四神"、"四時"三位一體,"四時"是時間概念,即春夏秋冬,是客觀存在;而"四子"、"四神"則是"四時"的人格化和神化,是"四時"在初民思維中的產物。而帛書作者認爲:四時的產生是先祖(神)推步的結果,也就是認識的結果。這樣看問題的方法有如人從地球上看天體,日月星辰皆繞地而行；人以眼睛看世界，萬物皆因"我"而存在，因"我"而消亡——這當然是一種顛倒了主體與客體關係的印象。

帛書"建恆屬民"的思想具有重要的思想意義，神有所安，民有所屬，神民異業，無異是説，自然神是客觀的，人是能動的，人應該從神的附庸地位分剝出來，從而獲得相對的獨立性。如果考慮到帛書的時代是淫祀風行的時代，那就更能見出這一思想的批判性及其歷史價值。

楚帛書中的思想問題並不像《老子》、《莊子》那樣具有思辨的色彩，它只是在講述祖先開天闢地功績的同時，樸素地勾畫了一部上古社會發展史；它只是在討論數術問題的同時，包涵了人與自然的關係問題。正因爲帛書作者並不是刻意要討論歷史的問題和思想的問題，反而使其論述不帶儒、墨、道、法的偏見，更真實地再現了歷史發展的邏輯。

二　楚帛書所述人類起源與祖先神

帛書甲篇第一章述及伏戲與女媧的世系，初民開闢生存空間的歷程，以及人類對山川河流、天地日月的最初認識，這對於了解人類起源具有重要意義。本文由帛書文字釋讀入手，對"漁魚"、女媧的世系以及若干關鍵字詞有詳細考述，由此可以使我們對傳説中的伏戲與女媧的時代有更明晰的認識。以下我們先作出釋文，然後就文字釋讀及文意的理解逐次作説明①。

曰故又(？)羸(熊)靇(雹)虐(戲)②，出自尚(顓)霍(頊)，尻(處)於雩□，毕(厥)□䱷(漁)䰻(魚)，囚呆□女。夢夢墨墨，亡章弼弼，罔每(晦)水□，風雨是於。乃取(娶)【甲1】虞(夙)遲(沙)□子之子曰女霝(媧)，是生子四。□□是襄(禳)，而垯(殘)是各(格)。曑𦍒(化)虐(虐)逃，爲蛇爲萬。曰(以)司堵襄(壤)，咎(晷)而步達。【甲2】乃上下

---

① 關於《楚帛書》，拙稿《楚帛書解詁》(《中國文字》新廿一期，1996年)曾有過討論，本文參考新出楚簡，吸收學術界的最新研究成果，對舊稿多有訂正。

② 羸，舊隸作"龍"，已有多位學者證其非，參袁金平：《新蔡葛陵楚簡字詞研究》，安徽大學博士學位論文，2007年4月，第23～29頁。

朕(騰)逊(轉)，山陵不斌(疏)，乃命山川四晦(海)，寞(熱)燹(氣)寒燹(氣)，昌(以)爲亓(其)斌(疏)，昌(以)涉山陵、瀧汨凶(洺)漢(漫)。未又(有)日月，四神【甲3】相弌(代)，乃步昌(以)爲歲(歲)，是隹(惟)四寺(時)。

1. 關於伏戲

"曰故"，開篇語詞。史牆盤銘："曰故文王。"若校之典籍，則"曰故"之用法如同"烏呼"，曰、烏雙聲，故、乎疊韻。"雹戲"由嚴一萍(1968)、金祥恆(1968)所釋出①。雹戲號"有熊氏"，饒宗頤(1985)引《易緯·乾鑿度》鄭注"蒼牙有熊氏得易源"爲證②，其説是。"顓頊"的釋讀可參姜亮夫(1979)的有關考釋③，拙文《楚帛書解詁》也曾討論過這一問題。

"處"字見於鄂君啟節，學者對該字已有正確的隸定，惟舊多讀爲"居"，則未妥。字與包山簡 32"居處名族"之"處"字同形。

"䨹"字從脽，從寽，鄂君啟節有人名"脽"。或謂字從隹從脖，惟其下一字已殘，謹闕疑。饒宗頤(1985)釋"雎"，何琳儀(1989)將該字連同殘文釋爲"雷澤"④，均有待於進一步證明。高明(1985)隸定爲"擢"⑤，與字形不合。

"魚魚"，嚴一萍(1968)讀爲"魚人"，饒宗頤(1985)讀爲"俁俁"，何琳儀(1986)讀爲"魚魚"或"吾吾"⑥。按字讀爲"漁魚"，《禮記·月令》季夏之月"命漁師伐蛟"，又季冬之月"命漁師始漁"，"漁"謂捕魚。

"漁魚"前一字尚存殘畫，似可復原爲"畋"字。《呂氏春秋·直諫》"以畋

---

① 嚴一萍：《楚繒書新考》(上、中、下)，《中國文字》第二十六、二十七、二十八冊，1967年12月、1968年3月、6月；《甲骨古文字研究》第三輯，臺北：藝文印書館，1980年。金祥恆：《楚繒書"雹戲"解》，《中國文字》第二十八冊，1968年6月。以下凡徵引某作者同一篇論著，於姓名後以括弧附論文發表之年，不重復出注。
② 饒宗頤、曾憲通：《楚帛書》，中華書局香港分局，1985年。
③ 姜亮夫：《〈離騷〉首八句解》，《社會科學戰線》，1979年第2期。
④ 何琳儀：《長沙帛書通釋校補》，《江漢考古》，1989年第4期。
⑤ 高明：《楚繒書研究》，《古文字研究》第12輯，中華書局，1985年。
⑥ 何琳儀：《長沙帛書通釋》，《江漢考古》，1986年第1期、第2期。

於雲夢"，高注："畋，獵也。"望山楚簡 2～5："畋車一乘。"田車即田獵用車。《璽匯》0270 著録一楚璽"畋璽"，即田獵官璽。

"夢夢墨墨"，《天問》曰："遂古之初，誰傳道之？上下未形，何由考之？冥昭瞢暗，誰能極之？馮翼惟象，何以識之？明明暗暗，惟時何爲？"帛書"夢夢墨墨"實與《天問》"瞢暗"義同。"夢"，睡虎地秦簡《日書》又作"瞢"，如 883 反、852 反之"惡瞢"即"惡夢"。"瞢"之本義，洪興祖補注云："目不明也。""墨墨"，《管子·四稱》："政令不善，墨墨若夜。"高明(1985)引《史記·商鞅傳》"殷紂墨墨以亡"，《韓詩外傳》作"紂默默而亡"。《莊子·在宥》"至道之精，窈窈冥冥；至道之極，昏昏默默"，注云："窈冥昏默皆了無也。"吾友吳郁芳曾致函云："墨墨猶默默，古通用。如《卜居》'吁嗟默默'，後作嘿嘿，或作墨墨。卜偃曾有'天下有五墨墨'之語，又作默默。夢夢乃指視之無形，墨墨乃指聽之無聲。"所言甚是。

"亡章弼弼"，"亡章"，饒宗頤(1985)釋"章"爲形，"蓋言宇宙初辟，尚未成形"。李零(1985)："亡章，殆指無法度。"①何琳儀(1986)："'亡章'，即'無別'。"按亡章疊韻，字不單獨爲釋。亡、章皆陽部字，且夢夢、墨墨、弼弼皆連語，惟獨將"亡章"理解爲詞組，竊意以爲不妥。"亡章"猶"芒芒"，《詩·商頌·玄鳥》："宅殷土芒芒。"《左傳》襄公四年："芒芒禹跡。"芒芒，廣遠貌。"弼弼"，嚴一萍(1968)釋爲"宿"字，"讀爲肅，乃肅敬之義"。饒宗頤(1985)引《爾雅》"弼，重也"，《方言》"弼，高也"爲訓。李零(1985)謂"弼古通拂"。高明(1985)謂"弼"古文從弗作，字通"弗"，《詩·小雅·蓼莪》："飄風弗弗。"按上引《天問》"馮翼"可作"弼弼"之注腳，《淮南子·天文》"天地未形，馮馮翼翼"，高誘注："馮翼，無形之貌。"《淮南子·精神》："古未有天地之時，惟象無形，窈窈冥冥。""窈窈冥冥"與"馮馮翼翼"同書互見，算得是劉安爲"馮馮翼翼"作的自注。馮、弼雙聲，是知"弼弼"同"馮馮"，皆爲描寫天地混沌之狀的聯綿詞。

"罱每水□"，第一字上從网，下殘泐，包山簡 100"罱澤"，"罱"與此字殘畫相合，字應讀爲"彌"，張衡《西京賦》(《文選》卷二)"彌皋被岡"，薛綜注：

---

① 李零：《長沙子彈庫楚帛書研究》，中華書局，1985 年。

"彌,猶覆也。"第二字饒宗頤(1968)、高明(1985)、何琳儀(1998)隸作"每"①。字讀爲"晦",《爾雅·釋天》:"霧謂之晦。"《説文》:"霧,晦也。"大凡有關人類起源之傳説,多以爲遠古曾經有一個霧氣瀰漫的時代,《舊約·創世紀》:"神還沒有降雨在地上,也沒有人耕地,但有霧氣從地上騰,滋潤遍地。"可爲其比。可知"彌晦"即霧氣瀰漫。

"風雨是於",商承祚(1964)釋"於"爲語助詞②。陳邦懷(1965)讀"於"爲"居"③。李零(1985)釋爲"以"。饒宗頤(1968)讀"於"爲"呼",云:"'風雨是呼'一類句法,見於《大荒北經》:'燭龍……風雨是謁。'"④高明(1985)讀"於"爲"越",《書·盤庚》"越其罔有黍稷",孔傳:"越,於也。"《左傳》昭公四年"風不越而殺",杜注:"越,散也。"則"風雨是於"謂"風雨激揚散發"。何琳儀(1986)讀"於"爲"謁",《山海經·大荒北經》"有章尾山,有神,人面蛇身而赤,直目正乘,其瞑乃晦,其視乃明,不食不寢不息,風雨是謁,是燭九陰,是謂燭龍",郭璞注釋"謁"云:"言能請致風雨。"《書·舜典》"謁密八音",《春秋繁露》引作"閼"。《左傳》襄公二十五年"虞閼父",《史記·陳世家》索隱作"遏"。何氏據以云:"風雨是於"謂伏羲"有呼風喚雨之神力"。按讀"於"爲"遏"是也,惟釋以"呼風喚雨"則未妥。《爾雅·釋詁》:"遏,止也。""風雨是於"謂天地茫昧之時,無風無雨也。《創世記》所記伊甸園是一個無雨的世界,與帛書所記類似。

以上"有熊"句,述伏羲之姓氏;"出自"句,述伏羲之世係;"處於"句,述伏羲之居住地;"漁魚"句,述伏羲賴以生存的生產方式;"夢夢"以下四句,述伏戲時代的人類生活環境。可知帛書開篇所述,以漁獵時代爲其時代背景。《易·繫辭下》"古者包犧氏之王天下也,仰則觀象於天,俯則觀法於地,觀鳥獸之文與地之宜,近取諸身,遠取諸物,於是始作八卦,以通神明之德,以類萬

---

① 何琳儀:《戰國古文字典》,北京:中華書局,1998年。
② 商承祚:《戰國楚帛書述略》,《文物》,1964年第9期。
③ 陳邦懷:《戰國楚帛書文字考證》,油印本,1965年4月;發表於《古文字研究》第五輯,北京:中華書局,1981年;《一得集》,濟南:齊魯書社,1989年。
④ 饒宗頤:《楚繒書疏證》,《歷史語言研究所集刊》第四十本〔上〕,1968年10月。

物之情。作結繩而爲罔罟，以佃以漁，蓋取諸離"，孔疏："用此罟罔，或陸畋以羅鳥獸，或水澤以罔魚鱉也。"與帛書所記基本一致。由帛書可知，楚人以"雹戲"、"女媧"爲人類始祖。

2. 關於女媧

帛書"乃取（娶）虘（且）遷（沙）□子之子曰女堕（媧）"一句，述女媧之世係，內容十分重要。

"取"，嚴一萍（1968）讀爲"娶"。

"遷"字見於丙篇之九，又見於包山簡250，李零（1988）隸定爲"遷"①。"虘遷"，何林儀（1986）讀爲"且徙"，謂"乃取且徙"即才娶妻又遷徙。按如此釋讀，"娶"、"徙"與下文"女媧"、"生子四"等內容脫節，於行文脈理有不符。拙稿舊讀"乃趣且徙"，亦有此弊。伏羲與女媧乃夫婦，"娶"自是娶女媧爲妻，"生子四"應指伏羲與女媧生子四。如此則"女媧"之前的七字應是交代女媧之族姓與家世，有如：

  黃帝居軒轅之丘，而娶於西陵氏之女，是爲嫘祖。嫘祖爲黃帝正妃，生二子。（《史記·五帝本紀》）
  昌意娶蜀山氏女，曰昌僕，生高陽。（《史記·五帝本紀》）
  大業娶少典之子，曰女華，女華生大費。（《史記·秦本紀》）
  老童娶于竭水氏，竭水氏之子謂之高緺氏，產重黎及吳回。《大戴禮記·帝繫》）
  禹娶於塗山氏之子，謂之女憍氏，產啟。《大戴禮記·帝繫》）

准此類例，"虘遷"乃女媧之族姓，"□子"乃女媧考妣之名。

既明"虘遷"乃族姓，則"虘遷"應讀爲"且沙"。"虘"字多見於包山簡，除人名用字外，例多讀爲"且"，簡198："虘（且）志事少遲得。"210："虘（且）外有不訓。"皆其例。"且"古音在魚部莊紐，且古音在幽部心紐，古音魚、幽爲近旁

---

① 李零：《長沙子彈庫楚帛書研究補正》，中國古文字研究會成立十周年學術討論會論文，1988年7月；《古文字研究》第20輯，北京：中華書局，2000年。

轉，"如甫聲字爲牖"（章太炎《小學略説》）是也。"遝"字楚簡習見，多讀爲"徙"，然亦有讀爲"沙"之例，如包山簡78"長廊"即"長沙"。

《左傳》襄公二年記有齊人"夙沙衛"。《呂氏春秋·用民》"夙沙之民，自攻其君而歸神農"，高注："夙沙，大庭氏之末世也。"《帝王世紀》（《類聚》十一）："神農氏，姜姓也。……夙沙氏叛，不用命，箕文諫而殺之。炎帝退而修德，夙沙之民，自攻其君，而歸炎帝。"夙沙既爲大庭氏之後，其地望應在齊魯一帶。《左傳》昭公十八年"梓慎登大庭氏之庫以望之"，杜注："大庭氏，古國名，在魯城内，魯於其處作庫高顯，故登以望氣。"孔疏："先儒舊説皆云：炎帝號神農氏，一曰大庭氏。服虔云：在黄帝前。鄭玄《詩譜》云：大庭在軒轅之前。亦以大庭爲炎帝也。"《北堂書鈔》一百四十六："《魯連子》云：夙沙瞿子善煮鹽。"類似記載又見《御覽》八六五引《世本》。《漢志》載"魯仲連子五卷"，魯仲連爲戰國晚期齊國人，齊人言齊地先祖事，所記"夙沙瞿子"當可信。據此可推定帛書"夙沙"後殘失之字應是"瞿"字。

"女媧"，原帛"媧"是個繁難字，考釋茲從略①。李學勤（1984）謂女下一字讀爲媧或讀爲皇都沒有確據，"包羲所娶是另一人，不是女媧"②。謹録以存參。本文重視《易·繫辭》等典籍的有關記載，認爲伏戲所娶即是女媧。

綜上，帛書所記女媧乃"夙沙瞿子之子"。夙沙乃齊地遠古氏族，以煮鹽爲生。傳説女媧爲"風"姓（《類聚》十一引《帝王世紀》、《列子·湯問》注），又傳説多謂伏羲與女媧爲兄妹（《風俗通義》佚文），今既釋出帛書"夙沙瞿子"，則伏羲與女媧各有居處之地，各有姓氏。

3. 茫昧時代人類的生存活動

"□□是襄"，"襄"字諸家多讀爲"壤"。按字讀爲"禳"，《説文》："禳，磔禳，祀除厲殃也。古者燧人榮子所造。"《禮記·月令》季春之月"命國難，九門

---

① 關於帛書"女媧"的釋讀，請參何林儀《長沙帛書通釋》，《江漢考古》，1986年第2期。拙稿《楚帛書解詁》亦曾有過討論。

② 李學勤：《楚帛書的古史與宇宙觀》，《楚史論叢》，湖北人民出版社，1984年；《簡帛佚籍與學術史》，臺北：時報出版公司，1994年。

磔禳,以畢春氣",鄭玄注:"此月之中,日行曆昴,昴有大陵積尸之氣,氣佚則厲鬼隨而出行,命方相氏率百隸素(索)室驅疫以逐之。又磔牲以禳于四方之神,所以畢止其災也。"又季冬之月"命有司大難旁磔,出土牛以送寒氣",鄭玄注:"此月之中,日曆虛危,虛危有墳墓四司之氣爲厲鬼,將隨強陰出害人也。旁磔于四方之門,磔禳也。"

"而戔是各"句,"而",嚴一萍(1968)曰:"諸家皆釋天,誤。此爲而字。"其說是。"戔"字諸家多釋"踐"。按字應讀爲"殘",義與磔近。《周禮·夏官·大司馬》"放弒其君則殘之",鄭玄注:"殘,殺也。"殘謂碎割,或稱作"磔",《荀子·宥坐》"五子胥不磔姑蘇東門外乎",楊倞注:"磔,車裂也。"知帛書"殘"用與"磔"同。"各",嚴一萍(1968)釋"高",與字形不合。高明(1985)釋"吝",按帛書乙4、乙5"吝"字二例,其右上二捺均等長,與此字形不同。商承祚(1964)釋"各",按"各"讀爲"格",《詩·小雅·楚茨》"神保是格",毛傳:"格,來。"《爾雅·釋詁》:"格,至也。""而殘是格"合上句觀之,謂磔禳以除惡也。所以然者,蓋往古之時,"猛獸食顓民,鷙鳥攫老弱",女媧"斷鼇足","殺黑龍",於是"狡蟲死,顓民生"(《淮南子·覽冥》)。先民巢居野處,必有"磔"、"禳"而後有生存空間也。

"参化虐逃","参"與"虐"、"化"與"逃"爲互文。"参"與曾侯乙墓衣箱二十八宿星名"参"字同形。"虐",字與《說文》"虐"之古文同形。郭店簡屢見此字,多讀爲"乎",而帛書此例則應依《說文》古文讀爲"虐"。

所謂"参"是以星宿名代指凶瘧。《史記·天官書》:"参爲白虎。"戰國時已將二十八宿劃分爲四宮,即東蒼龍、南朱鳥、西咸池、北玄武。《史記》索隱引《文耀鉤》云:"西宮白帝,其精白虎。"曾侯乙墓衣箱(E66)所繪二十八宿,東爲蒼龍,西爲白虎,故古人又習稱西方七宿爲"西白虎"。参、虎古多連言,《招魂》"参目虎首"是也。《山海經·海內北經》:"窮奇狀如虎,有翼,食人從首始,所食披髮。"《續漢書·禮儀志》記大儺之儀:"肺胃食虎。"是古人固以虎爲凶瘧矣。

所謂"虐"謂"虐鬼",《論衡·訂鬼篇》:"顓頊氏有三子,生而亡去,爲疫鬼。一居江水,是爲虐鬼;一居若水,是爲魍魎鬼;一居人宮室區隅漚庫(按:

"漚庫"衍文），善驚人小兒。"類似記載又見於《續漢志》李賢注引《漢舊儀》。

所謂"化"，原帛字形從示，化聲，讀爲"變化"之化，《天問》："陰陽三合，何本何化？"又："化爲黃熊，巫何活焉？"又："伯禹愎鯀，夫何以變化？"

所謂"逃"其實就是逃亡、逃走之"逃"，諸家或釋"兆"，非是。"参化虐逃"的意思既簡單又明白，謂既行"禳"、"殘"（磔）逐疫之儀後，諸凶神虐鬼紛紛變化逃亡。

"爲蛇爲萬"，"蛇"，商承祚（1964）、陳邦懷（1965）、饒宗頤（1985）、曾憲通（1985）釋"禹"；嚴一萍（1968）釋"禺"；李零（1988）釋"禺"；何琳儀（1986）謂"禹、禺、萬均應從内"，而帛書該字並不從内，"其非禹和禺可以斷言"。因改釋作"虫"。按何氏否定該字非"禹"和"禺"之理由是很充分的，然釋爲虫則略有欠缺。該字所從之"虫"有添加裝飾筆畫，正似所謂畫蛇添足者。依據帛書原字形，該字應分析爲從"虫"，"以"聲，無疑是"蛇"字。"萬"，商承祚（1964）隸作"离"，釋爲商之先公"契"。嚴一萍（1968）："此字與甲篇第十一行第十七字及乙篇第三行第卅一字'澫'所從之萬，完全相同，當是萬字。"其説是。《説文》："萬，蟲也。"《荀子·議兵》："憯如蜂蠆。""蠆"與"萬"同，馬王堆帛書《老子》乙本 190 下"蜂癘蟲蛇"，"癘"字郭店簡《老子》甲本 33、傅奕本作"蠆"。帛書"爲蛇爲萬"，謂諸凶神虐鬼幻化逃亡，變成了蟲蛇之類。

《淮南子·覽冥》謂女媧補天殺龍以後，"狡蟲死，顓民生"，"當此之時，禽獸蝮蛇，無不匿其爪牙，藏其螫毒，無有攫噬之心"。此類記載明顯受到了帛書的影響。

"以司堵壤"，"堵"，饒宗頤（1985）、李零（1985）、何琳儀（1989）釋"堵"；高明（1985）、何琳儀（1986）釋"域"。按釋"堵"是也。《説文》："堵，垣也，五版爲堵，從土者聲。""司堵壤"即管理城垣。

"晷而步達"，"咎"，讀爲"晷"（饒宗頤 1985、高明 1985）。晷本古代測日影以定曆法的工具，引申爲規劃。《周禮·地官·大司徒》："以土圭之法測土深，正日景以求地中，日南則景短，多暑；日北則景長，多寒；日東則景夕，多風；日西則景朝，多陰。日至之景尺有五寸，謂之地中，天地之所合也，四時之所交也，風雨之所會也，陰陽之所和也。然則百物阜安，乃建王國焉，制其畿方千里,而封樹之。"《釋名·釋天》:"晷,規也,如規畫也。"《漢書·律曆志》:"乃定東西,立晷儀,下漏刻,以追二十八宿相距于四方,舉終以定朔晦分至,躔離弦望。""而",嚴一萍(1968)釋"而",學者多釋爲"天"。曾憲通(1993)引李家浩説釋爲"而"①,後又謂"而"乃"天"字之誤(曾 1999)②。按依"而"字讀已可讀通,不必改字。

"步",《後漢書·張衡傳》:"察三辰於上,跡禍福於下,經緯歷數,然後天步有常。"(高明 1985 引)

"達",舊多誤釋。字又見江陵九店楚簡日書 30,李家浩釋"達",甚是③。帛書"達"謂營建道路以相通達。《爾雅·釋天》:"一達謂之道路,二達謂之歧旁……九達謂之逵。"是凡以道路相通皆可謂之達。古人以步爲測量單位,"步達"引申爲推步之意。"晷而步達"合上句觀之,謂以晷測日影以定方位,推步測量以建交通網絡。下文言及陸路與水路交通,知"達"兼指陸上道路與水上通航。

"上下騰傳","騰傳"從陳邦懷(1965)釋。《説文》:"騰,傳也。"按騰傳析言之,謂以舟車相通,渾言則無別也。"騰"從舟作,《廣雅·釋詁》:"騰,渡也。"《左傳》成公五年:"晉侯以傳招伯宗。"傳謂傳車。《離騷》"路修遠以多艱兮,騰衆車使徑待。路不周以左轉兮,指西海以爲期",王逸章句:"騰,過也。"又:"轉,行也。"騰、轉實即帛書"騰傳"之分用。《漢書·司馬相如傳》錄《上林賦》"轉騰潎洌",孟康注:"轉騰,相過也。""轉騰"即騰轉之倒,有如現代漢語"比較"又作"較比",傳與轉通。

"山陵不疏","斌",饒宗頤(1968)初釋"延",後(1985)改釋"殺"。按釋"延"是。《離騷》"及前王之踵武",王逸章句"武,跡也。《詩》曰:履帝武敏歆"。《説文》:"疋,足也。"疋、武古音同在魚部,音近義通,此所以從疋與從武無別。《説文》:"延,通也。""延"又作"疏",《禮記·月令》"其器疏以達",《玉

---

① 曾憲通:《長沙楚帛書文字編》,中華書局,1993 年。
② 曾憲通:《楚帛書文字新訂》,《中國古文字研究》第 1 輯,長春:吉林大學出版社,1999 年。
③ 湖北省文物考古研究所:《江陵九店東周墓》,北京:科學出版社,1995 年。

篇》引作"其器㳟以達"。知"山陵不疏"即山陵不通,亦即僅知山陵之籠統,未知山陵有方位彼此之具體劃分。

"乃命山川四晦","命",饒宗頤(1985)讀爲"名",《書·呂刑》:"禹平水土,主名山大川。"李零(1988)從其説。"晦",從日從每,讀爲"海"(饒宗頤1985)。然不必理解爲納百川之"海"。《周禮·夏官·校人》"凡將事于四海山川",鄭玄注:"四海,猶四方也。"《孟子·告子下》:"孫叔敖舉于海。"然《荀子·非相》云:"楚之孫叔敖,期思之鄙人也。"是邊鄙之地稱"海"。

"熱氣寒氣","熱",或釋"熏"(饒宗頤1985、李零1988),或隸作"寮"(嚴一萍1968、李學勤1984),或從嚴説讀爲"燎"(何琳儀1986),均與字形不合。李零(1995)釋爲"熱"①。按釋"熱"是也,拙稿《楚帛書解詁》曾有補證。

"寒",嚴一萍(1968)釋爲"再"。饒宗頤(1985)釋爲"百"。李零(1985)釋爲"害",又(1995)釋爲"寒"。該辭例既與"熱氣"對稱爲文,則釋"寒"是正確的。可參金文克鼎、寒姒鼎之"寒"字。帛書"寒"之字形可分析爲從宀從人在茻中,下有仌,有如《説文》對"寒"字的分析。其中宀、仌與金文"寒"字的相關部件對應,中間部分應是"人在茻中"之省形。

周鳳五(1997)將"寒"字改釋爲"倉"②,曾憲通(1999)支持周説,並進一步論證帛書"寬"從艸得聲,字讀爲"燥",與郭店簡《老子》"杲(燥)勝蒼(滄)"正可互證。按帛書丙篇另有"倉"字,與此字形不同,故此字仍應釋"寒"。

"氣",古人多以"氣"指風,宋玉《風賦》:"風者,天地之氣。"又《九辯》"悲哉秋之爲氣也",王逸章句:"寒氣聊戾,歲將暮也。"屈原《天問》:"西北辟啟,何氣通焉。"《莊子·則陽》:"四時殊氣。"凡此氣皆指季風。古有八風之説,見《左傳》隱公五年、《呂氏春秋》、《禮記·月令》、《爾雅·釋天》等。"八風"之説過於繁瑣,以中國季風特點論之,春夏多吹東南風,秋冬多吹西北風,《淮南子·地形》:"南方曰南極之山,曰暑門……北方曰北極之山,曰寒門。"是帛書熱氣即東南熱風,寒氣即西北寒風。

---

① 李零:《古文字雜識(五則)》,《國學研究》第三卷,北京:北京大學出版社,1995年。
② 周鳳五:《子彈庫帛書"熱氣倉氣"説》,《中國文字》新廿三期,1997年12月。

"瀧汩凼漫"，陳邦懷(1965)謂"瀧汩皆楚國水名"，釋"汩"爲湘水支流汩水。饒宗頤(1985)隸作"汩"，釋爲急流，李零(1988)從其說。李零(1985)、李學勤(1984)、高明(1985)釋"泪"，於字形近之，於辭例則不可解。

按上文"山陵"乃泛稱，則"瀧汩凼漫"不宜實指。"瀧"字疊韻訓爲漬水，《說文》："瀧，雨瀧瀧也。"《荀子·議兵》"案角鹿㢮隴種東籠而退耳"，楊倞注："東籠與涷瀧同，沾濕貌。"《論衡·自紀篇》："筆瀧漉而雨集。"典籍絕少見"瀧"單用之例，知"瀧汩"應合讀爲訓。屈原《天問》"不任汩鴻，師何以尚之"，王逸章句："鴻，大水也。""瀧"、"鴻"疊韻，瀧汩亦即汩鴻，謂大水或急流。

"凼"字從水囗聲，饒宗頤(1985)以爲"窞"爲"凼"之後起字，其說是也。

"漫"，陳邦懷(1965)、饒宗頤(1985)、李學勤(1984)讀爲"漫"，何琳儀(1986)隸作"厲"，將其坐實爲《水經注·㶟水》之厲水。李零(1988)讀爲"瀨"。按釋"漫"是。《石鼓文》"漫漫有鮂"，鄭樵注："漫即漫。""漫(漫)漫(漫)"亦連讀爲辭，有如"滔滔"(見《說文》)、"漫漫"(《離騷》"曼曼"釋文又作"漫漫"、"壇曼"，司馬相如《子虛賦》"案衍壇曼")，皆爲疊韻連語。"瀧汩凼漫"構詞如疊牀架屋，已開漢賦之先河，蓋帛書作者約與屈宋同時而稍早，固有此文風。

以上帛書述人類認識山陵河流之歷程。山川四海，熱氣寒氣乃先民劃分山陵河流之客觀依據，《山海經》有南山、西山、北山、東山、中山之分，此依山之相對方位而劃分山陵；《西山經》昆侖之丘"河水出焉"，《中山經》岷山"江水出焉"，《水經》卷一昆侖墟"河水出其東北陬"，此以山水之共存關係而得山陵河流之劃分；《山海經》有海外南西北東經，海内南西北東經，此依四海而明山陵河流之劃分；《大荒經》記有四方風名，此與帛書以熱氣寒氣分疏山陵河流相類。

"未有日月"，"未"，或隸作"朱"，讀爲"殊"(李學勤1984)，未妥。該句應理解爲未有紀日，未有紀月，即未有天干地支也。《史記·曆書》："昔自在古，曆建正作于孟春……日月成，故明也。"此"日月"即指曆法計算單位之日、月。知計算日、月，則曆數明確。是太初之民，只知囫圇紀年，認識到一年有四時(季)，從春及冬爲一年。及至知道計算大餘、小餘，才能確知一歲(年)有多少日,有多少月,於是可據天象定歲首,日、月各有定歸矣。《淮南子‧覽冥》:"伏戲女媧,不設法度,而以至德遺於後世。"馬王堆漢墓帛書《十六經‧順道》:"大庭氏之有天下也,不辨陰陽,不數日月,不志四時。"是古人已經認識到遠古曾經有過不記日月四季的時代。

《大戴禮記‧五帝德》謂黃帝"曆離日月星辰",《史記‧曆書》"黃帝考定星曆",索隱:"《世本》及《律曆志》:黃帝使羲和占日,常儀占月。"此北方所傳古史,與帛書所記不盡相同。

"四神相代",按帛書"四子"、"四神"、"四時"三位一體,"四時"是時間概念,即春、夏、秋、冬四季,是客觀存在;而"四子"、"四神"則是"四時"的人格化和神話,是"四時"在初民思維中的產物。帛書的作者認爲:四時的產生,是先祖(神)推步的結果,也就是認識的結果。"弋",《尚書‧多士》"敢弋殷命"即敢代殷命。代,更也。

"步以爲歲",《尚書大傳‧洪範五行傳》"帝令大禹,步于上帝",鄭注:"步,推也。于,於也。上帝,謂天也。令禹推演天道,謂睹得失反復也。"《大戴禮記‧五帝德》謂帝顓頊"履時以象天",王聘珍解詁:"履,步也。履時謂推步四時。"

"四時",《書‧堯典》記帝堯命羲仲、羲叔、和仲、和叔分別爲春、夏、秋、冬之正。《春秋公羊傳》隱公六年:"四時具然後爲年。"《左傳》昭公元年:"分爲四時,序爲五節。"《大戴禮記‧五帝德》謂帝堯之時,"四時先民治之"。帝舜之時,"羲和常曆,敬授民時"。與帛書所記類似。

以上帛書述伏戲女媧的時代,初民與猛獸搏擊,爭得生存空間,分疏山陵河流,認識天地日月的歷程,與《淮南子‧覽冥》等典籍的有關記載大略相合。

楚帛書第一章明確記有伏戲、女媧的世係;述遠古之時,天地茫昧,"風雨是於",伏羲漁獵爲生,始有人類初始之生產活動;娶女媧而生子四,是有人類自身之生產活動。磔禳凶厲,營建城垣,先民在險惡的自然環境中,爲自己爭得生存空間,由野蠻走向文明。依據山川、四方原野的相對位置,熱氣寒氣的寒暑分佈狀況,認識到山川河流的方位與分佈,是爲空間觀念之始;當時尚未有紀日紀月,僅僅依據四季的自然變化而認識到歲和四時,是乃時間觀念之始。

依據楚帛書第二章、第三章的敍述，炎帝時已測出方位，分天爲九天，劃地爲九州，於是山川河流之分佈已有具體之經緯；四神以五木覆"天旁"，建立觀測天象的體係，有了最原始的結繩刻符之類的紀日紀月；帝夋時已有了依據恆星週期的"日月之行"；共工創制干支曆法系統；商代相土建立時分制。由鴻荒至商代，天文地理曆法之學之產生與發展，敍述得明明白白。

亙古以來，對人類認識天地時空的歷程表述得客觀而具體者，惟帛書甲篇一本。我們希望以後能有機會進一步討論有關問題。

三　楚帛書天神"德匿"與人間禍福

"德匿"是《楚帛書》中的疑難問題之一。本文依據郭店簡中"匿"字的有關文例，將"德匿"解釋爲星德匿蔽之所及，結合古代天文曆法學說中的星宿分野的有關說法，對《楚帛書》乙篇第二章作出新的釋讀。

1. 面對五妖、四殘，行腰祭以厭禱爲正

凡歲（歲）德匿安（焉），曰亥（垓）隹（惟）邦所，五宎（祅）之行，卉木民人，㠯（以）風四淺（殘）之【乙5】尚。□□上宎（祅），三寺（時）是行。隹（惟）德匿之歲（歲），三寺（時）□㬜（暑），繫繫之㠯（以）帉（帔）降，是月㠯（以）婁（腰），㫇（厭）爲之正。

以上大意是說：歲星行之於天，據其次度可知其德所"匿"（覆蓋）的邦所。如果相應的邦所出現"五妖"、"四殘"、"三時"等彗星或孛逆時令之氣，應行腰祭，以存安天神。

"歲德匿焉"之"歲"，考慮到下文有"季德匿"，可知"歲"謂歲星。

"德匿"，商承祚（1964）釋"側匿"①，《漢書·五行志下》："晦而月見西方謂

---

① 商承祚：《戰國楚帛書述略》，《文物》，1964年第9期。以下凡引同一作者論著，於姓名後附以論著發表之年，以減少重復出註。

之眺，朔而月見東方謂之仄慝。"嚴一萍、李學勤、高明等學者多從其說。李零（1985）："德指天之慶賞，匿指天之刑罰。"認爲"德匿"即《國語·越語下》之"德虐"，以及古書習見之"刑德"①；又（1988）不同意"德匿"連讀爲訓，云："人享神，故神德之。這是'德匿'一詞中'德'的含義。"②饒宗頤（1990）謂"匿"專指側匿，增一"德"字，謂"德匿（不德）之際，而群神仍能代行天德"③。

按"德匿"乃釋讀楚帛書難題之一。凡四見，除本例外，乙篇第六行有"惟德匿之歲，三時□暑"；第七行有"惟李德匿，出自黃淵"；第九行有"是謂德匿，群神乃德"。拙稿（1996）釋爲"星德隱匿"，未能讀通全部辭例④。郭店簡《五行》40："匿之爲言也，猶匿匿也，少而軫者也。"匿匿猶惻隱，謂仁人愛心之所及（說參拙稿《郭店楚簡〈六德解詁一則〉》，《古文字研究》第二十二輯）。依照《五行》思想體系，仁之愛心有如鳥羽之覆雛，親親是仁，惻隱亦是仁，及至"仁覆四海"（帛書《五行》第三〇八行），則天下弱小者無不受其遮蔽與護佑。據此我們應對帛書之"德匿"重作思考，"歲德匿焉"者，歲德遮蔽之所及，即歲星行之於天，其"德"之覆蓋範圍。有如二十八宿行之於天，於地則各有其分野。下文"李德匿"謂火星之德之所及。依照帛書的思想體系，五星各有"德匿"之時，當着歲星德之所及，稱歲德匿，當着火星德之所及，稱李德匿。五星之德各有不同，下民亦應有不同的祭祀安神之舉措。古代封域各有分星，說參下文"作其下凶"注。

"亥"字原文不清晰，饒宗頤（1985）釋"亥"⑤，茲從之。讀爲"垓"，《說文》："垓，兼垓八極地也。"《國語·鄭語》："王者居九垓之田。"《史記·司馬相如傳》："上暢九垓。"《抱朴子·廣譬》："日未移晷，周章九陔。"《左傳》襄公二十八年"歲在星紀而淫於玄枵。……裨竈曰：'今茲周王及楚子皆將死。'歲棄其

---

① 李零：《長沙子彈庫楚帛書研究》，中華書局，1985年。
② 李零：《長沙子彈庫楚帛書研究補正》，中國古文字研究會成立十周年學術討論會論文，1988年7月；《古文字研究》第20輯，北京：中華書局，2000年。
③ 饒宗頤：《楚帛書天象再議》，《中國文化》第三期，香港中華書局，1990年12月；北京：生活·讀書·新知三聯書店，1991年。
④ 劉信芳：《楚帛書解詁》，《中國文字》新廿一期，1996年12月。
⑤ 饒宗頤、曾憲通：《楚帛書》，中華書局香港分局，1985年。

次而旅於明年之次,以害鳥帑,周楚惡之",杜預注:"旅,客處也,歲星棄星紀之次,客在玄枵。歲星所在,其國有福;失次於此,禍。衝在南,南爲朱鳥,鳥尾曰帑,鶉火鶉尾,周楚之分,故周王、楚子受其咎。"是古星占家認爲,歲星行之於天,匿蔽覆蓋之所及,是禍是福,將由其兼垓的邦所當之。《洪範五行傳》:"歲星者,于五常爲仁,恩德孝慈;於五事爲貌,威儀舉動。仁虧貌失,逆春令,則歲星爲災。雖主福德,見惡逆則怒,爲殃更重。"《開元占經》卷二十三引《甘氏》曰:"邦將有福,歲星留居之。"《石氏》曰:"其國失義失春政,則歲星盈縮。"《尚書緯》:"禁斬伐,以安國家,如是則歲星得度,五穀滋矣。政失於春,星不居其常。"《樂動聲儀》:"角音和調,則歲星常應。"《荊州占》:"君有德,則歲星潤澤光明。君無德,則歲星細小不明。"又:"人君治急,歲星行疾;緩者行遲;刻者行陰道;寬者行陽道;和者行中道。"是歲星之於邦所,一表一裏,天人感應,邦所仁德化施,歲星昭之以福;邦所有惡逆,則歲星昭之以禍。

五妖之行,"妖"謂妖星。《開元占經》卷八十五引《黄帝占》:"妖星者,五行之氣,五星之變。如見其方,以爲災殃。各以其日五色占知,何國吉凶決矣。"如《河圖》所記:

  歲星之精,流爲天棓(又天槍、天猾、天衝、國皇、反登等)
  熒惑之精,流爲析旦(又蚩尤旗、昭明、司危、天欃等)
  填星之精,流爲五殘(又六賊、獄漢、大賁、炤星、紃流等)
  大白之精,散爲天桝(又天杵、伏靈、大敗、司奸、天狗、天殘等)
  辰星之精,散爲枉矢(又破女、扶樞、滅寶、繞綖、驚悙等)

所記與《史記·天官書》索隱引孟康注多相合。

就歲星之"生"、"散"而言,《史記·天官書》"(歲星)其失次以下,進而東北,三月生天棓,長四丈,末兑。進而東南,三月生彗星,長二丈,類彗。退而西北,三月生天欃,長四丈,末兑。退而西南,三月生天槍,長數丈,兩頭兑",正義:"歲星之精散而爲天槍、天棓、天衝、天猾、國皇、天欃,及登天、荊真,若天猿、天垣、蒼彗,皆以廣凶災也。"則"五妖"泛指妖星,與"五星"相對而成辭。

卉木民人,"卉木",《開元占經》卷二十三引《甘氏》:"(歲星)有囚色,草木傷。""民人",《尚書大傳·洪範五行傳》:"我民人無敢不敬事上下王祀。"《漢書·禮樂志》:"民人歸本。"王孫遺者鐘:"和溺民人。"亦即人民,九店楚簡《日書》16:"和人民。"又45:"宜人民。"郭店簡《六德》4:"聚人民。"

以風四殘之尚,"風",原字殘,何琳儀(1989)疑其爲"風"字①。

按該字殘畫與帛書甲篇第一行"風"字可以比勘,可以肯定是"風"字。"風"者,化也。《戰國策·秦策一》:"山東諸國,從風而服。"《淮南子·本經》"天下莫不從風",高誘注:"風,化也。"古四方風各有其名,依時而至,此甲骨文、《書·堯典》、《山海經》俱有明文,僅就《山海經》所記:

> 東方曰析,來風曰俊(《大荒東經》)
> 南方曰因乎,夸風曰乎民(《大荒南經》)
> (西方)有人名曰石夷,來風曰韋(《大荒西經》)
> 北方曰鹓,來之風曰狹(《大荒東經》)

可知"以風四殘之尚"者,草木民人爲四殘之尚所風,亦即爲之風化也。蓋治世風調雨順,一旦"五妖之行",則殘賊之氣傷人民,殺禾稼也。占風、占雲氣本類屬於占星,《國語·周語上》"瞽師音官以風土……而時布之於農",韋注:"風土,以音律省土風,風氣和則土氣養也。"《史記·律書》:"武王伐紂,吹律聽聲,推孟春以至於季冬,殺氣相並,而音尚宮。同聲相從,物之自然,何足怪哉?"

"四殘",應指四時殘賊之氣,與四時之風相對而言。《逸周書·時則》:"立春之日,東風解凍。……風不解凍,號令不行,蟄蟲不振,陰奸陽。""小暑之日,溫風至……溫風不至,國無寬教。""立秋之日,涼風至……涼風不至,無嚴政"。《淮南子·本經》:"天地之合和,陰陽之陶化萬物,皆乘人氣者也。是故上下離心,氣乃上蒸。君臣不和,五穀不爲。距日冬至四十六日,天含和而未降,地懷氣而未揚,陰陽儲與,呼吸侵潭,包裹風俗,斟酌萬殊,旁薄衆宜,以相嘔咐醖釀,而成育衆生。是故春肅、秋榮、冬雷、夏霜,皆賊氣之所生。"《說文》:"殘,賊也。"是"四殘"猶四時字逆之賊氣也。

"尚",舊多讀爲"上",按字不破讀。

---

① 何琳儀:《長沙帛書通釋校補》,《江漢考古》,1989年第4期。

三時是行,"三時",嚴一萍(1968):"三時,指三春之孟仲季。《春秋繁露·官制象天》:'一陽而三春,非三之時與。'又《陰陽義》:'天之道以三時成生。'"①饒宗頤(1985)引《左傳》桓公六年:"三時不害,民和年豐也。"云:"帛書所言三時,可能指當攝提乖方,孟陬殄滅,正曆之舉,不得已或減去一季,只得三時而已。"高明(1985)釋以春夏秋三季,引《國語·周語》"三時務農",韋昭注:"三時,春、夏、秋。"②

按帛書"三時"與《左傳》桓公六年"三時"同一含義,然非"減去一季"之謂也。拙稿(1996)釋爲春夏秋三季,亦非是。凡四時除本季之外,其餘三季爲"三時"。如當春應行春令,乃有"行夏令","行秋令","行冬令"之類;當夏而有"行秋令","行冬令","行春令"之屬;當秋而有"行冬令","行春令","行夏令"之屬;當冬而有"行春令","行夏令","行秋令"之屬;是所謂"三時是行"。《淮南子·時則》:"春行夏令,泄;行秋令,水;行冬令,肅。夏行春令,風;行秋令,蕪;行冬令,格。秋行夏令,華;行春令,榮;行冬令,耗。冬行春令,泄;行夏令,旱;行秋令,霜。"類似記載又見《呂氏春秋·十二紀》、《禮記·月令》、《管子·幼官圖》(玄宮圖)等,《月令》孔疏云:"當月施令之事,若施之順時,則氣序調釋;若施令失所,則災害滋興。"

惟德匿之歲,三時□屠(暑),繫之以岥降,"屠"字殘損,但殘存筆畫清晰,郭店簡《緇衣》9:"日屠雨。"《禮記·緇衣》作"夏日暑雨"。據此知該字乃"暑"之古文。"暑"前一字因帛書斷裂而殘失,李零(1988)疑是"既"字,拙見疑是"燅"字,讀爲"氣"。"三時氣暑"者,謂秋、冬、春三時行夏令也。《逸周書·周月》:"夏三月中氣,小滿,夏至,大暑。"則帛書"暑"應指夏之時令。對此我們可以結合帛書下文"腰"祭(亦即儺祭)作一說明。《禮記·月令》季春之月:"命國難,九門磔攘,以畢春氣。"又孟秋之月:"天子乃難,以達秋氣。"又季冬之月:"命有司大難旁磔,出土牛,以送寒氣。"是先秦時令逐疫之禮,季春有國儺,孟秋有天子儺,季冬有大儺,惟夏無儺。依據帛書的行文邏輯,所以"腰"

---

① 嚴一萍:《楚繒書新考》(上、中、下),《中國文字》第二十六、二十七、二十八冊,1967年12月、1968年3月、6月;《甲骨古文字研究》第三輯,臺北:藝文印書館,1980年。

② 高明:《楚繒書研究》,《古文字研究》第12輯,中華書局,1985年。

者，"三時氣暑"也。則三時謂秋、冬、春，可無疑義。

"帝"，商承祚(1964)釋"亂"。李學勤(1982)①、何琳儀(1986)釋"素"②。李零(1985)隸作"帗"而讀爲"需"，高明(1985)從其説。李零(1988)對該字不作隸定，僅云："下從市。"按字即"市"之異構，或作"帗"，《説文》古文作"𧛕"。古代䄍祭，繫五彩絲以大儺逐疫，"帗"謂五彩絲也。《周禮·地官·鼓人》"帗舞"鄭玄注："帗，列五采繒爲之。"《類聚》卷四引《風俗通》："五月五日以五彩絲繫臂者，辟兵及鬼，令人不病瘟。"

是月以䄍，䐃爲之正，"婁"，字或釋"亂"，或釋"遷"，或釋"遣"，皆誤。李學勤(1982)、李零(1988)隸作"婁"而讀爲"數"。饒宗頤(1993)釋爲"婁宿"③。按字應讀爲"䐃"，《説文》："䐃，楚俗以二月祭飲食也。""二月"應從《御覽》引作十二月。䐃又稱儺，古代驅鬼逐疫之儀。

《楚帛書》乙篇"厭"字二例("厭爲之正"、"厭以爲則")，該字的隸定早有共識，但如何理解則是難題。"厭"字見又於以下用例：

    厭一豾於堘(地)宔(主)(包山簡 219)

    厊(厭)於埜(野)堘(地)宔(主)一豾，宮堘(地)宔(主)一豾(包山簡 207)

    ☐䐃(厭)禱一虡(臚)(葛陵簡甲一 4)

    薦(薦)太一犕，緩(嬰)之㠯(以)玨玉，旂(祈)之。既成，江(攻)逾而䐃(厭)之(葛陵簡甲三 111)

    司命、司禍各一虡(臚)，與禱䐃之(葛陵簡乙一 15)

葛陵簡公佈以後，徐在國對"䐃"字有正確的釋讀，並指出：楚帛書"'䐃'字讀爲'厭'，義爲厭祭"④。《禮記·曾子問》"攝主不厭祭"，鄭玄注："厭，厭飫神也。厭有陰有陽，迎尸之前，祝酌奠，奠之且饗，是陰厭也；尸謖之後，徹

---

① 李學勤：《論楚帛書中的天象》，《湖南考古輯刊》第 1 集，嶽麓書社，1982 年 11 月；《簡帛佚籍與學術史》，臺北：時報出版公司，1994 年。
② 何琳儀：《長沙帛書通釋》，《江漢考古》，1986 年第 1 期、第 2 期。
③ 饒宗頤、曾憲通：《楚地出土文獻三種研究》，北京：中華書局，1993 年。
④ 徐在國：《楚帛書詁林》，合肥：安徽大學出版社，2010 年，第 567～568 頁。

薦,俎敦設於西北隅,是陽厭也。"可知所謂"是月以腰,厴爲之正"者,謂該月行腰祭,以厭安神靈爲正。也就是好吃好喝,神人共樂的意思。

2. 日月運行失序,以厭禱存安神靈

隹(惟)十又(有)【乙6】二□,隹(惟)李德匿,出自黃肙(淵),土身亡(芒)䏦(翼),出内□同,乍(作)亓(其)下凶。日月虘(皆)䎪(亂),星(辰)不同(同?),日月既䎪(亂),歲(歲)季【乙7】乃□。寺(時)雨進退,亡(無)又(有)尚(常)丞(恆)。恭民未智(知),厴(厭)㠯(以)爲則。

以上大意是説:火星德匿,土星呈現光環,其相應的邦所不可作務。當着日月運行失序,星辰至時不能會合,風雨失調,應以存安神靈爲準則。

惟十有二□,嚴一萍(1968)謂"二"後殘失之字是"月"字。

惟李德匿,例同前"歲德匿焉"。"李"即火星,古稱"熒惑",《史記·天官書》:"熒惑爲勃亂、殘賊、疾、喪、饑、兵。"《漢書·天文志》:"熒惑,天子理也。"李、理典籍多通用,《管子·法法》"皋陶爲理",尹知章注:"古治獄之官。"又《大匡》:"國子爲李。"又《五行》:"后土辯乎南方,故使爲李。"《史記·天官書》"房南衆星曰騎官,左角李,右角將",索隱:"李即理,法官也。"

出自黃淵,古人稱日月五星繞地而行的軌道爲黃道,知"黃淵"指日月五星伏行之處。《開元占經》卷三十:"熒惑始出,蒼多芒,所居宿其國有妖而飢。"

土身芒翼,"土",土星,古又稱"填星"。《史記·天官書》:"曆斗之會以定填星之位……歲填一宿。"又稱"鎮星",《淮南子·天文》:"鎮星以甲寅元始建斗,歲鎮行一宿。當居而弗居,其國亡土。""亡",讀爲"芒"。

"䏦"字諸家多誤釋,惟曾憲通指出該字"從鳥從異",始得正解①。只是曾氏謂"'土身亡翼'殆是一種有光無芒的彗星",是其不足。"芒翼"應指芒角,謂星之光芒如翼,如角,皆比喻之辭。《史記·天官書》"角大,兵起",集解引李奇注:"角,芒角。"《天官書》又謂:"填星,其色黃,九芒。""(金星)色白,五

---

① 《楚文字雜識》,中國古文字研究會1992年南京學術研討會論文。

芒"。"芒"、"角"皆是土星、金星之光芒給人的視覺印象(在此尚不能排除古人觀察到土星光環的可能)。

出內□同,"出內",行星之出與伏。《史記·天官書》:"填星出百二十日而逆西行,西行百二十日反東行。見三百三十日而入,入三十日復出東方。""同",該字上一字已殘失,致使句義不明。"同"之含義有兩種可能,《史記·天官書》:"同舍爲合。"如是則謂土星與火星同舍;《天官書》又云:"五星色同。"如是則謂土星與火星色同。《漢書·天文志》:"熒惑與太白合則爲喪,不可舉事用兵;與填合則爲憂,主孽卿。"帛書既云"作其下凶",則應理解爲火星與土星同舍。

作其下凶,謂作務於火星或土星行次所匿之邦所,將有凶兆。蓋封域各有分星,火星或土星行次所在,若有"出內□同",相應邦所當有所避忌也。《周禮·春官·保章氏》:"保章氏掌天星,以志星辰日月之變動,以觀天下之遷,辨其吉凶。以星土辨九州之地所封,封域皆有分星,以觀妖祥。"據鄭注,"星"謂"五星","辰"謂日月之會,五星有盈縮,日有薄食暈珥,月有盈虧朓側匿,日月五星右行於列宿之間,天下禍福變移所在皆藉此顯現。時九州各有分星,鄭注云:"星紀,吳越也;玄枵,齊也;娵訾,衛也;降婁,魯也;大梁,趙也;實沈,晉也;鶉首,秦也;鶉火,周也;鶉尾,楚也;壽星,鄭也;大火,宋也;析木,燕也。"《史記·天官書》:"天則有列宿,地則有封域。"

日月皆亂,"皆"字從陳邦懷(1965)釋①。字與郭店簡《語叢一》45"皆有喜有怒",65"上下皆得其所",106"我行皆有之",《語叢三》65"皆至安"諸例之"皆"同形。

星辰不同,"同",字因絹裂而變形,林巳奈夫(1966)②、李零(1988)、高明(1985)釋"同"。嚴一萍(1968)釋"同"。李學勤(1982)釋"公"。拙見疑是"同"字。《洪範五行傳》"星辰莫同",鄭注:"莫,夜也。星辰之變,夜見亦與晝同。初昏爲朝,夜半爲中,將晨爲夕。或曰:將晨爲朝,初昏爲夕也。"按帛書

---

① 陳邦懷:《戰國楚帛書文字考證》,油印本,1965年4月;發表於《古文字研究》第5輯,北京:中華書局,1981年;《一得集》,濟南:齊魯書社,1989年。

② 林巳奈夫:《長沙出土戰國帛書考補正》,京都《東方學報》第三十七冊,1966年。

"日月皆亂,星辰不同"應指曆法失序,曆譜上所記日月之會不同於二十八宿的實際天象。《説文》:"同,合會也。""不同"謂星辰至時不能會合。

歲季乃□,陳邦懷(1965)云:"《易經·彖傳》:'古日月不過,而四時不忒。'據此推知帛書'歲季乃□'之闕文蓋爲'忒'字。"

恭民未知,"恭民",諸家多謂"恭"讀爲"恐"。按:讀如字,蓋先民祀神必出以恭敬,此《國語·楚語下》"戰戰兢兢,以祀百神"是也。"恭民"猶後世之"善男信女"。《詩·小雅·小宛》:"溫溫恭人,如集於木,惴惴小心,如臨於谷。"又《大雅·抑》:"溫溫恭人,惟德之基。"恭民即恭人也,恭,敬也。

曆以爲則,参上"曆爲之正"。"則",《左傳》昭公二十五年:"天地之經,而民實則之,則天之明,因地之性。"帛書謂遇有星象變異,風雨不時,"恭民"即令不知其所以,亦應以厭安神靈爲準則,而不可驚惶失措。

3. 建立天極之恆常,使民人有所歸屬

母童羣(群)民,昌(以)□三死(恆),叟(廢)四興兒(霓),昌(以)□天尚(常)。【乙8】羣(群)神五正,四晷(辰)亢(堯)羊。建死(恆)襡(屬)民,五正乃明,亓(其)神是亯(享)。是胃(謂)德匿,羣(群)神乃德。

以上大意是説:如果群民迷失方位,廢毀四極,雌霓出現,違失天常,致使群神、五正、四辰偏離遊移,不能明確其德之所匿,那就應建立天極之恆常,使民人有所歸屬,五正職司明確。群神得其享祀。這就是所謂"天神之德各有所匿",才能致德於民。

母童群民,"母童",論者多讀爲"毋動",意有未安。按"母童"讀如字,謂婦女、兒童。

以□三恆,"三恆",猶三極,與"四極"相對而言。由於帛書甲篇"奠三天,使捊正四亟(極)"之"亟"字殘,無法斷定該字是"亟"字還是"恆"字之古文,因而影響了我們對"三恆"的理解。四極乃東南西北四方以及曆法上的四仲中星的準確定位,據此知"以□三極"是指母童群民迷失東南西之方向及其時節。惟北斗在天,婦孺皆知,不存在迷失問題。

廢四興霓,"四",謂四極,"廢四"猶《淮南子·覽冥》之"四極廢",蓋謂四

極失度,曆法混亂,則雌蜺興起。請與帛書上文"日月既亂,乃有蜺彷"參讀。

以□天尚(常),"以"後殘失一字,陳邦懷(1965)據《左傳》文公十八年"以亂天常",補闕文爲"亂"字。按:亦有可能是"遊(失)"字。

"天常",古以日月五星繪於旗上,稱"大常"(參《周禮·天官·司常》),是"天常"謂日月星辰經行有常。郭店簡《成之聞之》31:"天降大常。"又32:"小人亂天常以逆大道。"又38:"以順天常。"又40:"以祀天常。"

群神五正,"群神",《國語·楚語下》:"群神頻行,國於是乎蒸嘗,家於是乎嘗祀。"

"五正",《國語·楚語下》:"於是乎有天地神民類物之官,是謂五官。"五官即五正也。《左傳》昭公二十九年:"故有五行之官,是謂五官。……木正曰句芒,火正曰祝融,金正曰蓐收,水正曰玄冥,土正曰后土。"

陳邦懷(1965)謂"正"乃"政"之假借,《管子·禁藏》:"發五正。"張佩綸云:"正、政通,'五正'與'五德'、'五刑'、'五藏'相次,非'五官正'也。"按陳說忽視"五正"的數術意義,非是。李學勤(1982)釋以《左傳》之"五官",其後又改變了看法。馬王堆漢墓帛書《十六經·五正》:

> 黃帝問闔冉曰:吾欲佈施五正,焉至焉始?對曰:始在於身。中有正度,後及外人。外內交接,乃正於事之所成。

帛書整理者引《鶡冠子·度萬》:

> 天地陰陽,取稽於身。故布五正,以司五名。十變九道,稽從身始。五音六律,稽從身出。

李氏(1992)據以云:"以《左傳》五行之官來講'五正',今天來看,實際是不對的,'五正'無疑便是《黃帝書》、《鶡冠子》所論的'五正'。黃老道家本同陰陽數術有相通之處,子彈庫帛書受《黃帝書》'五正'的影響,是不足爲異的。"[①]

[①] 李學勤:《〈鶡冠子〉與兩種帛書》,《道家文化研究》第1輯,上海古籍出版社,1992年;《簡帛佚籍與學術史》,臺北:時報出版公司,1994年。

《十六經》、《鶡冠子》之"五正",依李氏的解釋,"'五正'的本義當爲己身與四方的正"。按五行之"土正"於五行居中,中謂己身之所在。《禮記·檀弓下》"文子其中退然,如不勝衣",注:"中,身也。"《墨子·經上》:"宇,彌異所也。"經說上:"宇,東西家南北。"孫詒讓閒詁:"顧云:家字衍。王校同。按家猶中也,四方無定名,必以家所處爲中,故著家于方名之間,非衍文也。"孫說是也。五官之正本身包含有方位的含義,知《十六經》、《鶡冠子》之"五正"與《左傳》木正、火正、金正、水正、土正並無矛盾。《十六經》產生的年代晚於《左傳》,至於《楚帛書》與《十六經》二者之間孰先孰後,則有待於進一步研究。竊意以爲《楚帛書》較《十六經》爲早,《楚帛書》之"五正"自當以《左傳》"五行之官"爲正解,《十六經》之"五正"亦與"五行之官"有聯繫。"五正"與"五行之官"的數術含義是相通的,更何況《楚帛書》之"五正"與"群神"並列而成辭,很難將其理解爲"己身與四方的正"。

四晨堯羊,"四"後一字下部殘,商承祚(1964)釋"晨"。嚴一萍(1968)疑是"望"字。李學勤(1982)、李零(1985)釋爲"興"。據殘存筆畫分析,應是"晨"字,字形可與甲篇第七行"晨"字比較。字讀爲"辰","四辰"謂四時之辰,猶四仲中星爲四時之辰也。《書·堯典》:"乃命羲和,欽若昊天,厤象日月星辰,敬授人時。"其下所記有:"日中星鳥,以殷仲春";"日永星火,以正仲夏";"宵中星虛,以殷仲秋";"日短星昴,以正仲冬"。"四辰"的星象意義是指由太陽在恆星系中的位置移動所劃分的四時,以星鳥,星火,星虛,星昴爲標誌;在史官則謂掌辰之羲仲、羲叔、和仲、和叔;在神則謂四時之神。

"堯",字或釋"元"(安志敏 1963)①,或釋"失"(嚴一萍 1968、李零 1985、高明 1985)。李學勤(1982)釋"堯",讀"堯羊"爲"堯祥"。何琳儀(1986)讀爲"翱翔"。按"堯羊",讀爲"相羊",連語也。《離騷》"聊逍遙以相羊",洪興祖補注:"相羊,猶徘徊也。""四辰堯羊"者,謂四辰失序,遊移偏離其道度而未有恆定也。《史記·曆書》:"其後三苗服九黎之德,故二官咸廢所職,而閏餘乖次,孟陬殄滅,攝提無紀,曆數失序。堯復遂重黎之後,不忘舊者,使復典之,而立

---

① 安志敏、陳公柔:《長沙戰國繒書及其有關問題》,《文物》,1963 年第 9 期。

羲和之官。明時正度,則陰陽調,風雨節,茂氣至,民無夭疫。"所述與帛書大略相合。

　　建恆屬民,五正乃明,其神是享,"建",原字形從止聿聲,舊多釋"晝",饒宗頤(1968)釋"建"①。學者或對"建"之字形提出疑問,按郭店簡《老子》乙10、13、15"建"字三例,九店楚簡《日書》24、13 二例,均與此字形相同。

　　"恆",饒宗頤(1990)引馬王堆漢墓帛書《易傳》"易有大恆",大恆等於太極,故帛書"建恆"可解爲"建其有極"②。按饒説是,"建恆"猶《史記·曆書》"立羲和之官,明時正度","四辰"之極既建,則民得天時之恆常也。

　　"襦",諸家多釋"裹",李學勤(1982)將該字隸定爲從衣睪聲,即"襗"字,讀爲"懌"。何琳儀(1986)隸作"襦",讀爲"屬",是也。《國語·楚語下》:"命南正重司天以屬神,命火正黎司地以屬民。"蓋天時有恆,祀典有常,則民各有所屬,五正乃能明其職司,各方神祇乃得其享祀也。

　　是謂德匿,群神乃德,"是謂",承上文作出解釋:謂四極建,五正明,日月五星行之於天,其德依其次度而各有匿及(遮蔽覆蓋之所及),天象之禍福及於彼邦乎?及於此邦乎?民人依其分野而得之,群神乃能施德。《吕氏春秋·制樂》:

　　　　宋景公之時,熒惑在心。公懼,召子韋而問焉,曰:熒惑在心,何也?子韋曰:熒惑者,天罰也。心者,宋之分野也。禍當於君。雖然,可移於宰相。公曰:宰相所與治國家也,而移死焉,不祥。子韋曰:可移於民。公曰:民死,寡人將誰爲君乎?寧獨死。子韋曰:可移於歲。公曰:歲害則民饑,民饑必死。爲人君而殺其民以自活也,其誰以我爲君乎?是寡人之命固盡已,子無復言矣。子韋還走北面載拜曰:臣敢賀君,天之處高而聽卑,君有至德之言三,天必三賞君,今昔熒惑其徙三舍,君延年二十一歲……是夕熒惑果徙三舍。

---

① 饒宗頤:《楚繒書之摹本及圖像——三首神、肥遺與印度古神話之比較》,《故宮季刊》第三卷第二期,1968年10月。
② 饒宗頤:《楚帛書天象再議》,《中國文化》第三期,香港中華書局,1990年12月;北京:生活·讀書·新知三聯書店,1991年。

《後漢書·張衡傳》："景三慮以營國兮，熒惑次於它辰。"宋景公知熒惑之"德匿"，此所以得天之致德。熒惑徙舍，人君延年自不可必信，視爲寓言可也，然其思想則與帛書相通。

高明（1985）謂"是謂德匿"一句，"同上下文義不僅不合，且全不相干，因疑此句非誤即衍"。高説非是。

  帝曰：繇（繇），□之哉，【乙9】母（毋）弗或（有）敬。隹（惟）天乍（作）福，神則各（格）之；隹（惟）天乍（作）宎（祅），神則惠之。□敬隹（惟）備，天像是惻。戚隹（惟）天□，下民【乙10】之祆（式），敬之母（毋）弋（忒）。

以上大意是説：民人對天時、天象只能敬重，不能違背。

□之哉，董作賓（1955）補作"戒之哉"①。陳邦懷（1965）據《書·呂刑》補作"敬之哉"。饒宗頤（1985）："'敬之哉'一詞，爲周人套語。《書·呂刑》：'王曰：嗚呼！敬之哉！'《逸周書·小開》，凡兩見，《文儆》凡四見。《儔兒鐘》：'曰：於呼！敬哉'，文並同。"

毋弗或敬，"或"讀爲"有"。"毋弗"，雙重否定。《國語·楚語下》："其誰敢不齊肅恭敬，致力於神民。"陳邦懷（1965）認爲應作"毋或弗敬"，高明（1985）同其説。按原文不誤。依禮祀神爲"有敬"，《禮記·檀弓下》："弁絰葛而葬，與神交之道也。有敬心焉。"淫祀爲"弗有敬"，而"毋弗有敬"則是"帝"對"弗有敬"的否定，文從字順，不可以之爲倒誤。

神則格之，"格之"，致福也。董作賓（1955）云："金文中凡'王格於太室'，皆作各，各亦格之本字。"

神則惠之，"惠"，董作賓（1955）釋爲"擊"，與字形不合。"惠之"，施仁於民也。《説文》："惠，仁也。"《周書·謚法》："愛民好與曰惠，柔質慈民曰惠。"

□敬惟備，"備"，字或釋"傹"。按其字包山簡、望山簡、郭店簡屢見，已知是"備"字。《廣雅·釋詁》："備，具也。"《方言》卷十二："備，咸也。"《國語·楚語下》："夫神，以精明臨民者也，故求備物，不求豐大。"是云祀神之禮，備品物

---

① 董作賓：《論長沙出土之繒書》，《大陸雜誌》第十卷第六期，1955年3月。

即可，無需特別豐盛。

天像是惻，"天像"，謂日月五星等昭示的祥瑞。"惻"，《易·井》："爲我心惻。"《漢書·文帝紀》"憂苦萬民，爲之惻怛不安"，師古注："惻，痛也。""天像是惻"，天像惻隱於此。亦即上天對下民祭祀之虔誠將顯示惻隱之像。

李學勤（1982）讀"惻"爲"則"，說亦可通。

成惟囗天，"成"，原字形中下部從"于"，或釋"成"（嚴一萍 1968）；或以爲字從"干"聲而讀爲"咸"（李零 1985）；或讀爲"虔"（饒宗頤 1985）。按釋"成"是。楚系文字"干"字習見（包269），與此字所從截然不同，可以斷言此字非從"干"聲。字與包山簡91、145、147"成"之字形相近。《説文》解"成"之古文從"午"作，而"午"、"于"古音同在魚部。帛書"成"或從"于"作，疑是書寫之異，擬或本有是體。且從辭例看，以釋"成"爲義長。《國語·晉語二》："天事官成。"可爲其佐證。

下民之式，"祋"，字從示從弋，李學勤（1982）讀爲"式"，可信。《天問》"天式從橫"，王逸章句："式，法也。"《史記·日者列傳》"旋式正棊"，索隱："式即栻也，旋，轉也。栻之形上圓象天，下方法地。"

敬之毋忒，"弋"，讀爲"忒"（安志敏 1963）。《詩·魯頌·閟宮》："享祀不忒。"《左傳》文公二年杜預注："忒，差也。"字或作"慝"，《國語·楚語下》："臨監享祀，無有苛慝於神者。"

信芳按：日月五星二十八宿，天地山陵河流四海，熱氣寒氣，風雨霜雪等，共同爲人類提供了生存環境，人不知其所從來，亦不知其所以歸，而萬物生焉，是乃謂"神"。《説文》："神，天神引出萬物者也。""神"各有所施，人得而受之，是乃謂"德"。"神"各有其職司，人明其職司而知邦所禍福由何方神靈所主持，是乃謂"匿"。人來自於神，依附於神，而又回歸於神。正確地認識自然諸神，存安自然諸神，敬重自然諸神，是亙古不變的法則。是以知神之"德匿"，群神乃德。建恆而後有屬民。人之於神，"敬之哉"，"敬惟備"，"敬之毋忒"，帛書於此言之再三，人與自然之理，精蘊盡在於此。

第二章　出土簡帛與古代的宇宙論

一　曾侯乙墓衣箱上的宇宙圖式

曾侯乙墓衣箱 E66 以箱體之六面表示六合,其中箱蓋表示"天";以箱體內部塗爲朱色表示人的生存空間;以箱底爲"地";箱蓋中央書有"斗土"二字,揭示出天地的軸心;箱體四側繪有四方神像,東方之神爲"芒",南方之神爲"且",西方之神爲"弇茲",北方之神爲"玄冥"。衣箱以"斗"、"土"居中,揭示了古人認識天地運行的依據以及五行思想。整個衣箱可以稱爲古人認識宇宙的圖式,對於研究中國古代的宇宙論具有重要意義。

在曾侯乙墓出土的五件衣箱中,其中一件(標本 E66)的箱蓋上記有二十八宿的名稱,蓋面右側繪有一青龍,蓋面左側繪有一白虎①。對於該衣箱的二十八宿星圖以及青龍、白虎圖案,學者多有討論②。但對於該衣箱的右側圖、正側圖、左側圖的畫面意義,則鮮有人論及。筆者認爲,該衣箱的箱蓋與四側的畫面以及箱底、箱體內部的着色等,出於一完整的構思,整個箱體的六

---

① 湖北省博物館:《曾侯乙墓》,北京:文物出版社,1989 年,第 354 頁。
② 王建民等:《曾侯乙墓出土的二十八宿青龍白虎圖像》,《文物》,1979 年第 7 期。黃建中等:《擂鼓墩一號墓天文圖像考論》,《華中師範學院學報》(自然版),1982 年第 4 期。張聞玉:《曾侯乙墓天文圖像"甲寅三日"之解釋》,《江漢考古》,1993 年第 3 期。王小盾:《火曆質疑》,《中國天文學史文集》(第六集),北京:科學出版社,1994 年。馮時:《星漢流年——中國天文考古錄》,成都:四川教育出版社,1996 年。武家璧:《曾侯乙墓天文圖證解》,稿本。在此感謝武家璧先生以稿本賜讀。

面合在一起,包含了天體運行、天與地的相對意義、四方、四時等內容,實際上構成了一幅當時人們認識宇宙的圖解。

1. 衣箱畫面的構成原理

首先應該指出,該衣箱的畫面是按照天地以及四方的相對位置構成的。讀者不妨用透明紙依照該衣箱墨線圖作一摹本,將摹本的畫面向上,將繪有青龍的一側對準東方,由下向上作透視,就可以知道:箱蓋上的畫面是天體及其星象的仰視圖,因而箱蓋的畫面指天;箱底指地;右側圖指東方;正側圖指南方;左側圖指西方;而箱的背面指北方(圖一)。

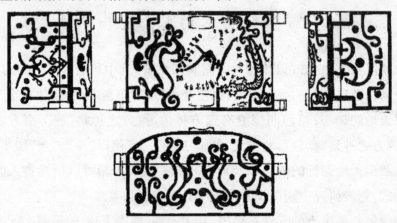

圖一　曾侯乙墓衣箱 E66

箱蓋(天)、箱底(地)以及箱之四側(東、南、西、北)共同構成"六合",《莊子·齊物論》"六合之外,聖人存而不論;六合之內,聖人論而不議",成玄英疏:"六合者,謂天地四方也。"六合之內是人的生存空間。曾侯乙墓出土的五件衣箱中,除 E66 箱體內塗爲朱色以外,其餘四隻衣箱的箱體之內均塗爲黑色。如果以黑色爲暗,爲人視之所不見,則朱色代表光明,爲人視之之所及。六合之內作爲人的生存空間,仰可觀天文,俯可察地理,四方亦在人的認識範圍之內。而六合之表的箱體畫面以黑漆爲底,以朱色構成畫面,朱色畫面的內容尚爲人所知,黑底則屬於人的未知領域。至於六合之外,則不在討論的範圍。可知該衣箱內塗爲朱色,是有深刻含義的。該衣箱之箱蓋從東到西爲弧形,日月的東升西落、星移斗轉,就在這弧蓋的軌道上運行。弧蓋實際上是人們所能見到的天體運行軌道的一部分,如果加上人們視線所不及的另一部分,那麼可以推知,古人已經知道天體的運行軌道是圓的。箱蓋上的二十八宿圍繞北斗構成一個圓圈,實際上已經説明了這個道理。

古時有"天圓地方"之説,那麼是否可以説該衣箱畫面對天地的處理是遵循"天圓地方"的原理呢? 筆者認爲,衣箱上的天的確是"圓"的,但不是球體之圓①,因而不能理解爲覆盆之圓。衣箱中的地的確是"方"的,但由於箱體內是指人的生存空間,古人對於屬於自己的領域是以縱橫長短計算的,一定領域之方並不等於大地之"方",因而箱體內的地之"方"不能簡單地理解爲棋盤之方。關於這一點,我們可以藉《大戴禮記·曾子天圓》中的以下一段討論作一説明:

> 單離居問於曾子曰:"天圓而地方者,誠有之乎? 曾子曰:"離,而聞之云乎?"單離居曰:"弟子不察,此以敢問也。"曾子曰:"天之所生上首,地之所生下首。如誠天圓而地方,則是四角之不掩也。且來,吾語汝。參嘗聞之夫子曰:天道曰圓,地道曰方。"

"天圓地方"的真實含義是"天道曰圓,地道曰方"。由衣箱箱蓋之"天"是圓弧形的,所顯示的天體運行的軌道是"圓"的,可知孔子將"天圓地方"解釋爲"天道曰圓,地道曰方"是正確的。

關於"天圓地方",拙稿《太一生水與曾子天圓的宇宙論問題》有過詳細討論②,請參閲。

2. 關於衣箱箱蓋中央的"斗土"

衣箱箱蓋中央所書的"斗"字之下有一"土"字,以前論者多將該二字釋爲一個字,即"斗"字。李零認爲該衣箱中央的"北斗由土、斗二字構成,也合於

---

① 箱蓋之圓以理解爲天體運行的軌道之"圓"爲妥當。
② 劉信芳:《〈太一生水〉與〈曾子天圓〉的宇宙論問題》,《中華文史論叢》第77輯,上海:上海古籍出版社,2004年,第132~153頁。

雙古堆漢墓出土六壬式於地門位置書寫的'土斗戊'（斗亦居土位）"①，這一說法具有很大的啓發性。現在我們進一步指出，箱蓋中央的字是"土"、"斗"二字，而不是由土、斗二字構成北斗。明確這一點很重要。這裏的"土"應理解爲土圭，古人以土圭測日影，據日影之長短確定二分二至，並作爲方位（東南西北）、季節（春夏秋冬）的劃分依據。土圭之所在爲地之中②，斗之所在爲天之中，土、斗重合是古人所設的天地之中，相當於我們今天所說的地球和天球的軸心。

　　箱蓋中央的"土"、"斗"二字的閱讀順序應讀爲"斗土"，關於這一點，我們可以藉典籍中的"星土"作一說明。《周禮・春官・保章氏》"以星土辨九州之地所封，封域皆有分星，以觀妖祥"，注："星土，星所主土也。封猶界也。鄭司農說星土以《春秋傳》曰：參爲晉星，商主大火。《國語》曰：歲之所在，則我有周之分野之屬是也。"按是注不明晰，"星土"之"土"除了"星所主土"，還包含有"土其地"亦即"度其地"的含義。《周禮・地官・大司徒》"凡建邦國，以土圭土其地而制其域"，注："土其地猶言度其地。鄭司農云：土其地，但爲正四方耳。"賈疏："以土圭度其地。假令封上公五百里，國北畔立八尺表，夏至晝漏半，得尺五寸景，與土圭等。南畔得尺四寸五分，其中減一分，一分百里，五分則五百里。減四分則四百里，封侯；減三分則三百里，封伯；減二分則二百里，封子；減一分則一百里，封男。是土其地之法。而制其域者，自上公五百里以下，境界皆有營域封圻。"

　　賈疏所謂"國"爲周天子之所在，"晝漏半"謂日中，其所在地爲日中之景尺五寸。"南畔得尺四寸五分"，謂設距周"國"以南五百里之某地，其夏至日中圭表之景爲尺四寸五分。每減一分，則距離爲一百里。可知古時封域以土圭之影以測距離，如是則"以星土辨九州之地所封"，"星土"之"土"謂土圭，應是非常明確的。與土對應之"星"，應指北斗以及二十八宿，在衣箱上則表現爲居中之北斗以及繞天一周之二十八宿星名。

---

①　李零：《李零自選集・楚帛書的再認識》，桂林：廣西師範大學出版社，1998年，第250頁。
②　這裏的"地之中"指古人觀測天象所設置之"中"，亦即土圭圭表所立之圓心。

第二章 出土簡帛與古代的宇宙論 · 47 ·

古人以土圭測定方位與距離,藉以封土或建立城垣,在著名的《楚帛書》中亦有記載。《楚帛書》甲篇第二行記伏戲所處的漁獵時代,先民"以司堵襄（壤）,咎（晷）而步達"。"堵壤"指城垣①,"晷"謂土圭。"晷而步達"謂以晷儀測定方位,兼以測定"百里"爲單位的距離。而不足百里則以"步達",即以步幅測定其距離。可見帛書"晷而步達",就其實際內涵而言,與《周禮·地官·大司徒》"以土圭土其地而制其域"是相一致的。

現在我們再來看衣箱中部的"斗土"二字,其上指西北維而偏於北方;其下指東南維而偏於南方。角度與現代地球儀"偏軸"的角度非常接近。明確衣箱中部的文字不是"斗"一字而是"斗土"二字,是我們解讀該衣箱宇宙圖式的一把鑰匙。

3. 衣箱畫面中的四方之神

該衣箱的四側分別繪有四方之神,以下依東、南、西、北爲序,依次説明。

(1) 東方之神"芒"

衣箱右側（東方）的畫幅中央書一"芒"字②,該字上部的兩個"十"字形是"艸"字頭,中間的一撇一捺是"人"字形,下部的圓弧是"乚"字形。一經説解,熟悉古文字字形的讀者不難看出該字就是"芒"字的圖畫化(圖二)。

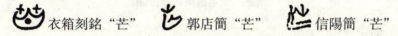
衣箱刻銘 "芒"　　郭店簡 "芒"　　信陽簡 "芒"

圖二　衣箱刻銘與楚簡"芒"字比較

在古代數術體系中,"芒"是東方神名。《左傳》昭公二十九年:"木正曰句芒。"《楚辭·遠遊》"吾將過乎句芒",王逸注:"就少陽神於東方也。"《山海經·海外東經》"東方句芒,鳥身人面,乘兩龍",郭璞注:"木神也。"《呂氏春

---

① 《説文》:"堵,垣也,五版爲堵,從土,者聲。""堵壤"謂城垣,説參拙稿《楚帛書解詁》,《中國文字》新 22 期,第 74 頁。

② 拙稿《曾侯乙墓衣箱禮俗試探》(《考古》,1992 年第 10 期)釋云:"該衣箱與蓋上青龍相應的一側繪有一日狀物,圓面向下;與白虎相應的一側繪一蟾蜍,表示月亮,象徵日月居於東西地平線偏下之處,這正是傍晚的天象。"此説與衣箱的實際方向不符,謹此糾正。

秋・十二紀》：孟春、仲春、季春，"其帝太皞，其神句芒"，高誘注："句芒，少皞氏之裔子曰重，佐木德之帝，死爲木官之神。"楚帛書丙篇亦記有四方神名①，其中司東方、司春之神名爲"秉"，其字《爾雅》作"痾"。秉、丙古音同在陽部，幫紐，"芒"古音在陽部，明紐，古讀音近，"秉"、"芒"用字雖異，但同爲東方神名則一。

楚帛書司東方、司春之神像爲方頭（圖三），頭上有細短毫毛。"芒"之本義指草木之杪，至今俗語尚有"針尖麥芒"，可知帛書司東方、司春之神頭上的細短毫毛，其實就是"芒"的圖解②。

圖三　楚帛書秉月神祇圖

(2) 南方之神"且"

衣箱正側（南方）的畫幅中央爲一男根形，從文字的角度可以理解爲"且"字③。"且"之左右各有二虯，以表示"且"所駕馭之四虯。畫面右部有一鳥，立於一鈎形器物之上。

《離騷》"馴玉虯以乘鷖兮"，王逸注："有角曰龍，無角曰虯。鷖，鳳凰別名

---

① 饒宗頤、曾憲通：《楚帛書》，中華書局香港分局，1985年。
② 説參拙文《中國最早的物候曆月名——楚帛書月名及神祇研究》，《中華文史論叢》第53輯，第75頁。
③ 該衣箱畫面的特點是畫中有字，字中有畫。我們在作相關考釋的時候必須充分注意這一特點。

也。《山海經》云:"鷩身有五彩,而文如鳳。鳳類也。以爲車飾。"洪興祖補注:"言以鷩爲車,而駕以玉虯也。駟,一乘四馬也。"

畫面右部之鳥與箱蓋上的東蒼龍、西白虎構成一組,應屬南朱雀。朱雀立於車之尾部,對此我們可以藉著名的"人物御龍帛畫"作一説明。1973年出土於湖南長沙子彈庫一號墓的"人物御龍帛畫"①,畫面主人公爲一戴高冠之男子,側身直立,駕馭一水車,車尾立一鳥②。如果將帛畫鳥足下的鈎形車尾與衣箱鳥足下的鈎形符號作一比較,就不難看出衣箱畫面是以鈎形符號代表車尾(圖四)。

衣箱朱雀子彈庫楚墓帛畫

圖四　衣箱朱雀與子彈庫楚墓帛畫

"且"在古代是司夏、司南方之神,楚帛書中的司夏之神爲"虞",其字《爾雅》作"且"。司夏、司南方之神又被稱爲"祝融",《左傳》昭公二十九年:"火正曰祝融。"《吕氏春秋·十二紀》:孟夏、仲夏、季夏,"其帝炎帝,其神祝融",高誘注:"祝融,顓頊後老童之子吳回也,爲高辛氏火正,死爲火官之神。"類似記載又見於《禮記·月令》。關於南方司神"且"與"祝融"的文字之異以及其間

---

① 湖南省博物館:《新發現的長沙戰國楚墓帛畫》,《文物》,1973年第7期。湖南省博物館:《長沙子彈庫戰國木槨墓》,《文物》,1974年第2期。

② 論者多認爲帛畫主人公駕馭的是龍,對此我曾經提出:該帛畫上部繪有車蓋,《九歌·河伯》:"乘水車兮荷蓋,駕兩龍兮驂螭。"據此畫中主人公應是乘於水車之上。參拙文《關於子彈庫楚帛畫的幾個問題》,《楚文藝論集》,武漢:湖北美術出版社,1991年。

的聯繫,我曾經作過説明,此不贅述①。

《山海經·海外南經》:"南方祝融,獸身人面,乘兩龍。"帛書南方司神之神像正爲獸身人面,兩足之間繪有二龍(圖五),學者或稱爲"二尾",其實所謂"二尾"正是"二龍"之遺痕。祝融乘兩龍即駕馭二龍,這與衣箱畫面中"且"馭四虬,所表現的主題是一致的。二龍與四虬的差别,可以看作神話傳説中的變異現象。

圖五　帛書戲月神祇圖

(3) 西方之神"弇兹"

衣箱左側(西方)畫面中上部有一"山"形,"山"形之下有一"🝆"形,"🝆"形下部的"廾"的横畫借用了箱口綫。"🝆"其實就是"弇"字。《説文》:"弇,蓋也。從廾,合聲。""合"是會意字,"亼"亦聲(參朱駿聲《説文通訓定聲》)。可知我們將畫面中的"🝆"形釋爲"弇",應是合理的。畫面中部的主體部分其實是"兹"字的圖畫化。"弇兹"乃古代數術體系中的西方神名。《山海經·大荒西經》:"西海陼中有神,人面鳥身,珥兩青蛇,踐兩赤蛇,名曰弇兹。""弇兹"又作"崦嵫",《離騷》"吾令羲和弭節兮,望崦嵫而勿迫",王逸注:"崦嵫,日所入山也。"楚帛書中的司秋、司西方之神爲"𢆶"(絲),𢆶爲"絲"

---

① 劉信芳:《中國最早的物候曆月名——楚帛書月名及神祇研究》,《中華文史論叢》第53輯,第82頁。

之省形。其字《爾雅》作"玄","玄"乃"糸"(絲)之訛。關於這一點,我曾經作過解說①。衣箱中的司西方之神"弇茲",與帛書中的司秋、司西方之神"𢆉"(絲),就其實質而言是一致的。"茲"字依《說文》的解釋,從艸,絲省聲。可知"茲"與"糸"(絲)讀音相通。帛書司秋、司西方之神像爲左右有首,兩側各有二鉤狀兵器伸出。不難發現,帛書司西方之神衹圖與衣箱司西方之神像具有驚人的相似性(圖六)。

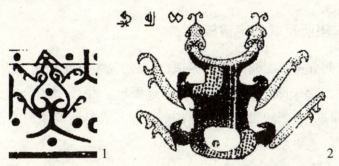

圖六　1 衣箱西方神衹圖　2 帛書糸月神衹圖

古代司西方、司秋之神又被稱爲"蓐收"。《左傳》昭公二十九年:"少皞氏有四叔,曰重、曰該、曰修、曰熙,實能金木及水。使重爲句芒,該爲蓐收,修及熙爲玄冥。世不失職,遂濟窮桑。"《呂氏春秋·十二紀》:孟秋、仲秋、季秋,"其神蓐收",高誘注:"少皞氏曰該,皆有金德,死托祀爲金神。"《國語·晉語》二:"虢公夢在廟,有神人面、白毛、虎爪,執鉞,立于西阿,公懼而走。神曰:'無走。帝命曰,使晉襲於爾門。'公拜稽首,覺,召史嚚占之。對曰:'如君之言,則蓐收也,天之刑神也,天事官成。'公使囚之,且使國人賀夢。"此說描寫蓐收之狀,最與帛書司秋之神像相合。《山海經·海外西經》"西方蓐收,左耳有蛇,乘兩龍",郭璞注:"金神也,人面、虎爪、白毛、執鉞。"郭注實本於《晉語》。

(4)北方之神"玄冥"

衣箱北面(北方)爲黑色,無文飾。學者或認爲:"另一側則全爲黑色(古

---

① 劉信芳:《中國最早的物候曆月名——楚帛書月名及神衹研究》,《中華文史論叢》第53輯,第89頁。

又稱玄色),無圖像。""表示能見龍、虎、雀三象時,北宫玄武看不見"①。

筆者認爲,衣箱背面(北方)的黑色除了包含北宫玄武的含義外,還包含了冬季、北方之司神"玄冥"的含義,有如箱體南側既繪有朱雀,又繪有南方、夏季之司神"且"的形象。《説文》:"黑而有赤色者爲玄。"《詩·小雅·斯干》"噦噦其冥",鄭玄箋:"冥,夜也。"以黑色表示北方司神玄冥,實在是很確當的。

4. 由衣箱所反映的宇宙模式

以上我們分析了衣箱的構成原理,重點討論了衣箱箱蓋中央之"斗土",四側之四方、四季司神,可知衣箱很形象地揭示了古人的"六合"思想,代表了當時(戰國早期)人們認識宇宙所達到的水平。衣箱所反映的宇宙模式具有以下三方面的重要意義。

(1) 衣箱所包含的五行思想

依照古代的五行學説,土居中央,寄在四維。然而何以以土居中央,而不以金或木或水或火? 這一涉及五行内在構成原理的重要問題從未見有人説清楚。衣箱以斗、土重合爲天地之中,十分清楚地揭示了"土居中央"的數術依據。土位既定,則北方爲水位,以黑爲代表色;東方爲木位,以青爲代表色;南方爲火位,以赤爲代表色;西方爲金位,以白爲代表色。衣箱的北方塗爲黑色,實質上已經標明了五行顔色的空間分佈②。

當着太陽由春至夏、至秋、至冬、至春,依次在天幕上經過二十八宿,運行

---

① 黄建中等:《擂鼓墩一號墓天文圖像考論》,《華中師範學院學報》(自然科學版),1982年第4期。

② 關於五行顔色的空間分佈,《楚帛書》甲篇記云:"青木赤木黄木白木墨木之族。"五木之族其實就是古人觀測天體運行以及測試方位的五根標尺,《淮南子·天文》:"正朝夕,先樹一表東方,操一表卻去前表十步,以參望,日始出北廉,日直入,又樹一表於東方,因西方之表,以參望,日方入北廉,則定東方。兩表之中,與西方之表,則東西之正也。日冬至,日出東南維,入西南維。至春秋分,日出東中,入西中。夏至,出東北維,入西北維,至則正南。"

一周（360°），在土圭上則表現爲"景短"、"景長"、"景夕"、"景朝"①，地球上則顯示爲春夏秋冬的季節變化。古以司春之神爲木神，即衣箱東方之神"芒"；司夏之神爲火神，即衣箱南方之神"且"；司秋之神爲金神，即衣箱西方之神"拿茲"；司冬之神爲水神，即衣箱北方之神"玄冥"。季節的五行代次實際上就是五行的時間循環。衣箱上既繪有四宫之神：東蒼龍，南朱鳥，西白虎，北玄武（黑色無圖像）；又繪有四方之神：芒（句芒），且（祝融），拿茲（蓐收），玄冥（黑色無圖像）。很清楚地揭示了這兩套神名各自的數術意義以及相互間的聯繫。

五行思想是中國古人將時間與空間聯繫在一起的解釋體系，衣箱上的畫面分佈和文字説明揭示了這一解釋體系的内在依據以及構成原理，這對於我們研究中國古代的宇宙論以及科技史都具有十分重要的意義。

(2)衣箱所包含的天、地關係

衣箱的箱體内部塗爲朱色，以"六合之内"代表人類的生存空間；衣箱之表亦即六合之表，是人們所能看到的天幕，已如前述。我們可以進一步指出，箱體内部是"地"之所在，亦即我們今天所説的"地球"；箱體之表是"天"之所在，亦即我們今天所説的"天球"。箱體右側（東面）、箱蓋（天空）、左側（西面）是日月五星運行軌道之所在，日、月由東方升起，經過天蓋而落於西方，那麽理所當然地，日、月將繞過箱體底部然後又從東方升起。

箱體的蓋、右側、左側、正側均塗有色彩，惟箱背、箱底爲黑色。我們知道，日出於東南隅而落於西南隅，因而東南西三面都有光明，能顯示物象，爲人們視線之所及；惟北方（北極）有長夜，玄冥一片；而箱底則在太陽方位的背面，代表了"地"的另一側，爲黑夜之所在。由於中國的地理位置在地球的北半球，因而可以説，衣箱箱體的着色設計很形象地反映了中國地理

---

① 《周禮·地官·大司徒》："以土圭之法測土深，正日景以求地中，日南則景短，多暑；日北則景長，多寒；日東則景夕，多風；日西則景朝，多陰。日至之景尺有五寸，謂之地中，天地之所合也，四時之所交也，風雨之所會也，陰陽之所和也。然則百物阜安，乃建王國焉，制其畿方千里，而封樹之。"《釋名·釋天》："晷，規也，如規畫也。"《漢書·律曆志》："乃定東西，立晷儀，下漏刻，以追二十八宿相距于四方，舉終以定朔晦分至，躔離弦望。"

位置的特徵。

該衣箱準確生動地揭示了天與地的關係，日月運行、星移斗轉的規律，以及方位、季節、白天、黑夜的成因。就其達到的認識水平而言，近於後世的"渾天說"。《晉書·天文志》載《渾天儀注》云："天如雞子，地如雞中黃，孤居於天内，天大而地小。"（"地如雞中黃"很容易使我們聯想起衣箱内部的朱色）又劉洪《乾象曆》云："前儒舊說，天地之體，狀如鳥卵，天包地外，猶殼之裹黃也；周旋無端，其形渾渾然，故曰渾天也。周天三百六十五度五百八十九分度之百四十五，半覆地上，半在地下，其二端謂之南極、北極。"整個衣箱爲"半覆地上"之形，至於"半在地下"，則由繞天一周的二十八宿作出了暗示。

(3) 衣箱宇宙模式與中國古代宇宙論的關係

1993 年出土的道家思想文獻郭店簡《太一生水》①，對於我們理解曾侯乙墓衣箱的宇宙圖式具有參考意義，我們先看《太一生水》的以下論述：

大（太）一生水，水反捕（輔）大（太）一，是目（以）城（成）天。天反捕（輔）大（太）一，是目（以）城（成）陞（地）。天陞（地）〔復相捕（輔）〕囗【1】也，是目（以）城（成）神明。神明返（復）相捕（輔）也，是目（以）城（成）佥（陰）易（陽）。佥（陰）易（陽）返（復）相捕（輔）也，是目（以）城（成）四時。四時【2】返（復）〔相〕捕（輔）也，是目（以）城（成）倉（滄）然（熱）。倉（滄）然（熱）返（復）相捕（輔）也，是目（以）城（成）溼（濕）澡（燥）。溼（濕）澡（燥）返（復）相捕（輔）也，城（成）哉（歲）【3】而㞢（止）。

所謂"太一生水"，我曾經指出："水"不能理解爲作爲特殊物質（water）的水，"水"在這裏是"准"的意思，《說文》："水，准也。"《考工記·栗氏》"權之然後准之，准之然後量之"，注："准，故書或作水。"古人以土圭觀察天體運行，首先要設置一個水平面，然後樹一根合於懸垂的標尺，以標尺爲圖心繪一個圓形的刻度盤，依據刻度盤記錄日影的變化，而後可以得到年、月、日、二分、二至、四方、四維等時間、方位的數據。

衣箱的箱蓋將"斗"與"土"重疊置於天蓋的中央，說明北斗與土圭是天地

---

① 荆門市博物館：《郭店楚墓竹簡》，北京：文物出版社，1998 年。

運行的準繩與坐標①,生動而又準確地揭示了"太一生水"的内涵。有了認識天地運行的坐標,而後知天所以爲天,地所以爲地。神明是萬物之所以成的因素之所在(《説文》:"神,天神引出萬物者也。")。天地、神明所以成陰陽(衣箱之箱蓋之天與箱底之地;南、北;東、西;白天、黑夜均包含着陰陽),然後成四時(衣箱之東春、南夏、西秋、北冬),成滄然(冷暖),成濕燥,成歲而止,形成一個周期。

中國古代的宇宙論除了道家的《太一生水》而外,還有儒家的《大戴禮記·曾子天圓》。《曾子天圓》中的"天圓地方"説,"内景"、"外景"説,都很準確的揭示了古人對宇宙的認識。曾侯乙墓衣箱的宇宙圖示可以説反映的是數術家的宇宙論思想。如果説《太一生水》、《曾子天圓》是對古代宇宙論的理論説明,那麼曾侯乙墓衣箱則是對古代宇宙論的圖解。該衣箱的設計製作者對於宇宙的理解具有驚人的悟性,反映了戰國早期對於天地、時空、方位的最高認識水平。

二 《太一生水》與《曾子天圓》的宇宙論問題

《太一生水》中的"水"是準、平的意思。由太一生出作爲平準意義的"水",水反輔太一,由此才有對於天、地的認識。神明、陰陽、四時、滄熱、濕燥、歲等用語都應在此基礎上來理解。

《曾子天圓》中的"天道曰圓,地道曰方"是儒家宇宙論的綱領。"上首"是人的頭部,"下首"是鑒中之影;"火日外景"猶鏡外之物,"金水内景"猶鏡中之影。用上首與下首、外景與内景的關係作爲天地關係的定位,爲我們理解太一生水的宇宙論模式提供了最爲切近的參照。

本文亦將論及《曾子天圓》與《太一生水》的異同及其思想史意義。

郭店簡《太一生水》第一章:

---

① 如果是在式盤上,北斗與土圭的重疊表示天盤與地盤中心點的重合。

大(太)一生水,水反桮(輔)①大(太)一,是目(以)城(成)天。天反桮(輔)大(太)一,是目(以)城(成)堕(地)。天堕(地)〔復相桮(輔)〕☒【1】也,是目(以)城(成)神明。神明遻(復)相桮(輔)也,是目(以)城(成)佥(陰)昜(陽)。佥(陰)昜(陽)遻(復)相桮(輔)也,是目(以)城(成)四時。四時【2】遻(復)〔相〕桮(輔)也,是目(以)城(成)倉(滄)然(熱)。倉(滄)然(熱)遻(復)相桮(輔)也,是目(以)城(成)溼(濕)澡(燥)。溼(濕)澡(燥)遻(復)相桮(輔)也,城(成)歲(歲)【3】而㞢(止)。古(故)歲(歲)者,溼(濕)澡(燥)之所生也。溼(濕)澡(燥)者,倉(滄)然(熱)之所生也。倉(滄)然(熱)者,四時〔之所生也,四時〕【4】者,佥(陰)昜(陽)之所生〔也〕。佥(陰)昜(陽)者,神明之所生也。神明者,天堕(地)之所生也。天堕(地)【5】者,大(太)一之所生也。是古(故)大(太)一臧(藏)於水,行於時,逰(周)而或(有)〔始,以道爲〕☒【6】蓳(萬)勿(物)母。罷(一)塊(缺)罷(一)涅(盈),目(以)忌(期)爲蓳(萬)物經。此天之所不能殺,堕(地)之所【7】不能釐(釐),佥(陰)昜(陽)之所不能城(成)。君子智(知)此之胃(謂)☒【8】

1. 關於"太一"和"水"

在《太一生水》中,既有太一,又有道,説明太一與道不是全同的關係。可以粗略地認爲,《太一生水》中的"太一"是宇宙本體,而"道"則除了部分地具有宇宙本體的含義之外,還兼有"通向本體的路徑"的含義。學者已對太一作有極詳細的考證,主要有宇宙本體説與北斗星説。"太一"的抽象化已使其不宜作爲某種具體存在。簡本《老子》甲 21～23:"強爲之名爲大","大"是"天大,地大,道大,王亦大"——所有"具象的大"的統一形式。這一統一形式又

---

① 我曾經將"桮"字隸定爲"柍",讀爲"映",參劉信芳:《〈太一生水〉與〈曾子天圓〉的宇宙論問題》,《中華文史論叢》第 77 輯,上海:上海古籍出版社,2004 年。經慎重考慮,改從整理者的隸定。

具有"獨立不亥(該)"的特點①。"獨立"謂道之唯一,"不該"謂道之不二。馬王堆漢墓帛書《道原》"獨立不偶,萬物莫之能令"②,可以移作"獨立不該"的注腳。宇宙是最大的統一,這是"大(太)一"的第一規定;這一統一形式是唯一的,除此之外沒有任何其他的統一形式,這是"大(太)一"的第二規定。

關於"水",葉海煙以水與氣的物理轉變來解釋"太一生水"③。李學勤云:"'藏於水'是太一從五行屬水的北方始。太一常居北極,在一定意義上也可說是'藏於水'。"④彭浩認爲:"按五行之說,太一常居的北方屬水,故簡文云'太一生水'。"⑤龐樸說:"'太一生水'的'生',不是派生,而是化生。就是說,不是像雞生蛋那樣,太一生出一個水來;而是如同蛋生雞,太一自己變化成了水。"⑥

以上諸說的共同點在於,將《太一生水》的"水"理解爲作爲特殊物質(water)的水,依此理解讀《太一生水》,將會遇到不可逾越的障礙。"太一生水,水反輔太一,是以成天",此"成"有水;而"天地者,太一之所生也",此"所生"無水。對此陳松長的處理方法是將"太一生水"釋讀爲"太一生於水"⑦。趙建偉云:"最後一句可以說'天地者,水之所生也;水者,太一之所生也'。"⑧是乃爲疏通原文而不得不添字添句。李存山直截了當地說:"水這一環節是可以省略的,即所謂'天地者,太一之所生也'。……這說明水在《太一生水》的宇宙生成論中雖居於太一之後、天地之先的位置,但實際上並不是很重要,

---

① "亥"字王本作"改",應以簡本爲正。說參劉信芳:《荊門郭店竹簡老子解詁》,臺北:藝文印書館,1999年,第25頁。
② 國家文物局古文獻研究室:《馬王堆漢墓帛書[壹]》,北京:文物出版社,1980年,第87頁。
③ 葉海煙:《〈太一生水〉與莊子的宇宙觀》,《本世紀出土文獻與中國古典哲學研究兩岸學術研討會論文集》,輔仁大學哲學系,1999年,第(23)—6。
④ 李學勤:《〈太一生水〉的數術解釋》,《道家文化研究》第17輯,第299頁。
⑤ 彭浩:《一種新的宇宙生成論——讀〈太一生水〉》,《郭店楚簡國際學術研討會論文集》,武漢:湖北人民出版社,2000年,第539頁。
⑥ 龐樸:《宇宙生成新說》,《尋根》,1999年第2期,第5頁。
⑦ 陳松長:《〈太一生水〉考論》,《郭店楚簡國際學術研討會論文集》,武漢:湖北人民出版社,2000年,第544頁。
⑧ 趙建偉:《郭店楚墓竹簡〈太一生水〉疏證》,《道家文化研究》第17輯,第385頁。

不是邏輯上的不可或缺。因而,《太一生水》的思想只是道家宇宙生成論中的個別現象。"①龐樸對此謹慎地説:"但是我們有一個大的疑問:爲甚麽太一要生出水來、然後再生天、生地,而不直接生天地?水何以有如此重要的先於天地的位置?這裏面,大概有一個歷史演化的痕跡。就是説,這個宇宙論,可能脱胎於此前的水生論;而'太一'這個絶對物,則是後來加上去的。"②龐樸提出的問題,他自己無法給出滿意的答案,恐怕任何人也回答不了。以上學者的釋讀都是客觀的,遇到的困難實際上説明,將《太一生水》中的"水"理解爲作爲特殊物質的"水",這一理解本身存在問題。

筆者認爲,《太一生水》中的"水"取水的平準之義。《説文》:"水,準也。"《考工記·栗氏》"權之然後準之,準之然後量之",注:"準,故書或作水。"《管子·水地》:"水者,萬物之準也。"《白虎通·五行》:"水之爲言準也。"《廣雅·釋言》:"水,準也。"《釋名·釋天》:"水,準也。準,平物也。"準是平的意思。古人築城也好,蓋屋也好,必以水製成儀器,猶如今天工匠所用水平尺然。有水平儀然後有城池、房屋之基準。《漢書·律曆志》:"準者,所以揆平取正也。繩者,上下端直,經緯四通也。準繩連體,衡權合德,百工繇焉,以定法式。"

我們知道,古人對天地的認識歷程實質上也就是對空間和時間的認識歷程。當着人類遠古的祖先居住在黑暗的森林時代,也就是中國典籍所説的"巢居野處"時代,西方《舊約·創世紀》所説的"伊甸園"時代,沒有"天"的觀念,沒有時間觀念,當然也就沒有"地"的觀念。直到走出森林,走出舊石器時代的"山洞",人類觀測日月星辰的運行而知有年、月、日,於是才知道自己的一生在歷史的長河中佔據一個甚麽樣的時間單位。由日月星辰所具有的方位性和週期性,認識到自己居所的空間方位(四方四維);由人體自身的手臂、手指、腳、步幅,認識到長度單位,由此而確定房屋、城池、山川、田原的相對位置,這也就是地的觀念的形成。

人類認識天地的歷程,在著名的《楚帛書》中有極爲生動的記載,我在《楚

---

① 李存山:《從郭店楚簡看早期道儒關係》,《道家文化研究》第17輯,第422頁。
② 龐樸:《一種有機的宇宙生成圖式》,《道家文化研究》第17輯,第303頁。

帛書論綱》一文中討論過這一問題①,請參閱。要透徹地理解《太一生水》,必須參考《楚帛書》②,亦有必要參考《創世紀》。

人類祖先認識天體運行的工具並不複雜,首先要設置一個水平面,然後樹一根合於懸垂的標尺,以標尺爲圓心繪一個圓形的刻度盤,依據刻度盤記下每一年每一天宵(日落)、朝(日出)、晝(日中)、夕(夜半)四個時間點的日影或太陽所在的星座,於是年、月、日、二分、二至、四方、四維等時間、方位的數據就產生了。這一工具就是"晷"。《周禮·地官·大司徒》:"以土圭之法測土深,正日景以求地中,日南則景短,多暑;日北則景長,多寒;日東則景夕,多風;日西則景朝,多陰。日至之景尺有五寸,謂之地中,天地之所合也,四時之所交也,風雨之所會也,陰陽之所和也。然則百物阜安,乃建王國焉,制其畿方千里,而封樹之。"《漢書·律曆志》:"乃定東西,立晷儀,下漏刻,以追二十八宿相距於四方,舉中以定朔晦分至,躔離弦望。"

人類仰觀天文,俯察地理,"水"是基本的物質手段或憑藉,"準"是工具。"水"是自然的,"準"則融進了人文的內涵,"追"是工具的運用。人類觀測天體,認識自然,從而建立起自然與人文的基準。

晷的使用是很早的事情,應該比《尚書·堯典》所記的四仲中星的時代略早。演化至後世,曾侯乙墓衣箱上的二十八宿圖案③,各類式盤,《天問》中的"天式縱橫",馬王堆漢墓帛書《式法》④,出土銅鏡中的規矩紋等,皆其類也。

有了人類在鴻荒年代認識時間與空間的歷程作爲背景,我們可以明確,《太一生水》中的"水"是準的意思,準是平的意思。由太一生出的"水"包含了

---

① 劉信芳:《楚帛書論綱》,《華學》第二輯,廣州:中山大學出版社,1996年,第53頁。另外,對《楚帛書》所記載的黑暗時代,人類認識天地、四時的歷程,拙稿《子彈庫楚墓出土文獻研究》(臺北,藝文印書館,2002年)中作過論述。

② 關於《太一生水》與《楚帛書》的關係,李學勤〈太一生水〉的數術解釋》(《道家文化研究》第17輯,第298頁)、李零《讀郭店楚簡〈太一生水〉》(《道家文化研究》第17輯,第330頁)已有討論。

③ 湖北省博物館:《曾侯乙墓》,北京:文物出版社,1989年,第356頁。

④ 馬王堆漢墓帛書整理小組:《馬王堆帛書〈式法〉釋文摘要》,《文物》,2000年第7期,第85頁。

水平工具、懸垂、晷儀、規、矩、步幅等含義,但又顯然不是指其中某種具體工具①。而是由太一(絕對存在)生出一個認識宇宙的平臺。太一是無法名狀的,不同民族的先民對其有不同的表述。太一的"現象"是通過"水"這個宇宙的平臺而展現的,水之於太一,有點兒像我們現在電腦上的操作平臺。沒有Windows98等操作平臺,我們將無法運行電腦;沒有"水"這個宇宙的平臺,我們不僅不能把握太一的現象,而且天、地、四時、歲等一切可知可感的存在形式都將失去坐標與依託。失去水準的人類恐怕只好回到沒有天和地,沒有日月與四季的混沌狀態。混沌狀態的人類是不知道討論哲學的問題的,因而由"太一"生出的"水"討論的是哲學的基本問題。沒有"水"這個基準或平臺,一切哲學的問題將無從談起。

2. 關於"水反輔太一"

太一作爲絕對存在,宇宙之統一,先民是藉助"水"(水準,認識宇宙的平臺)來認識其現象的,當着太陽照射在晷儀上,其"景"從冬至點經春分點至夏至點的"景短",又從夏至點經秋分點至冬至點的"景長",形成一個回歸年。在栻盤上,還包括了二十八宿、四季、方位、干支等内容。先民正是依據"水"(水準,平臺)上的投影内容來認識天體及其運行規律的。"投影"的本質是"太一",現象是"天"。這就是簡文所謂"水反輔太一,是以成天"。這裏的"天"已是爲人所感知的"天"。

"天反輔太一,是以成地",人類認識宇宙的歷程是先認識"天",然後知"地"之所以爲"地"。天體東升西落,星移斗轉,是地上白天與黑夜、年、月、日、冷暖、乾濕、四方四維的成因所在;不同地點在同一時間日影長短有不同,使古人測量大地成爲可能②;更不用説現代天文學已揭示"地"僅只是天體之

---

① 《淮南子·天文》謂太皞、句芒"執規而治春";炎帝、朱明"執衡而治夏";黄帝、后土"執繩而治四方";少昊、蓐收"執矩而治秋";顓頊、玄冥"執權而治冬"。五方神所用的把握空、時的工具實乃"水"這個最基本的工具的衍化。

② 《周禮·地官·大司徒》"以土圭之法測土深,正日景以求地中",鄭玄注:"凡日景於地,千里而差一寸。"

一員。天之變化與地之命運息息相關。人類以"天"爲觀照來認識"地",這就是"天反輔太一,是以成地"的義涵。

3. 關於"相輔"、"神明"、"陰陽"

"天地復相輔也,是以成神明",天反輔地,以地爲觀照而成其爲天;地反輔天,以天爲觀照而成其爲地。有如人欲知自己的面容,需要照鏡子;人若欲知自己的價值,需要在與周圍人群的比較中方能得出。"相輔"是對立的統一,是相互聯繫,相互影響,相互以對方作爲自己存在的依據。

關於"神明",馬王堆漢墓帛書《經法·明理》:"道者,神明之原也。神明者,處於度之內而見於度之外者也。處於度之內者,不言而信。見於度之外者,言而不可易也。處於度之內者,靜而不可移也。見於度之外者,動而不可化也。動而靜而不移,動而不化,故曰神。神明者,見知之稽也。"龐樸曰:"所謂神明,不是通常所理解的神靈,也不是人的聖明,而是天地的神妙功能。"①此說甚確。神明包括三方面的含義:其一是天地、陰陽四時及其運動規律的神學表述;其二,神明是天地的屬性,本身不是獨立的存在物,在《曾子天圓》中,"神明"又被表述爲"神靈"(說詳下);其三,神明對於自然界和人類社會的重要意義在於,神明是化生與成長必不可少而又神妙的不可知因素。對於神明,學者已經從文獻學的角度作過很好的討論②。

需要指出的是,《太一生水》之"神明"居於天地與四時、歲之間,因而"神明"既指天地之神明,亦指四時之神明。學者多謂"神明"應分讀爲"神、

---

① 龐樸:《宇宙生成新論》,《尋根》,1999年第2期,第6頁。
② 魏啓鵬:《〈太一生水〉劄記》,《中國哲學史》,2000年第1期,第24頁。熊鐵基:《對"神明"的歷史考察——兼論〈太一生水〉的道家性質》,《郭店楚簡國際學術研討會論文集》,武漢:湖北人民出版社,2000年,第533頁。

明"①,或謂神指天神,明指地祇②。竊意以爲天有神明,地有神明,四時亦有神明,舉凡天地之間的萬事萬物皆有神明。天的內容是無比豐富的,地的內容是無比豐富的,因而神明是無處不在的。

"神明復相輔也,是以成陰陽",天地、萬物之神明相互影響,然後成陰陽。陰陽亦不是獨立存在物,天有陰陽,日月是也;地有陰陽,南北是也;四時有陰陽,冬夏是也。《太一生水》將陰陽與神明同置於天地與四時之間,意在指明陰陽與神明的普遍意義。

4. 關於"四時"、"滄熱"、"濕燥"、"歲"

《太一生水》由四時、滄熱、濕燥之相輔,"成歲而止"。"止"在這裏不是停止的意思,而應理解爲前進中的一步。

以中國之地理特徵,夏熱而冬寒,南熱而北寒;東濕而西燥,夏濕而冬燥。《淮南子·天文》:"陽氣爲火,陰氣爲水。水勝故夏至濕,火勝故冬至燥。"《易·説卦》:"動萬物者,莫疾乎雷。橈萬物者,莫疾乎風。燥萬物者,莫熯乎火。説萬物者,莫説乎澤。潤萬物者,莫潤乎水。終萬物,始萬物者,莫盛乎艮。故水火相逮,雷風不相悖,山澤通氣,然後能變化,既成萬物也。"據此,滄熱、濕燥乃萬物之所以化成,此所以由四時至歲而必有滄熱、濕燥也。

歲的曆法意義是一個回歸年;農事的意義是一年的收穫;原始宗教的意義是年終祭祀;歲對於樹木的意義是一圈年輪;對於人的意義是知識與年齡的增長;對於哲學的意義是一個環節,一個連接點,是舊的結束與新的開始。"歲"是由天地提供其空間,由神明、陰陽賦予其靈性,是由四時、滄熱、濕燥刻下的印跡。"歲"在這裏既是天地運行的自然步伐,又是人類文明的階段性成就與展望。太一通過"水"這個水準,平臺,坐標系,最終演化爲"歲",顯示爲

---

① 李零:《讀郭店楚簡〈太一生水〉》,《道家文化研究》第 17 輯,北京:生活·讀書·新知三聯書店,1999 年,第 325 頁。許抗生:《初讀〈太一生水〉》,同上,第 310 頁。賀碧來:《論〈太一生水〉》,同上,第 334 頁。

② 郭沂:《試談楚簡〈太一生水〉及其與簡本〈老子〉的關係》,《中國哲學史》,1998 年 4 期,第 37 頁。

自然界和人類社會演進的一個螺旋。

從"故歲者，濕燥之所生也"以下，是《太一生水》的第二個段落，從歲之所生一直逆推至"天地者，太一之所生也"。如果説第一段落旨在説明天地間一切可知可感可名的事物都是太一的現象，那麽第二段落則由"故"以下揭示出"太一"與其現象之間的因果聯繫，無異是説：太一是天地、四時，自然界、人類社會的總根源，那麽自然界和人類社會理所當然應以太一作爲總的原則和依歸。這一回溯顯示了《太一生水》在理論上的成熟及邏輯上的嚴密性，與《老子》、《論語》"經典"性的語言風格是有所區别的。

本文前面已經提到，"天地者，太一之所生也"，這裏没有提到"水"。由於"水"是工具或基準，那麽在"天地者，太一之所生也"這一逆推過程中，理所當然地不存在水的位置。也就是説，不可能出現"天地者，水之所生也"這樣的表述。可見將"水"解釋爲人類認識宇宙的憑藉，與《太一生水》的內在構成體系是相符合的。

5. 關於"太一"本身的質性問題

自"是故太一藏於水"以下是第三個段落。這一段落是對太一本身質性的理論説明。

"藏於水，行於時"，是説太一以空間與時間作爲其存在形式。

"周而有〔始，以道爲〕萬物母。一缺一盈，以期爲萬物經"。簡本《老子》甲21～22（王本第二十五章）："又(有)𧗒(狀)蟲(混)成，先天壁(地)生，敓(説)纏(穆)，蜀(獨)立不亥(改)，可㠯(以)爲天下母。未智(知)兀(其)名，芋(字)之曰道。虐(吾)勥(強)爲之名曰大。大曰潫(衍)，潫(衍)曰逨(遠)，逨(遠)曰反(返)。"二者可以參讀。學者已經指出"周而有始"數句與《老子》第二十五章之間的聯繫①。

"此天之所不能殺，壁(地)之所不能釐(釐)，会(陰)昜(陽)之所不能城

---

① 艾蘭：《太一·水·郭店〈老子〉》，《郭店楚簡國際學術研討會論文集》，武漢：湖北人民出版社，2000年，第529頁。陳偉：《〈太一生水〉校讀並論與〈老子〉的關係》，《古文字研究》第22輯，北京：中華書局，2000年，第227頁。

(成)"。我們有必要作一説明。

"殺"是減等的意思。

關於"釐",《書·堯典》"允釐百工",傳云:"釐,治也。"《詩·周頌·臣工》"王釐爾成",箋:"釐,理也。"("也"字原文蒙後省略)

以上三句暗含反證,我們需要聯繫上下文的有關内容才便於理解。日月五星的運行有盈縮,然而天體之盈縮於太一無損;地有滄海桑田之變,"伐於强,積於弱"①,"損有餘而補不足"②,地有此類損補性"治理",然而太一則不能治理;由陰陽、四時至歲,"以道從事者……故事成而身長"③,人事有收穫與成就,萬事萬物有化有成,然而卻不能化成另外一個太一。這是因爲太一是唯一的,是絶對的,是永恆的,是完美的,没有盈縮,没有損補,也不能化成。

學者或讀"釐"爲"埋",引《荀子·儒效》"天不能死,地不能埋"爲證④。筆者認爲,《荀子·儒效》謂大儒"獨立貴名",此所以"天不能死,地不能埋",此乃化用《太一生水》之文句,且用意已有差别。若依《荀子》將《太一生水》"地之所不能釐"讀爲"地之所不能埋",將與下文"伐於强,積於弱"等内容失去内在聯繫,故本文不取是説。

以上是我們對《太一生水》第一章的理解。對於《太一生水》的第二章與第三章,因有闕文,目前在理解上存在障礙,裘錫圭有很好的解説⑤。我們希望以後能有機會作進一步探討。

6. 關於《曾子天圓》中的宇宙論問題

《大戴禮記·曾子天圓》:

---

① 《太一生水》簡9。
② 《老子》第七十七章。
③ 《太一生水》簡11。
④ 李零:《讀郭店楚簡〈太一生水〉》,《道家文化研究》第17輯,第319頁。劉釗:《讀郭店楚簡字詞劄記》,《郭店楚簡國際學術研討會論文集》,武漢:湖北人民出版社,2000年,第84頁。
⑤ 裘錫圭:《〈太一生水〉"名字"章解釋——兼論〈太一生水〉的分章問題》,《古文字研究》第22輯,北京:中華書局,2000年,第219頁。

曾子曰：天之所生上首，地之所生下首。上首之謂圓，下首之謂方。如誠天圓而地方，則是四角之不掩也。且來，吾語汝。參嘗聞之夫子曰：天道曰圓，地道曰方，方曰幽而圓曰明。明者，吐氣者也，是故外景；幽者，含氣者也，是故內景。故火日外景，而金水內景。吐氣者施，而含氣者化，是以陽施而陰化也。陽之精氣曰神，陰之精氣曰靈。神靈者，品物之本也，而禮樂仁義之祖也，而善否治亂所興作也。①

火謂燭光之類，日謂太陽。火、日乃光源，此為"外景"。金謂銅盤、銅鏡之類。水謂鑒之類。古人以鑒盛水，以見己之容貌。金、水乃光之反射體，故為"內景"②。沒有火日作為外在物體，金、水之內將無"景"。明確火日與金水的關係，是我們解讀《曾子天圓》的一把鑰匙。

現在我們再來看曾子所討論的天地問題。"天之所生"謂日月五星、二十八宿、所有天體及其運行。"地之所生"謂地上的萬事萬物以及因四時、滄熱、濕燥等因素形成的變化與成長。

曾子首先明確天與地是"上首"與"下首"的關係。上首、下首自來無確詁，孔廣森《補注》："上首謂動物，下首謂植物。"恐不足信。《易·說卦》"乾為首"，又"乾，天也"，又"坎為水……為下首"，疏："取其水流向下也。"此解過於空泛。舊注不明"上首""下首"之所以然，多不着邊際。首乃人之頭部，古人俯身視鑒，己首在上，是為上首。首之影在下，在水中，是為下首。離開鑒中之影，無"下首"可言。天為上首，地為下首，此乃曾子打比方之說。天好比人的頭部，地好比水中頭像之影。天之象，天體之運轉決定了地上萬事萬物的化成。曾子上首下首說是對天地關係的總的規定。結合本文上面對《太一生水》中的"水"、"反輔"等問題的討論，可知曾子的這一說法是既生動又準確的。

"上首之謂圓，下首之謂方"，圓在這裏不能簡單地理解為覆盆之圓，方在

---

① 類似記載又見於《淮南子·天文》。
② 《墨子·經下》："臨鑒而立，景到。"孫詒讓閒詁："《大戴禮記·曾子天圓篇》云：故火日外景，而金水內景。蓋凡發光含明，及光所照物，蔽而成陰，三者通謂之景。古無玻璃，凡鑒皆以金為之。此所論即內景也……塔影到垂，此其理也。"

這裏也不能理解爲棋盤之方。曾子既云"如誠天圓而地方,則是四角之不掩也",則曾子本人已經否定了這種簡單理解。天體爲圓,天體的運行軌道爲圓,物質運動周而復始,其軌跡近似於一串圓圈,因而"上首之謂圓"應是不難理解的。

問題出在"下首之謂方"上,千百年來,由於將"方"簡單地理解爲棋盤之"方",出現了一連串的誤解,董楚平對此作過詳細引證①。董楚平是不相信"天圓地方"說的,他批評曾子說:"他不相信大地方形,卻又堅信'天圓地方'這句古訓不會有錯,要爲它辯護,於是避'形'而就'道',要起偸換概念的玩藝。"信芳按:董楚平對曾子的指責恐不能成立。由"天道曰圓,地道曰方"緊縮爲"天圓地方",後世又據"方"引申出"主執圜,臣處方"②、方正等政治倫理的含義,此"舉燭"之類,本無可厚非。然據此逆推,斷言曾子"偸換概念",是不符合曾子原文本義的。

按《說文》:"方,並船也,象兩舟省總頭形。"引申爲比方,又引申爲面積之方圓,行爲之方正,空間之方向(參段注)。《論語・憲問》:"子貢方人。"方謂比也。天既爲光之所以發,爲上首,地既爲光之所以納,爲下首,則"下首之謂方",意即地乃天之比並、比方,地之於天,若影之隨形也。此一比喻性說法亦可以用來解釋楚帛書、栻盤之類的構成原理。楚帛書的整個文字佈局構成一個方形,中間的甲、乙兩篇文字互倒,丙篇按四時、季節、月份的順序分佈於四周。甲、乙、丙三篇均爲旋轉讀,此應取"地道"比方"天道"的意義。秦漢習見之栻盤,天盤爲圓,地盤爲方,亦應理解爲以"地道"比方"天道"的取象意義。就《太一生水》而言,"天埅(地)名忎(字)並立,古(故)怣(過)丌(其)方,不由(使)相〔當〕"(簡12),"方"亦謂比並之方。天欲過與其比並之地,地欲過與其比並之天,此所以"〔天不足〕於西北,丌(其)下高㠯(以)羿(強)。埅(地)不足於東南,丌(其)上〔厚以溺〕"(簡9、13)。大凡相互聯繫之雙方,必有強弱之變化,此其理也。"天圓地方"之"方",意指"地"爲天的比並之

---

① 董楚平:《地問——"天圓地方"考》,《華學》第四輯,北京:紫禁城出版社,2000年,第188頁。
② 《呂氏春秋・季春紀・圜道》。

"方",是可以肯定下來的。

"天道曰圓,地道曰方",此曾子明言傳孔子語。以曾子執着的秉性,此話不會摻水分。由孔子道出的這句話,可以説是儒家宇宙論的一個總綱,是正確的。

"方曰幽而圓曰明",地作爲天之比並(方),其屬性爲"幽",即本身不發光,但可以反射光線;而圓的天體(日月星)才具有發光的屬性。《説文》:"明,照也。"幽與明的關係就是發光體與容納(反射)體的關係。《易·説卦》"昔者聖人之作易也,幽贊於神明而生蓍",韓康伯注:"幽,深也。贊,明也。"孔疏:"幽者隱而難見,故訓爲深也。贊者,佐而助成,而令微者得著,故訓爲明也。"按鑒中之水,若非幽深,則不能成影成像。贊者,見也(《説文》),如鑒之幽深而能見神明也。《説卦》作爲儒家思想文獻,將《易》的構成依據解釋爲神明之投影,此與曾子"方曰幽"以下數句的解釋路徑是相通的。看來《曾子天圓》"方曰幽"以下數句不是曾子的專利,有可能是原爲孔子所述,而孔門弟子各有所傳。

"明者,吐氣者也,是故外景","氣"的本義指雲氣。《周禮·春官·眡祲》"掌十輝之法,以觀妖祥,辨吉凶。一曰祲,二曰象,三曰鑴,四曰監,五曰闇,六曰瞢,七曰彌,八曰敘,九曰隮,十曰想",鄭司農注:"輝謂日光炁也。"炁本亦作氣(《釋文》)①。舉凡日光、月光之明暗,顔色變化,日食,月食,雲彩變化,古人皆謂之"氣"。依舊注,祲謂陰陽氣相侵;象謂日中之烏,月中之兔;鑴謂日旁氣;監謂雲氣臨日;闇謂日月食;瞢謂日月瞢瞢無光;彌謂彩虹;敘謂雲有次序;隮謂氣之上升;想謂輝光。這些都是天之吐氣,對於地來説,有如鏡外之景。

"幽者,含氣者也,是故内景"。含是藏,包容的意思。《國語·楚語下》"土氣含收",韋昭注:"收藏萬物舍藏。"《太一生水》:"是故太一藏於水。"當着我們站在水邊——湖邊、池邊、平静的江河邊,天上有雲彩、或有明月、或有彩

---

① 《太一生水》簡10:"上,氣也,而謂之天。"原簡"氣"字從火,旣聲,若作嚴格隸定,應釋爲"炁",讀爲"氣"。

虹,水中有倒影,此所謂"内景"。

"陽之精氣曰神,陰之精氣曰靈。神靈者,品物之本也,而禮樂仁義之祖也,而善否治亂所興作也"。神靈猶《太一生水》之"神明"。以上由天地自然之理推及人類社會之理。"禮樂仁義"乃今人所謂人文的,"善否治亂"乃今人所謂社會歷史的。

《曾子天圓》作爲儒家宇宙論學說,由於文辭古奧,向來不爲研究者所重視。出土文獻爲我們重新釋讀《曾子天圓》提供了必不可少的參照,而讀懂讀通《曾子天圓》,又爲我們研究《太一生水》提供了最爲切近的依據。

7. 與《太一生水》、《曾子天圓》相關的幾個問題

中國古代思想的宇宙論問題是由老子與孔子發其端的。就簡本《老子》而言,"天象亡型"(乙12)和"是以能輔萬物之自然而弗敢爲"(丙13)是其中的兩個重要命題。"天象亡型"直接影響到郭店簡《語叢三》17"天型成人",簡帛《五行》中的"型"的思想,以及《繫辭》中的形上形下說[①]。而"是以能輔萬物之自然而弗敢爲"則直接影響到《太一生水》反輔說的形成。孔子的"天道曰圓,地道曰方"由曾子發展爲上首下首說,内景外景說。曾子的内景外景說與《太一生水》的反輔說具有異曲同工之妙。

《大戴禮記》成書較晚,然而《曾子天圓》則應是稍後於孔子時代的作品。"天道曰圓,地道曰方",已由曾子交代出自孔子。可知《曾子天圓》的理論構架最初是由孔子設計其藍圖,由曾子述而成篇。曾有學者斷言儒家只有人生哲學,沒有宇宙論。通過本文揭示出"火日外景,而金水内景"、"天道曰圓,地道曰方"、"上首""下首"的真實含義以後,《曾子天圓》作爲儒家的宇宙論,是可以確定下來的。儒家思想不僅有宇宙論,而且有體系完備的認識論,簡帛《五行》就是這樣一篇認識論論著,對此筆者另有專論[②]。儒家思想達到了極高的水平,對此我們應有充分的估計。

---

① 説參拙稿《釋〈五行〉與〈繫辭〉之型》,《周易研究》,2000年第4期,第21頁。
② 劉信芳:《簡帛〈五行〉解詁》,臺北:藝文印書館,2000年。

《曾子天圓》與《太一生水》同爲宇宙論文獻,二者之間的可比性是明顯的。兩篇文章都以水作爲反映體,都論及天地之間的關係("天"的含義有不同),都由天地自然之理推及人類社會之理。論述的路徑如出一轍。

不過就理論的構成體係而言,《太一生水》的宇宙論模式顯然較《曾子天圓》更嚴密一些,更成熟一些。二者之間的最大差別是《太一生水》有"太一",而《曾子天圓》無"太一"。有太一的宇宙論才有了明確的終級性問題,而《曾子天圓》中的天只是在一定程度上具有本體的意義。《曾子天圓》中的"水"用其"鑒","内景"的含義,還沒有最終脫離具體的形骸;而《太一生水》中的"水"已抽象化,是已經賦予特別内涵的哲學範疇。

《太一生水》的第一第二兩個段落(從"太一生水"至"天地者,太一之所生也"),明顯吸收了《曾子天圓》中的上首下首說、内景外景說(也許更準確的理解應是:相互影響),特別是《太一生水》中的"水反輔太一",更是《曾子天圓》"金水内景"說的理論昇華。第三段落則明顯受到了簡本《老子》甲 21~23(王弼本二十五章)有關内容的影響。《太一生水》的面目是道家的,而血肉及軀幹卻由儒、道兩家之精華混生而成。

依據以上對《太一生水》與《曾子天圓》異同的幾點分析,筆者認爲,《太一生水》的產生年代略晚於《曾子天圓》,乃戰國早期的作品。《太一生水》的作者既傳老子之學,同時又對儒家思想有透徹的理解。

中國古代思想因有《曾子天圓》與《太一生水》兩篇互相輝映的宇宙論論著,不僅有助於我們重新認識儒道思想的形成、傳承及相互影響,而且對於我們重新確認中國古代思想的歷史成就及地位,亦具有重要意義。

三 上博藏竹書《恆先》試解

上海博物館藏戰國楚竹書《恆先》是一篇重要的先秦思想文獻[①],該文以"恆先"爲最高思想範疇,以天地的生成爲現實世界的起點,以"作"(創造)作

[①] 馬承源主編:《上海博物館藏戰國楚竹書(三)》,上海:上海古籍出版社,2003年。

爲討論的核心問題。

《恆先》因其失傳，在釋讀上有很大難度。李零已作有很好的釋文和注釋，李學勤、龐樸、廖明春、李鋭、董珊、季旭昇等也先後發表文章，提出自己的看法。本文在諸位學者研究的基礎上，對《恆先》試作解説，並就相關問題展開討論。

1. 恆先對天地之先以及天地生成的解釋

　　亙（恆）先無又（有），樸（樸）、青（静）、虛。樸（樸），大樸（樸）；青（静），大青（静）；虛，大虛。

對於現實世界之先，我們不知道有甚麼。所謂"恆先"，《説文》："恆，常也。"《廣雅·釋詁》："先，始也。"恆先相對於現實世界而言，是追問本源的用語。

李零已指出："恆先"見於馬王堆漢墓帛書《道原》："恆先之初，迵（洞）同大虛，虛同爲一，恆一而止，濕濕（混混）夢夢，未有明晦。"①

"恆先"是未知的，但思想家要追問，只好從抽象的層面説，現實世界之先的屬性是樸、静、虛，而且是大樸、大静、大虛。道家文獻凡在某一詞語前加一"大"字，大多是超越的意思②。樸、静、虛的説解參下文。

　　自猒（厭），不自忍。

自足，不自我克制。簡本《老子》乙 4："亡爲而亡不爲。"因其自足，故無爲也；因其不自我克制，故無不爲也。自足是自然平衡狀態，不自我克制是静中有動，是運動的。"不自忍"的根本動因在"欲"，"欲"是事物發展變化的内在因素，説詳下。

---

① 李零是竹書《恆先》的整理者，其説見《上海博物館藏戰國楚竹書（三）》，上海：上海古籍出版社，2003 年，第 287 頁。以下凡引李零説同此。本文凡引竹書皆附竹簡編號，不另具頁碼。爲便於讀者閲讀分析，文後附有全部釋文。

② 李鋭引《文子·自然》："老子曰：樸，至大者無形狀。"此即"大樸"。參李鋭：《〈恆先〉淺釋》，簡帛研究網 www.jianbo.org 04/04/20。以下凡引李鋭説同此。

第二章 出土簡帛與古代的宇宙論

"或(域)乍(作),又(有)或(域)安(焉)又(有)燓(氣),又(有)燓(氣)安(焉)又(有)又(有),又(有)又(有)安(焉)又(有)訂(始),又(有)訂(始)安(焉)又(有)迲(往)。

或作,空間初成。或同"域","作",創作,如同"述而不作"(《論語·述而》)、"杜康作秫酒"(《説文》引《世本》)之"作"。有了空間,於是有氣;有了氣,於是有看得見摸得着的事物,有了具體的物,於是有開始。有了開始,於是有運動。①

需要補充説明的是,"又(有)或(域)安(焉)又(有)燓(氣)"句中的"焉"不是表時間先後的因果聯繫②,下文"燓(氣)是自生,죠(恆)莫生燓(氣)"已經排除了此類理解。域、氣都是從來就有的,没有先後。下文"先又(有)宇(中),安(焉)又(有)外",中、外也是没有先後的(説參下文)。《恆先》又云:"㖓(濁)燓(氣)生坓(地),清燓(氣)生天。"常識告訴我們,清氣、濁氣是分不出先後的,天、地的生成當然也不分先後。郭店簡《太一生水》:"大(太)一生水,水反捕(輔)大(太)一,是㠯(以)城(成)天。天反捕(輔)大(太)一,是㠯(以)城(成)坓(地)。"郭店簡《太一生水》沒有明確天、地之成孰先孰後,我們也不能從中得出"成地"在"成天"之後的結論。這一命題到了漢代發生了變化,《淮南子·天文》:"清陽者薄靡而為天,重濁者凝滯而為地。清妙之合專易,重濁之凝竭難,故天先成而地後定。"天先地後是劉安的解釋語,與《恆先》《太一生水》等先秦文獻並不相合。思想家在論述域、氣之類範疇時,因其邏輯聯繫不得不有行文表述的先後,如果讀者理解為時間先後的因果聯繫,則是不妥當的。

以上是《恆先》對形上世界的描述與解説或者説是界定,所用的三個術語

---

① 龐樸釋"往"為"運動",是很準確的。參龐樸:《〈恆先〉試讀》,簡帛研究網 www.jianbo.org 04/4/26。以下凡引龐樸説同此。

② 吳根友認為:"《恆先》篇中的'氣'也不是最根本的存在,它是'恆先''不自忍'、'或作'之後的產物。當'恆先'第一步產生了'有或'之後,再由'有或'產生'氣'。"參吳根友:《上博楚簡〈恆先〉篇哲學思想探析》,丁四新主編:《楚地簡帛思想研究(二)》,武漢:湖北教育出版社,2005年,第68頁。按:吳氏的理解是有問題的,域不是由恆先產生,氣更不會是由域產生,《恆先》對此已經表述得很清楚。

"恆先"、"域"、"氣"是同一層級的範疇,都是用來說明形上世界的。《恆先》理解的形上世界基本特徵有三,其一是"無有"(我們不知道有甚麼),"無有"也是一種存在。"無有"的"恆先"總是在現實世界之先,借用《周易》形而上、形而下學說,"恆先無有"當然是形上的。其二是"域",域是空間,這一點是確鑿無疑的。因而可以說,域是"無有"的存在形式。其三是"氣",我個人認爲"氣"是古代思想家解釋"存在"的比喻性用語,《孟子·公孫丑上》:"氣者,體之充也。"《莊子·人間世》:"氣也者,虛而待物者也。"物的存在形形色色,具有多樣性。氣既存在於物之體內,同時又存在於此物與彼物之間。然而物的存在又具有統一性,《莊子·知北遊》:"萬物一也……臭腐化爲神奇,神奇復化爲臭腐。故曰:通天下一氣耳。"《恆先》中的"氣"既與"往(運動)"相聯繫,已包含了時間,因爲沒有時間的由此往彼是不可想象的。因而可以說,氣既是"無有"的存在,又是"有"的存在,包含了運動。

"〔逞(往)〕者未又(有)天墬(地)①,未【1】又(有)乍(作)行、出生②。"

未有天地,天地尚未形成,即不知有天,不知有地,不知天何以爲天,不知地何以爲地。未有作行,未有創造。"作行、出生",參考下文"氣是自生自作",則"作行"猶"作","出生"猶"生"。

虛靑(靜)爲弌(一),若㴵(寂)㴵(寂)夢夢,靑(靜)同。而未或(有)明,未或(有)兹生。

虛靜爲一,應理解爲"虛、靜爲一",虛與靜是不能分開的。《管子·心術上》:"天之道虛,地之道靜。"若寂寂夢夢,主語"虛"承前省。"寂"下有重文符。③"寂寂",聽之無聲。夢夢,視之無形。"一",《老子》四十二章:"道生一,一生二,二生三。"靜同,靜與虛同樣也是聽之無聲,視之無形。而未或明,明,

---

① 李學勤認爲:簡文"往"下脫去一重文號。"有始焉有往"下斷句,另以"往者未有天地"起下一章。"往者"意思是過去,古書常見。李學勤:《楚簡〈恆先〉首章釋義》,簡帛研究網 www.jianbo.org 2004/4/23。以下凡引李學勤說同此。

② "未有作行、出生"作一句讀,參考了李銳的意見。

③ "寂"下重文符整理者漏釋。

兼指聰明。《書·太甲》："視遠惟明，聽德唯聰。"虛靜不是視之明、聽之聰所能把握的，不是直觀的。未有滋生，虛靜自足，無滋生。

燹（氣）是自生，丞（恆）莫生燹（氣）。

氣是從來就有的，故下文稱爲"恆氣"。

丞（恆）燹（氣）之【2】生不蜀（獨），又（有）與也，或（域），丞（恆）安（焉），生或（域）者同安（焉）。

恆氣，"恆"在這裏是修飾"氣"的，恆，常也，久也，也就是永恆。恆氣的生成，不是特例。有與也，有與恆氣相同的例。域，恆焉，域也是永恆的。生域者同焉，生域的也是永恆的。參考上文，可知域也是自生，恆莫生域。

昏昏不盜（寍），求亓（其）所生。異生異，鬼（歸）生鬼（歸），韋（違）生非，非生韋（違），衣（依）生衣（依）。

《説文》："異，分也。""恆先"原本是渾沌的，有自生的"氣"，有自生的"或（空間）"，分而有此物與彼物，於是有天與地。所謂"歸"，《易·繫辭下》："天下同歸而殊塗。"《管子·形勢》："萬事之生也，異趣而同歸，古今一也。"歸，返也，萬物終而有始之謂也。"韋生非，非生韋"，非，韋也；韋，相背也。"韋"與"違"乃古今字。"韋生非"是事物發展過程中的自我否定，"非生韋"是否定之否定[①]。"依"[②]者，《論語·述而》"依於仁"，朱熹集注："依者，不違之謂。"簡文異、歸相對而言，依、違相對而言。違是事物發展過程中的有所違背（有所揚棄），則依是事物發展過程中的有所繼承。

[①] "韋生非"有如遺傳中的變異，"非生韋"有如由變異產生新品種。然而即令是新品種，仍然是對親本的繼承，並不改變其根本屬性，此所謂"依生依"。

[②] 依，董珊指出"衣"字見於甲骨文，音義待考。參董珊：《楚簡〈恆先〉初探》，簡帛研究網 www.jianbo.org 04/05/14。季旭昇釋爲"襲"，參季旭昇：《從隨文作解的體例談〈恆先〉的詮解》，武漢大學簡帛研究中心主辦：《簡帛》第 1 輯，上海：上海古籍出版社，2006 年，第 115 頁。按該字既見於甲骨文，其音義之論定尚有待。不過經史多依、違例，《史記·太史公自序》："依之違之，周公綏之。"《文選·曹子建七啓》："飛聲激塵，依違厲響。"六臣注："依違，乍合乍離也。"本文暫釋爲"依"。補記：清華藏楚簡《楚居》9"衣（襲）箸（都）郢"，衣字多例，解讀爲"襲"，可知季旭昇釋衣爲"襲"是正確的。不過依、襲音近，筆者的以上理解可以保留。

求慾(欲)自遊(復),遊(復)【3】生之生行,羣(濁)熼(氣)生坓(地),清熼(氣)生天。熼(氣)信神才(哉),云云相生,信浧(盈)天坓(地)。同出而異生,因生亓(其)所慾(欲)。

求欲自復,追索(生)欲自復的規律。復,反也。復生之生行,逆推至"生之生"的運行,也就是一直追索到最初的"生"。

濁,原簡字形從厂主聲,李零讀爲"濁",可信。《淮南子·天文》:"天地未形,馮馮翼翼,洞洞灟灟,故曰太昭(始?)。道始於虛霩,虛霩生宇宙,宇宙生氣。氣有涯垠,清陽者薄靡而爲天,重濁者凝滯而爲地。"同出而異生,龐樸云:"天地同出於氣,何以異其生?蓋各自生其所欲也。"按:《荀子·正名》:"欲者,情之應也。"郭店簡《語叢二》10:"忞(欲)生於眚(性)。"人之七情六欲乃本有,若説到天、地之欲,則大略相當於決定事物發展變化的內在因素。

以上首先解釋恆先、或、氣,次解釋天地的生成。天地的生成是最早的"生"。有了天地,也就有了形下世界的存在。

2. 人與自然的關係

業(業)業(業)天坓(地),焚(紛)焚(紛)而【4】多采勿(物)。先者又(有)善,又(有)絀(治)無鬺(亂)。又(有)人安(焉)又(有)不善,鬺(亂)出於人。

業業,李零釋爲"察察",李鋭釋爲"業業",兹從李鋭説。"業"之字形可參上博藏竹書《詩論》簡5"以爲其業"之"業"字。《詩·大雅·常武》"赫赫明明……赫赫業業",毛傳:"赫赫然盛也,明明然察也……赫赫然盛也,業業然動也。"

簡4下接簡8,是龐樸的意見。

先者有善,先於人者有善,即未經人"亂"的萬事萬物,合於自然之善。

有人焉有不善,人的作爲改變了物的本然,"不善"由此生矣。

關於"善"與"亂",《恆先》認爲:天地的本有狀態是"善"的,人的作爲改變了自然,是爲"亂"。有如人口性別比例,原本是"善"的;人爲選擇(如胎兒性別鑒定)造成比例失調,是爲"不善"。然而人類社會是從自然派生而出的,人的作爲,從本質上説,依然是"善"。簡文"有不善",措辭極準確。

> 先又(有)帀(中),安(焉)又(有)外。先又(有)少(小),安(焉)又(有)大。先又(有)厇(柔),安(焉)【8】又(有)剛。先又(有)囩(圓),安(焉)又(有)枋(方)。先又(有)晦(晦),安(焉)又(有)明。先又(有)尚(短),安(焉)又(有)長。

在人之先,中外、小大、柔剛、圓方、晦明、短長統統是"一",原本是渾沌的,和諧的,人類文明的發展認識了這些對立,利用這些對立,並由此生出"亂"來。龐樸云:"這個先,似仍指物先。故可以曰:物先者有中,有人焉有外。"按:中外、小大、柔剛、圓方、晦明、短長是相對而言的,原本無先後,當着我們確立某一點爲"中",於是就有了"外"。因而"中"、"外"不能理解爲"物先"與"有人"的先後關係。如果沒有人,中外、小大、柔剛、圓方、晦明、短長統統都不會有。

> 天道既載,隹(唯)一目(以)猶一,隹(唯)遻(復)目(以)猶遻(復)。

天道既載,中外、小大、柔剛、圓方、晦明、短長等,既載于天道。

唯一以猶一,諸多對立,仍是"一","一"是不變的。

唯復以猶復,"復",有如《老子》之"反",郭店簡《老子》甲 22:"大曰衍,衍曰遠,遠曰反。"《老子》四十章:"反者,道之動。"

中外、小大、柔剛、圓方、晦明、短長等對立的概念,皆是人之"亂",人還可以生出無窮無盡的類似概念,所有這些對立的概念都在"天道既載"之中,都是一,都遵循"復"的規律。

> 死(恆)燹(氣)之生,因【9】遻(復)亓(其)所慾(欲)。明明天行,隹(唯)遻(復)目(以)不瀘(廢),智(知)既而芫(荒)思不殄(珍)。

所謂"遻(復)亓(其)所慾(欲)",本文已解"欲"是決定事物發展變化的內在因素。好比人之生有遺傳基因,遺傳基因是與生俱來的,人之所以區別於他人,是由遺傳基因決定的。遺傳基因本於自然規律,此所以"隹(唯)遻(復)目(以)不瀘(廢)"。知既,"既"似指"天道既載"以下所講的道理。荒思,若依簡10"荒言"例(參下文),"荒思"謂孟浪之思。殄,原簡字形從宀天聲,李零讀爲"珍",茲從之。"不珍"是不盡的意思。《管子·內業》："精也者,氣之精者也。氣道乃生,生乃思,思乃知,知乃止矣。""思乃知,知乃止矣"也許與"知既而荒思不珍"句義有聯繫。《內業》思——知——止,《恆先》知——荒思——不珍,僅是知與思相互聯繫的不同階段而已。

簡9下接簡5,是龐樸的意見。

以上所論乃人與自然的關係。人的作爲可以在一定程度上改變自然,但人類社會的發展仍然遵循天道既載、唯復以猶復的總規定。

3. 自作、自爲與人文精神的本質

又(有)出於或(域),生出於又(有),音出於生,言出於音,名出於【5】言,事出於名。

這裏的落腳點是"事",是對"事"的追問。

有出於域,看得見、摸得着的東西出於"域","域"是從來就有的。音、言,参下引《管子·內業》。音、言、名、事,皆是人文的,猶形下的。而"生"則是聯繫"域"、"有"(自然的、猶形上的)的環節。

季旭昇認爲"音"當讀爲"意",引王念孫說爲據[①]。按《管子·內業》："音以先言,音然後形,形然後言,言然後使,使然後治。"王念孫謂"音"當讀爲"意"[②]。其實《恆先》"音出於生,言出於音"恰好可以證明《內業》"音以先言,音然後形"之"音"不當改讀,王念孫說的可信度要打折扣。從《恆先》的邏輯結構來看,往者未有天地,視之無形,聽之無聲(參本文上文解說),而"有出於域"以下,已是現實世界,現實世界當然是有聲音的,《說文》"聲"、"音"互訓。能發出聲音者多矣,而"言"則屬人所專有。域、有、生[③]、音、言、名、事是遞進式敍述結構,這一層級的概念尚未涉及"心",當然也就沒有"意"的位置,讀"音"爲"意"是不合適的。《說文》："意,志也。從心。察言而知意也。"

---

① 季旭昇:《〈上博三·恆先〉"意出於生,言出於意"說》,簡帛研究網 www.jianbo.org04/06/22。
② 王念孫:《讀書雜誌·管子第八》,南京:江蘇古籍出版社,2000年,第481頁。
③ 已有多位學者讀"生"爲"性",本文不取是說。

第二章 出土簡帛與古代的宇宙論

又：上引《內業》中的"使"，有可能原本作"事"，形訛爲"使"。讀爲"言然後事，事然後治"，文義暢然。

事，事業。《逸周書·周祝》"加諸事則萬物服"，注："事，業也。"事業乃人所成就，區別於自然長成。

或（域）非或（域），無胃（謂）或（域）；又（有）非又（有），無胃（謂）又（有）；生非生，無胃（謂）生；音非音，無胃（謂）音；言非言，無胃（謂）言；名非【6】名，無胃（謂）名；事非事，無胃（謂）事。

龐樸引《公孫龍子·名實論》："夫名，實謂也。知此之非此也，知此之不在此也，則不謂也；知彼之非彼也，知彼之不在彼也，則不謂也。"

以上一段話學者多謂難解，謹依《恆先》本身的行文邏輯試作推論：《恆先》既云"又（有）出於或（域），生出於又（有）"，當然就可以說：

生如果不是出於"有"之"生"，無謂生。

依此格式並稍加變化，可以有以下解釋：

域如果不是從來就有的"域"，無謂"域"（區別於實有之地域）；有如果不是有域有氣之後的"有"①，無謂"有"；生如果不是生地生天以後的"生"②，不是出於"有"之"生"③，無謂生；音如果不是出於實有的有聲世界④，無謂音；言如果不是因爲有了可知可感的聲音，無謂言⑤；名如果不是出於語言的命名，無謂名；事如果不是因爲有了對事物的命名（對事物的區別性認識），無謂事（各項事業或各種職事）。《說文》："事，職也。"

恙（祥）宜（義）、利丂（巧）、采勿（物）出於䮉（作），䮉（作）安（焉）又（有）事，不䮉（作）無事。

---

① 參上文"或（域）乍（作），又（有）或（域）安（焉）又（有）䊎（氣），又（有）䊎（氣）安（焉）又（有）又（有）"。
② 參上文"𥻂（濁）䊎（氣）生陛（地），清䊎（氣）生天"。
③ 出於"有"之"生"已是實有世界之"生"，實有世界之"生"即簡12"天下之生"。
④ 實有的有聲世界與未有天地、聽之無聲的形上世界相區別。
⑤ 由自然界的聲音過渡到"言"，則已是人所認識的世界。

祥義，《墨子·迎敵祠》："其人爲不道，不修義詳。"《墨子·公孟》："有義不義，無祥不祥。"《管子·白心》："祥於鬼者義於人。"又："義於人者，祥其神也。"曹峰據上引文例指出："'祥''義'在古典文獻中常常對舉，'祥'指與神相關之事，'義'指與人相關之事。"①

利巧，簡文丂讀爲"巧"②。郭店簡《老子》甲 1："厽（絕）攷（巧）棄利，覜（盜）惻（賊）亡（無）又（有）。"郭店簡《性自命出》38："☐〔攷（巧）〕言利舙（詞）者，不又（有）夫詘詘之心則湶（流）。"

采物，李鋭云："廖名春指出：'采物'見於《左傳》和帛書《二三子》，指區別等級的旌旗、衣物，相當於禮儀制度；'采物出於作'，'作'下有重文符，釋文脫漏。"其說是。《左傳》文公六年"古之王者知命之不長，是以並建聖哲，樹之風聲，分之采物，著之話言，爲之律度，陳之藝極，引之表儀，予之法制，告之訓典，教之防利，委之常秩，道之禮則，使毋失其土宜，眾隸賴之，而後即命"，疏云："采物謂采章物色。旌旗衣服尊卑不同，各位高下，各有品制。天子所有，分而與之，故云分之。"

祥義、利巧、采物皆屬人事，乃人之所成，人是現實世界的靈魂。

——舉（舉）天〔下〕之事，自复（作）爲事，甬（用）目（以）不可廣（更）也。③

原簡脫"下"字，從龐樸說補。

自作爲事，"自作"與模仿、複製相區別，自主的創作才能成就事業。

甬，讀爲"用"。郭店簡《老子》甲 37"道之甬也"，丙 6"甬兵則貴右"，郭店簡《性自命出》9"其甬心各異"，郭店簡《成之聞之》1"古之甬民者"，上博藏竹

---

① 曹峰：《楚簡〈恆先〉"祥義利巧綵物出於作"解》，簡帛研究網 www. jianbo. org04/12/26。
② 丂字從董珊隸定。參董珊：《楚簡〈恆先〉"詳宜利巧"解釋》，簡帛研究網 www. jianbo. org04/11/09。
③ 季旭昇指出《恆先》有解釋性文字，是重要的意見。參照季旭昇的做法，加"——"以示區別，"——"之前爲經，"——"之後爲後學所作解釋。參季旭昇：《從隨文作解的體例談〈恆先〉的詮解》，武漢大學簡帛研究中心主辦《簡帛》第 1 輯，上海古籍出版社，2006 年，第 114 頁。本文對《恆先》解釋性文字的判定與季說不完全一致。

書《詩論》4"其甬心也將何如",上博藏竹書《容成氏》30"而聽甬之",其"甬"皆讀爲"用"。用者,因也。

不可更也,不可替代。大凡創造發明,因其融入了作者的心血,烙上了作者的烙印,因而具有不可替代性。凡模仿、抄襲,皆等而下之,不可謂"作"。

凡【7】言名先者又(有)悇(疑),恴(荒)言之逡(後)者孝(校)比安(焉)。——譻(舉)天下之名,虛諻(樹),習目(以)不可改(改)也。

簡 7 下接簡 10,是龐樸的意見。

言名先①,簡 5～6 論及"域、有、生、音、言、名、事",則"言名先"是指在"言、名"先,亦即指"域、有、生、音"。"域、有、生"是高度抽象的用語(最高範疇),"言、名、事"是接近具體的用語(定名範疇)②。至於"音",本文在上面已指出是指有聲世界的聲音。若以"音"與"言"相比較,"言"爲一定人群交流所用,是有限制範圍的,而"音"則不受此限制,有如音樂之超乎國界。《恆先》將"域、有、生、音、言、名、事"分爲兩組,可以粗略地認爲,"域、有、生、音"是很難理解的,而"言、名、事"對於學者而言,幾乎不用解釋。

荒言之後者校比焉,荒言,妄言,《莊子·齊物論》:"予嘗爲女妄言之,女以妄聽之奚。"妄言即孟浪之言,所謂"孟浪之言",《齊物論》釋文:"向云:孟浪音漫瀾,無所趣舍之謂。李云:猶較略也。崔云:不精要之貌。"集釋:"謂言其大略。"所謂漫瀾,連語也,今所謂浪漫。言文學之形象有浪漫,言思想之邏輯則有抽象。所謂"言其大略",其實就是略去個別,概括出一般。可見荒言即

---

① 拙稿曾認爲:"名先,事物稱名之先,也就是尚未被命名的事物。"此説誤,謹此訂正。丁四新指出:"'名先'者主要指或、有、性、意四者。"這一看法可取。參丁四新:《楚簡〈恆先〉章句釋義》,丁四新主編:《楚地簡帛思想研究(二)》,武漢:湖北教育出版社,2005 年,第 125 頁。本文在丁説的基礎上有所改進,將"言、名"理解爲引用簡 5 的"言、名"。原簡"先"字下有墨丁,李零認爲是表示專有名詞的符號,我曾經認爲將其理解爲句讀符號,也可以讀通。現在看來,該墨丁有可能是標示引用,出土簡帛有類似用法,馬王堆漢墓帛書《五行》第 178 行:"・詩曰:未見君子,憂心袛(惙)袛(惙)。"詩曰前的小圓點"・"不是章節號,明顯是引《詩》的標誌。睡虎地秦簡亦有用例,另有説。

② 借用張岱年的相關界説,"域、有、生"略相當於最高範疇,"言、名、事"略相當於定名範疇,"音"略相當於虛位範疇。

抽象之言。凡議事物之名者多有疑。在嘗試性的擬名之後，將會得到校核比較。以上是說事物的得名有一個過程，有分歧的稱名經比較淘汰不準確的，最終達成共識，形成定名。"校比"，李零引《周禮·地官·黨正》："正歲，屬民讀灋而書其德行道藝，以歲時涖校比。"

張岱年說："哲學的概念範疇都有一個提出、演變、分化、會綜的歷史過程。同一個範疇，不同的思想家、不同的學派，對之有不同的理解。"①《恆先》"荒言"、"校比"諸論，對此已有所認識，殊爲可貴。

樹，原簡字形從言豆聲，李零讀爲"樹"。"虛樹"，虛擬的表識，意即名是虛擬的稱呼。"名"相對於"實"爲虛。樹，立也。樹有標誌、範圍的意義，《易·繫辭》："不封不樹"，虞注："聚土爲樹。"封樹是圈定一定的範圍，並明其所屬。而"名"對於"實"而言，也具有內涵（屬性）與外延（範圍）兩方面的意義。"習以不可改也"，猶約定俗成。

以上經之"名"是有所指的，而解釋語擴展爲"舉（舉）天下之名"，同中有異，值得關注。

舉（舉）天下之㞢（作），弜（強）者果天下【10】之大㞢（作），亓（其）
竀（熾）尨（厖）不自若㞢（作）。——若㞢（作）甬（用）又（有）果與不果，兩者不灋（廢）。

果天下之大作，成就天下的大作。"果"，成也（《論語·子路》"行必果"繆協注）。大作，超出已有之作，有如今所謂創新之作。

熾尨，"熾"原簡字形以上從日，下從火之字爲聲符。新蔡葛陵楚簡甲三33有一人名用字，從黽，其聲符也是上從日，下從火，該字簡甲三 342 作"𪓟"。據此該字有可能讀爲"熾"，"熾"、"𪓟"皆是職部字。"熾"是盛的意思，"尨"讀爲"厖"，大也（《爾雅·釋詁》）。"其熾尨不自若作"，強者所成就的大作，其盛其大不是出於已有之作。說得更明確一些，超出已有的那一部分是強者的新貢獻，此所以爲大。

解說語"若作"以下，謂強者如此這般之作因此有成功的，也有不成功的。

---

① 張岱年：《中國古典哲學概念範疇要論·自序》，北京：中國社會科學出版社，1987 年。

成就"大作"非常不容易,此解釋語旨在強調其價值。"用有果與不果",用,因也。兩者不廢,不以成敗論也①。

      舉(舉)天下之爲也,無夜(亦)也,無與也,而能自爲也。【11】

  無亦也,《莊子·田子方》:"顏淵問於仲尼曰:'夫子步亦步,夫子趨亦趨'。"

  無與也,"與",如也(《廣雅·釋詁》)。經傳"弗與"猶弗如,"孰與"猶孰如(王念孫《廣雅疏證》)。

  以上將"爲"與模仿、趨同區別開來,凡模仿、趨同,"爲"在他人,非我之"自爲"也。

      舉(舉)天下之生,同也,亓(其)事無不遺(復)。

  参簡 5:天道既載,唯一以猶一,唯復以猶復。

      〔舉〕天下之复(作)也,無許(捂)噩(極),無非亓(其)所。

  "舉"字據龐樸説補。

  《管子·心術上》:"天之道,虛其無形。虛則不屈,無形則無所位赶,無所位赶,故徧流萬物而不變。"赶是迕之異體,逆也。② 天之道沒有任何地方與萬物相逆,故能徧流萬物。知簡文"無許極"即無背離恆。"無非其所",皆是也。天下之作,沒有背離恆的,這是普遍性的道理。"極",原簡字形從心亟聲,讀爲極。《繫辭》"易有太極",帛書本作"恆"。此處"極"也是"恆"的意思。

      舉(舉)天下之复(作)也,無不尋(得)亓(其)噩(極)而果述(遂),
      甬(用)或(有)【12】尋(得)之,甬(用)或(有)遊(失)之。

  用或得之,用或失之,用,因也,因得其恆,故得之也;因失其恆,故失

---

 ① 《恆先》以上論述的理論價值值得充分肯定,但凡出於"作",都是有價值的,不以成敗論。有如學者提出的討論性意見,有正確的,也有不正確的,不正確的意見可以引出正確的結論,"後出轉精"是也。倘若某文章不是出於作者自己的研究,通篇無"作",則沒有學術價值。

 ② 裘錫圭將"無所位童"讀爲"無所位〈低〉赶('低赶'讀爲'抵牾')"。參裘錫圭:《稷下道家精氣説的研究》,《道家文化研究》第二輯,上海:上海古籍出版社,1992年,第 172 頁。

之也。

    毁(舉)天下之名，無又(有)瀘(廢)者。

  這句話可以逆推，凡被廢者，被淘汰者，未被公眾認可者，不可謂名。

    與〔舉〕天下之明王、明君、明士，甬(用)又(有)求而不患。【13】

  與，龐樸讀爲"舉"，其説甚是。

  明王、明君、明士，承上文，明王、明君、明士乃所謂"名"。

  患，整理者隸定爲從心呂聲之字，讀爲慮。按原簡該字稍殘，下從心，心上之二口有豎畫穿出(下口中的豎畫尤明顯)，有可能是"患"字。《老子》十三章："吾所以有大患者，爲吾有身。及吾無身，吾有何患。"(簡本乙 7)明王、明君、明士因其有求，所以"不患"。典籍"不患"爲辭，其後例有賓語；簡文"不患"後無賓語，應是承上文省略賓語"得失"。

  《墨子·經上》："慮，求也。"《經説上》："慮也者，以其知有求也，而不必得之。"蓋求有得之者，亦有失之者，明王、明君、明士其所以爲"明"，必知得失之理也。既知得失之理，故求而不患得患失也。

  綜上，人類文明本於恆先的自作，自作、自爲的創造是最根本的人文精神。

4. 幾點相關討論

以下我們討論幾個問題，有些是題外話。

（1）關於"恆先"

李零認爲"恆先"是表示"道"，意思是對的。不過簡文明確以"恆"(簡 2"恆莫生氣")或"恆先"爲本根，而"道"僅簡 9"天道既載"一見，此與《老子》、帛書《道原》等以"道"爲本根有所不同。簡文"靜"、"虛"等概念近於《管子·心術上》中的"靜"、"虛"；所論"音、言、事"，與《內業》中的"音、言、使"相同(參上文)。因此可以認爲，竹書《恆先》應是稷下學者所作。

《管子·心術上》："天之道虛，地之道靜。虛則不屈，靜則不變。"

據此可知，"恆先無有，樸、靜、虛"的意思是：恆先是看不見，摸不着的，它具有樸、静、虚的特點。樸是普遍意義的質素①,静是不變,虚是無限。

"無有",龐樸云:"啥也沒有,萬有皆無。"按"無有"不等於"啥也沒有"。《老子》二章"有無相生",郭店楚簡《老子》甲 15:"有亡之相生也","相生"是指對立聯繫的事物相互以對方作爲自己存在的條件;"有"是指爲人所見,爲人所了解的存在;"亡"是指尚未被人所見,尚未被人所了解的存在。"亡"或"無"不等於沒有,而是指事物的隱蔽狀態。"亡",《説文》:"逃也,從入乚。"又:"乚,匿也。象迟曲隱蔽形。"乚,"讀若隱"。《文子·上德》:老子曰:"道以無有爲體。視之不見其形,聽之不聞其聲,謂之幽冥。"因而恆先之"無有",也是"視之不見其形,聽之不聞其聲"的意思。

(2) 關於"氣"

"氣"在中國哲學中具有本根的意義②,先秦諸子論氣,大都語焉未詳,惟《恆先》對氣作有明確的界説,這對於先秦思想史的研究,具有重要意義。

"氣"較早的例子見於《國語·周語上》:"伯陽父曰:周將亡矣。夫天地之氣,不失其序,若過其序,民亂之也。"諸子文獻中的例子如《管子·内業》:"精也者,氣之精者也。氣道乃生,生乃思,思乃知,知乃止矣。"《孟子·公孫丑上》:"夫志,氣之帥也。氣,體之充也。"《莊子·至樂》:"察其始而本無生,非徒無生也,而本無形。非徒無形也,而本無氣。雜乎芒芴之間,變而有氣,氣變而有形,形變而有生。"可以看出,惟《管子》、《莊子》中的氣論與《恆先》較接近。

《恆先》論氣具有以下特點:

其一,氣是從來就有的。

"或作。有或焉有氣,有氣焉有有",空間初成即有"氣",有氣然後有萬有。

其二,氣是永恆的。

"氣是自生,恆莫生氣。氣是自生自作。恆氣之生不獨,有與也,或,恆

---

① 《説文》:"樸,木素也。"段注:"素,質也。"
② 參張岱年:《中國哲學大綱》,北京:中國社會科學出版社,1982 年,第 89 頁。信芳按:《恆先》中的本根是一元的,只有"恆"是本根,而"或"、"氣"則是次於"恆"的。

焉,生或者同焉",氣是自生自作,氣與或都是永恆的。

其三,氣是生成的重要環節。

恆先總是在現實世界之先,是"無有",而氣則居於"無有"與"有"之間。恆不直接生成天地,天地是由"氣"生成的。"濁氣生地,清氣生天。氣信神哉"。在郭店簡《太一生水》中,太一與天地之間也有一居間物,這就是"水"。"大一生水。水反輔大一,是以成天。天反輔大一,是以成地"。很顯然,《恆先》中的"氣"與《太一生水》中的"水"都是天地生成必不可缺的環節。

(3) 關於"作"

《恆先》認爲,"作"是永恆的"或"、永恆的"氣"的根本精神。

"有出於或,生出於有,音出於生,言出於音,名出於言,事出於名。或非或,無謂或;有非有,無謂有;生非生,無謂生;音非音,無謂音;言非言,無謂言;名非名,無謂名;事非事,無謂事"。

"恙(祥)宜(義)、利丂(巧)、采勿(物)出於复(作),复(作)安(焉)又(有)事,不复(作)無事"。

這裏"或"、"有"、"生"、"音"、"言"、"名"、"事"環環相扣,如果省略中間環節,那麼可以說,只有認識"或",才能真正認識人類事業的根本精神;如果誤解了"或"及其相關規定(或非或,無謂或),我們將不能正確認識人類文明及其事業(事非事,無謂事)。

"或作"(簡1)而有氣,有氣而後生成天地;而作爲人類文明的祥義、利巧、采物,"出於作,作焉有事,不作無事",域中如果沒有"作",是不可想象的;沒有"作"的人類社會將沒有事業,同樣也是不可想象的。因而可以認爲,"作"既是"或"的基本精神,同樣也是人類文明的基本精神。

"作"就是創造。

"作"必須是"自作"。"舉天〔下〕之事,自作爲事,用以不可賡(更)也"。而"爲"也必須是"自爲",才能算是真正的"爲"。"舉天下之爲也,無夜(亦)也,無與也,而能自爲也"。無論是自然的、還是人文的,作、爲都是自作、自爲。而自作、自爲的精神則源自氣,因爲氣是"自生自作",由氣生成的天地萬物(包括人文)也必然是"自作"。正是基於以上的考慮,我將簡文中的"許"釋爲"逆","舉天下之生,同也,其事無不復。〔舉〕天下之作也,無許極,無非其所。舉天下之作也,無不得其極而果遂","作"不能背離"極"的總的規定,得其"極"才能成爲真正意義的"作"。"自作"就是對於"作"的最重要的規定。

甚麼是"自作"?"自作"的含義可以參考"無夜(亦)也,無與也"而得出,我將簡文"夜"讀爲"亦"——"亦步亦趨"之"亦";"與"者,如也。"自作"不是跟在別人後面的作爲,不是別人怎樣作,我也如此這般的作。也就是説,"自作"是區別於模仿,區別於抄襲的。"自作"就是自我的作爲,自主的作爲。大凡是自我的作品,因其付出了自我的心血,付出了自我的勞動,也必然具有自我的品格,因而是不可替代的(用以不可更也)。

對於"作"的精神,還可以參考《中庸》中的"誠"的思想。《中庸》云:"誠者,天之道也。誠之者,人之道也。誠者,不勉而中,不思而得,從容中道,聖人也。誠之者,擇善而固執之者也。"

甚麼是天之道?《中庸》説:"天地之道,可一言而盡也:其爲物不二,則其生物不測。天地之道:博也,厚也,高也,明也,悠也,久也。"凡天造地成之物,獨一無二,故其物不可窮盡。

人來到這個世界上,本身是天所生之物中的一員。正是因爲天之"誠"爲物不二,所以每一個人都是唯一的。大凡天生之物,都具有唯一性的品格。人如果依照自己稟承的天之"誠",形成自己的思想,成就自己的事業,其思想、其事業,必然具有"誠"的品格,必然與天之道"爲物不二"相合。所謂"誠"的品格,用今天的話來説,就是獨創性。

《恆先》"自作"的精神與《中庸》"誠"的思想具有同等的價值,都是我們極爲寶貴的思想財富。

《恆先》釋文

丞(恆)先【3背】

丞(恆)先無又(有),僕(樸)、青(靜)、虚。僕(樸),大僕(樸);青(靜),大青(靜);虚,大虚。自猒(厭),不自忍。或(域)乍(作),又(有)或(域)安(焉)又(有)燹(氣),又(有)燹(氣)安(焉)又(有)又(有),又(有)又(有)安(焉)又

（有）訇（始），又（有）訇（始）安（焉）又（有）逛（往）。

〔逛（往）〕者未又（有）天墬（地），未【1】又（有）乍（作）行、出生。虛青（靜）爲弌（一），若湫（寂）湫（寂）夢夢，青（靜）同，而未或（有）明，未或（有）茲生。熱（氣）是自生，死（恆）莫生熱（氣）。熱（氣）是自生自复（作）。死（恆）熱（氣）之【2】生不蜀（獨），又（有）與也，或（域），死（恆）安（焉），生或（域）者同安（焉）。

昏昏不盗（盎），求亓（其）所生。異生異，鬼（歸）生鬼（歸），韋（違）生非，非生韋（違），衰（依）生衰（依）。求慾（欲）自逻（復），逻（復）【3】生之生行，翆（濁）熱（氣）生墬（地），清熱（氣）生天。熱（氣）信神才（哉），云云相生，信涅（盈）天墬（地）。同出而異生，因生亓（其）所慾（欲）。

鱉（業）鱉（業）天墬（地），焚（紛）焚（紛）而【4】多采勿（物）。先者又（有）善，又（有）絧（治）無翻（亂）。又（有）人安（焉）又（有）不善，翻（亂）出於人。先又（有）审（中），安（焉）又（有）外。先又（有）少（小），安（焉）又（有）大。先又（有）ぞ（柔），安（焉）【8】又（有）剛。先又（有）囝（圓），安（焉）又（有）枋（方）。先又（有）晦（晦），安（焉）又（有）明。先又（有）耑（短），安（焉）又（有）長。天道既載，隹（唯）一吕（以）猶一，隹（唯）逻（復）吕（以）猶逻（復）。死（恆）熱（氣）之生，因【9】逻（復）亓（其）所慾（欲）。明明天行，隹（唯）逻（復）吕（以）不灋（廢），智（知）既而巟（荒）思不殄（殄）。

又（有）出於或（域），生出於又（有），音出於生，言出於音，名出於【5】言，事出於名。或（域）非或（域），無胃（謂）或（域）；又（有）非又（有），無胃（謂）又（有）；生非生，無胃（謂）生；音非音，無胃（謂）音；言非言，無胃（謂）言；名非【6】名，無胃（謂）名；事非事，無胃（謂）事。

恙（祥）宜（義）、利丂（巧）、采勿（物）出於复（作），复（作）安（焉）又（有）事，不复（作）無事。——罂（舉）天〔下〕之事，自复（作）爲事，甬（用）吕（以）不可賡（更）也。

凡【7】言名先者又（有）俟（疑），慌（巟）言之遂（後）者孝（校）比安（焉）。——罂（舉）天下之名，虛誣（樹），習吕（以）不可改（改）也。

罂（舉）天下之复（作），弜（強）者果天下【10】之大复（作），亓（其）籔（燧）

尨（厖）不自若复（作）。——若复（作）甬（用）又（有）果與不果，兩者不灋（廢）。

㥚（舉）天下之爲也，無夜（亦）也，無與也，而能自爲也。【11】——㥚（舉）天下之生，同也，亓（其）事無不返（復）。

〔舉〕天下之复（作）也，無許（悟）亟（極），無非亓（其）所。——㥚（舉）天下之复（作）也，無不㝷（得）亓（其）亟（極）而果述（遂），甬（用）或（有）【12】㝷（得）之，甬（用）或（有）遊（失）之。

㥚（舉）天下之名，無又（有）灋（廢）者。——與〔舉〕天下之明王、明君、明士，甬（用）又（有）求而不患。【13】

第三章　出土簡帛與楚辭中的
宗教神話問題

一　包山楚簡神名與《九歌》神祇

《包山楚簡》卜筮祭禱記錄有一組楚人所祀至上神以及天神、地祇、人鬼諸神名,對於研究楚史、楚辭、楚文化具有重要的參考價值,茲錄如次:

　　𦁀(舉)禱鼴(蝕)祆(太)一全豢,𦁀(舉)禱社一全貒,𦁀(舉)禱宮、楅(行)一白犬、酉(酒)飤(食)。【210】

　　賽禱太備(佩)玉一環,矣(后)土、司命、司禍各一少(小)環,大水備(佩)玉一環,二天子各一少(小)環,峜山一珏。【213】

　　太、矣(后)土、司命、司禍、大水、二天子、峜山既皆城(成)。【215】

　　甲寅之日,疠(病)良瘥(瘳),又(有)祟(祟),祆(太)見琥。曰(以)亓(其)古(故)祟(說)之:壁(避)琥,罜(擇)良月良日逗(歸)之。【218】
虞(且)爲晉(巫)繩(綳)璊(佩),速晉(巫)之。厭一貊於堕(地)宔(主),賽禱楅(行)一白犬,逗(歸)晁(冠)繡(帶)於二天子。【219】

　　鄒胅(羌)占之:死(恆)貞吉,又(有)祟(祟),見新(親)王父,殤(殤),曰(以)亓(其)古(故)敓(說)之:𦁀(舉)禱牪(特)牛,饋之,殤(殤)因亓(其)裳(常)牲(牲)。鄒胅(羌)占之曰:吉。【222】

　　𦁀(舉)禱 鼴(蝕)太一全狋(豚);𦁀(舉)禱覭(兄)俤(弟)無遂(後)者卲(昭)良、卲(昭)麞(乘)、縣貉(貉)公各羊(塚)豕、酉(酒)飤(食),蒿之。盬吉占之曰:吉。【227】

第三章　出土簡帛與楚辭中的宗教神話問題

罷(舉)禱太一牂,矦(后)土、司命各一牂,罷(舉)禱大水一牂,二天子各一牂,坐山一㹠(豛);罷(舉)禱楚先老僮、祝螎(融)、媸(鬻)酓(熊)各兩㹠(豛),亯(享)祭箮(竹)之高丘(丘)、下丘(丘)各一全豢。【237】

罷(舉)禱祧(太)一牂,矦(后)土、司命各一牂,罷(舉)禱大水一牂,二天子各一牂,坐山一㹠(豛)。【243】

罷(舉)禱大水一犧(犧)馬;罷(舉)禱吾公子春、司馬子音、鄰(蔡)公子豢(家)各戠(特)豢,饋之【248】

以下分別釋之:

1. 釋"太"

太,簡文或作"祧"、"祧"。"太"即楚人所祀"太一"。就其神格而言,"太一"是至上神,《九歌》以"太一"列於篇首,居諸神之上。宋玉《高唐賦》:"進純犧,禱璇室,醮諸神,禮太一。"漢人於祭祀多承楚典,《漢書‧郊祀志》:"天神貴者泰一。"又:"神君最貴者曰太一。"

楚簡祀譜,自然諸神在人鬼諸神之上,自然諸神又以"太"為最尊,揆之於《九歌》,則"太"非"太一"莫屬。

然太一究竟為何神? 楚人僅屈原在"太一"前標以"東皇",漢人則紛紜其說,莫衷一是。《史記‧天官書》:"中宮天極星,其一明者,太一常居也。"大約古人認為太一作為至尊之神,應無所不在,常居之所為中宮天極星之最明亮者。《淮南子‧天文》:"太微者,太一之庭也;紫宮者,太一之居也。"西漢緯書多謂太一即北極星,茲不錄。

要之,"太一"可以據星象觀照之。明乎此,對於我們理解與"太"相關之簡文甚為緊要。

簡文有"蝕太"的記錄,見210、227諸簡,蝕太應是指太一所居之星隱而未見。《史記‧天官書》"月蝕歲星,其宿地,饑若亡",正義引孟康曰:"凡星入月,見月中,為星蝕月;月掩星,星滅,為月蝕星也。"簡文又有"太見琥……壁(避)虎"(218簡),"避"謂巫師行禁避之術。琥,此指兔星。《史記‧天官書》："兔過太白，間可械劍。小戰，客勝；兔居太白前，軍罷；出太白左，小戰；摩太白，有數萬人戰，主人吏死；出太白右，去三尺，軍急約戰。"又："兔七命，曰小正、晨星、天欃、安周星、細爽、能星、鉤星。"楚人名虎爲"於菟"(《左傳》宣公四年)，簡文"太見琥"應指太一之星與兔星相遇，其兆預示占卜之主將有災(該簡有"以其下心而疾")，故禁避之。

釋楚簡"太"爲《九歌》"太一"，於原簡極通暢，應無疑問。至於"太一"所主爲何星，尚有待進一步研究。不過屈原既明言"太一"爲"東皇"，則以晨出於東方之行星爲近是，以太白、太歲的可能性爲最大。

附識：中山王方壺："邵太皇工"，又："允哉若言！明太之於壺而對觀焉。"朱德熙、裘錫圭疑"太"爲"失"字異體，壺銘假借爲則①。按該"太"之字形與楚簡"太"之字形相近，應釋爲"太"，讀作大。昭大、明大猶言"光大"，《周易·坤》："含弘光大。"《爾雅·釋詁》："昭，光也。"明與昭義同，《國語·周語下》"昭其大也"，韋昭注："昭，明也。"

2. 釋"后土"

《包山楚簡》考釋者釋"后土"爲土神，可信。惟須明確，楚人后土之神即《九歌》中的"雲中君"。徐文靖《管城碩記》以"雲中君"爲雲夢澤之神，曰："按《左傳》定公四年，'楚子涉睢，濟江，入於雲中。'杜注：'入雲夢澤中。'是雲中一楚之巨藪也。《雲中君》猶《湘君》耳。《尚書》'雲土夢作乂'，《爾雅》楚有雲夢，相如《子虛賦》'雲夢者，方九百里'，湘君有祠，巨藪如雲中，可無祠乎？'靈皇皇兮既降，猋遠舉兮雲中'，亦猶《湘君》云'横大江兮揚靈。'"此說極具卓識。今據楚簡對照，可進一步確定"雲中君"即"后土"之神。就神格言，楚簡后土居太一後，是僅次於太一的神祇，而《九歌》"雲中君"亦居"東皇太一"後，是二者於祀譜相合。先秦人們多以"皇天、后土"聯言，宋玉《九辯》："皇天淫溢而秋霖兮，后土何時而得漧。"《左傳》僖公十五年："皇天后土，實聞君之言。"是古人並祀皇天(太一)、后土，以至於日常語言多用之。又后土祀禮多

---

① 朱德熙、裘錫圭：《平山中山王墓銅器銘文的初步研究》，《文物》，1979年第1期。

行於澤中,《漢書·郊祀志》:"今陛下親祠后土,后土宜於澤中圜丘爲五壇,壇一黃犢牢具。"此亦可作爲楚人所祀后土即雲中君——雲夢澤之神的佐證。

補記:拙稿將楚簡"后土"落實爲《九歌》中的"雲中君",已有多位學者提出不同意見。現在看來,徐文靖釋"雲中君"爲雲夢澤之神,自是一説。雲夢澤之神屬地神,亦是可以理解的。惟楚簡所祀地神有后土、宮后土、社、地主、宮地主、野地主諸名,則"后土"不宜實指。《左傳》昭公二十九年:"共工氏有子曰句龍,爲后土……后土爲社。"又昭公十七年:"伐鼓於社。"析言之,"后土"主要指土地神之神靈;"宮地主"、"野地主"、"地主"特指地神之在宮、野及當地者;"社"是某一居住區共設的祭祀土地神的廟宇之類("社"同時又是行政區劃單位)。然通用則皆指地神。

3. 釋"司命"、"司骨"

"司命"、"司骨"應即《九歌》之"大司命"、"少司命"。二司命究爲何神,古人亦有多種説法。《周禮·春官·大宗伯》"以槱燎祀司中、司命、風師、雨師",鄭司農云:"司中,三能,三階也。司命,文昌宫星。"鄭玄注:"司中、司命,文昌第五、第四星。或曰中能、上能也。"《禮記·祭法》"七祀"、"五祀"之中皆有司命。《史記·天官書》:"文昌宮:一曰上將,二曰次將,三曰貴相,四曰司命,五曰司中,六曰司祿。"

看來對於"司命"所主爲何星宿,恐怕當時祭祀者亦未必了然,後人自難以置喙。惟屈原《大司命》云:"何壽夭兮在予。"已明言其爲掌生死之神,似不必再惑於漢人之説。

至於《周禮》之"司中",楚簡之"司骨",則可與"少司命"相互發明。《國語·楚語上》"余左執鬼中,右執殤宮",韋昭注:"中,身也。"《禮記·檀弓下》"文子其中退然,如不勝衣",鄭玄注:"中,身也。"身之本義指人之脊骨,蓋身軀立於脊骨。《説文》:"身,躳也。"(異體作躬)從吕從身,《説文》又云:"吕,脊骨也,象形。"是"司中"猶言司躳、司骨,與楚簡"司骨"含義正同,"司骨"不過是"司中"的異稱。《包山楚簡》屢見"躬身尚毋又(有)咎"(213簡),"少又(有)憂於躬身"(217簡),是身體有咎與否,所主在於"司骨"。《莊子·至樂》:"莊子之楚,見空骷體……曰:'吾使司命復生子形,爲子骨肉肌膚,反子父母、妻子、閭里、知識，子欲之乎？'"是司命固有掌身體外形、骨肉肌膚之職。古人認爲守身爲事親之本，《孟子·離婁上》："守孰爲大？守身爲大。不失其身而能事其親者，吾聞之矣；失其身而能事其親者？吾未之聞也。"所謂守身包括愛惜身體，不致疾病；以及謹守禮義，不致刑殘兩方面的含義。身體一旦納入忠孝的範疇，自然也就堂而皇之地需要專門的大神來護佑了。

"司中"、"司骨"在《九歌》中稱"少司命"，其演變之跡亦尋繹可得。《少司命》云："竦長劍兮擁幼艾，蓀獨宜兮爲民正。"此謂少司命之職司在於"爲民正"，正即中也，《論語·堯曰》"允執其中"，皇疏："謂中正之道也。"《淮南子·主術》"不偏一曲，不黨一事，是以中立而遍運照海內"，高誘注："中，正。"《九章·惜誦》"令五帝以折中兮，戒六神與嚮服"，洪興祖補注引《史記·索隱》："折中，正也。"又中、正連言，《離騷》："耿吾既得此中正兮。"據此可知"爲民正"即爲民折中。蓋少司命爲守護"躬身"之神，"幼艾"易於夭折，需特別擁護之；若有鬼怪作祟於躬身，少司命當爲民作正。

綜上可知，司中、司骨、少司命蓋一神之異名矣。

千百年來，對《九歌·大司命》、《少司命》之神祇紛紜其說，今藉楚簡"司命"、"司骨"，使我們有可能得到接近其歷史本來面目的認識。出土簡帛，真可謂字字千金。

4. 釋"大水"

"大水"作爲楚人所祀神祇，首先可以肯定不是黃河之神。楚人不祀河，《左傳》哀公六年："昭王有疾，卜曰：'河爲祟。'王弗祭。大夫請祭諸郊，王曰：'三代命祀，祭不越望，江漢雎章，楚之望也。禍福之至，不是過也。不穀雖不德，河非所獲罪也。'遂弗祭。"

楚國境內之江湘已有"二天子"爲神（詳下文），則大水應指天漢之神。

"漢"之古文從水從或從大，謂域中大水（參《說文》段注及朱駿聲通訓定聲）。楚簡中祀"大水"之禮頗耐人尋味，從祭祀系譜看，"大水"居於太、后土、司命、司骨之後，"二天子"、"坐山"之前，但從祭祀禮品看，則"大水"與"太"同尊，如213簡僅"太"與"大水"享受供品"一環"，后土、司命、司骨、二天子各一小環,坐山一珏;簡文中僅"太"、"大水"有特祀之例,以先祖配祀(相當於甲骨文之"賓")(參 227、248 諸簡)。這些情況説明,在楚人所祀諸神中,"大水"的位置是很崇高的,幾乎與太一相匹,此種神格,自非"天漢"莫屬。天漢爲古人崇拜、占吉凶的對象,《左傳》昭公十七年,"星孛天漢。漢,水祥也。"《詩·小雅·大東》:"維天有漢。"天漢又稱"雲漢",《詩·大雅·雲漢》:"倬彼雲漢,昭回於天。王曰於乎,何辜今之人。天降喪亂,饑饉薦臻。靡神不舉,靡愛斯牲。圭璧既卒,寧莫我聽。"此詩"靡神不舉"之"舉"與楚簡"舉禱"(210簡)禮同,"圭璧"即楚簡"環"之類。《史記·天官書》:"漢者,亦金之散氣,其本四水。漢星多,多水;少,則旱,此大經也。"《漢書·郊祀志》:"其梁巫祠天、地、天社、天水、房中、堂上之屬。"天水即天漢也。

由楚簡所祀"大水"之神爲天漢,亦可推知《九歌》之"河伯"亦爲天漢之神。《河伯》云:"登崑崙兮四望。"洪興祖補注:"《援神契》云:'河者,水之伯,上應天河。'"此注最得古人祀禮之真諦。

5. 釋"二天子"

"二天子"應即楚人辭賦所描繪的"湘君"、"湘夫人"。《九歌》王逸章句認爲"湘君"爲湘水之神,"湘夫人"爲堯之二女。洪興祖補注認爲二湘就是堯之二女。從詩歌的内容看,洪興祖的説法於義爲長。傳説堯嫁二女於舜,舜死於蒼梧,二妃死於江湘之間,俗謂之湘君(見《列女傳》)。唐韓愈《黄陵廟碑》:"湘旁有廟,自前古立,以祠堯之二女——舜二妃者。"

《九歌·湘夫人》"帝子降兮北渚",王逸章句:"帝子,謂堯女也。降,下也。言堯二女娥皇、女英,隨舜不反,没於湘水之渚,因爲湘夫人。"按屈原稱堯之二子爲"帝子",實即天帝之子。《山海經·中山經》"洞庭之山……帝之二女居之,是常游於江淵。澧沅之風,交瀟湘之淵,是在九江之間,出必以飄風暴雨,是多怪神,狀如人而戴蛇,左右手操蛇,多怪鳥",郭璞注:"天帝之二女而處江爲神也。"《山海經》凡稱"帝"者多指天帝,故郭璞如是注。有人不同意郭氏之説,認爲二女即堯之二女,袁珂校注説:"堯之二女即天帝之二女也,蓋古神話中堯亦天帝也。"此説甚是。

堯之二女既已被奉爲神，自然也就無所不在。《山海經·海內西經》："舜妻登比氏生宵明，燭光，處河大澤。二女之靈能照此所方百里。"這是北方人將"天帝之二女"的神話移植到黃河流域的結果。

《山海經》中有"三天子"，對於我們理解"二天子"甚有幫助。《海內經》："南海之內有衡山、有菌山、有桂山。有山名三天子之都。南方蒼梧之丘，蒼梧之淵，其中有九嶷山，舜之所葬，在長沙零陵界中。"按"三天子"應是"二天子"之誤，古書中從未見堯之"三女"的說法。衡山、九嶷山相去未遠，是堯之二女葬於南嶽附近，名其山曰"二天子之都"。《海內南經》有"三天子鄣山"，《海內東經》有"三天子都"，其地皆在長沙下游。堯二女"二天子之都"應是涉"三天子都"而誤改爲"三天子之都"。

楚簡中關於祭祀"二天子"的記載，是十分珍貴的，由此大大豐富了我們對《九歌》二湘的理解。

6. 釋"坐山"

"坐山"除上引包山楚簡文例外，又有新蔡葛陵楚簡以下相關句例：

　　　逞（歸）☐備（佩）玉於郙（坐）山一环（疏）璜（葛陵簡甲一 4＋乙三 44）

　　　☐三楚先、陞（地）宔（主）、二天子、郙山、北〔方〕☐（葛陵簡乙四 26）

　　　☐五宔（主）山各一牂（羯）（葛陵簡甲二 29）

　　　☐甲戌闕，乙亥禱楚先與五山，庚午之夕內齋（葛陵簡甲三 134）

　　　☐叕（舉）禱五山（葛陵簡甲三 195）①

坐山、五山（簡文又稱爲"五宔山"），皆山神也。坐山非實有之山名，乃山神之所守也。《左傳》桓公十二年"楚人坐其北門"，注："坐，猶守也。"《楚辭·九歌》有"山鬼"。

7. "殤"與《國殤》

古人在祭祀自然諸神時，往往同時祭祀列祖列宗，稱爲"配"，亦稱"配

---

① 河南省文物考古研究所：《新蔡葛陵楚墓》，鄭州：大象出版社，2003年。

天"。《周易·豫》:"殷薦之上帝,以配祖考。"《詩·周頌·思文》序:"思文,后稷配天也。"《史記·天官書》:"郊祀后稷以配天,宗祀文王於明堂以配上帝。"《包山楚簡》所記楚人祭祀亦多此類例,尤以 243 號簡爲完整,類似例又見 237、240、248 諸簡。

這些作爲天地山川之配的列祖列宗,當其顯靈之時,有被稱作"殤"者,222 號簡就記有"見(現)新王父、殤"。

無獨有偶,《九歌》中有《國殤》,所述爲祭祀殤鬼之禮。《禮記·郊特牲》"鄉人裼,孔子朝服立於阼,存室神也",鄭玄注:"裼,強鬼也。謂時儺、索室、毆疾、逐強鬼也。"秦簡《日書》803、804 簡:"庚辛有疾,外鬼傷死爲祟。"殤、裼、傷所指皆爲殤鬼,筆者曾據此認爲《國殤》所祀爲外鬼[①],今核之楚簡,知楚人亦稱先祖強死者爲殤,則《國殤》之題旨應理解爲由國家舉行的祭祀強死亡靈的儀式。《國殤》在《九歌》中的位置,是作爲天地山川諸神的配祀者,故置於篇末。有如楚簡之以"殤"配天,將墓主邵佗的列祖列宗綴於諸神之末。

學者們研究《九歌》,對其篇章結構多有疑惑,最顯著者莫過於欲摒《國殤》於《九歌》之外。今藉楚簡以"殤"配天之例,知古人祀禮原本如此,則《國殤》爲《九歌》之有機組成部分,可無疑問。

8.《禮魂》之"成禮"與楚簡之"既城"

《九歌·禮魂》"成禮兮會鼓",王逸章句:"成其禮敬,乃傳歌作樂。"包山楚簡 215:"太、矦(后)土、司命、司禍、大水、二天子、嵯山既皆城(成)。昷(期)帀(中)又(有)憙。"城與成通,謂成諸神祭祀之禮,諸神將降福佑。是"既城"即《九歌·禮魂》之"成禮",二者所述爲同一祭祀禮儀,不同的僅在於楚簡爲實錄,《九歌·禮魂》爲語言藝術之再現,如此而已。

綜合以上論述,楚簡所祀的一組神與《九歌》神祇的對應關係如次:

太	后土	司命	司禍	大水	二天子	嵯山	列祖列宗	(成禮)
東皇太一(東君)	雲中君	大司命	少司命	河伯	湘君湘夫人	山鬼	殤鬼	(既城)

---

① 劉信芳:《秦簡日書與楚辭類徵》,《江漢考古》,1990 年第 1 期,第 62~65 頁。

其中楚簡"二天子"爲二神之合名，各神祭祀之時，均須享受歌樂，輯其歌辭，是爲九歌（屈原對九歌曾去其鄙陋而重訂，參王逸章句）。二組神名一一可資對照，確實令人深思。惟《九歌》有"東君"，《包山楚簡》闕祀。具體原因尚不清楚。楚簡所祀"司命"、"司骨"，有時僅見司命（見237、243諸簡），是二神可合稱爲"司命"，有如二湘可以合稱爲"二天子"。太一、東君同爲東方大神，楚簡"太"是否爲"太一"、"東君"的合稱？姑且錄以備考。

有了包山楚簡的一系神名，使得我們有可能揭開《九歌》諸神的千古之謎；而藉《九歌》，使得我們可以確知楚簡一系神名究爲何神。雖然此二者之間尚存有許多疑點，有待進一步探索，但同作爲楚人所祀諸神，它們之間所具有的整體同一性則是毋庸置疑的。

（本文曾發表於《文學遺產》1993年第5期，此次收入本書，除統一體例外，有訂正。其中第6條"釋坐山"，舊稿誤釋"坐"爲"夕"，因而整條重新改寫）

二 《招魂》"像設君室"與楚簡帛之"象"

《招魂》"像設君室"之"像"，前賢或解爲法像，或解爲畫像，以顧炎武"尸禮廢而像事興，蓋在戰國之時矣"之推斷最有見地。上博藏六《天子建州》"士象大夫之位"、"大夫象邦君之位"、"邦君象天子之位"之類記載，其"象"謂祭祀之設象。楚地出土的楚帛畫以及西漢帛畫對研究招魂之禮具有重要意義。據此由周代之"尸"到戰國之"象"的禮制變革可以得到更爲深入的認識。

1. "像設君室"的幾種解釋

《楚辭・招魂》："像設君室，靜閒安些。"何謂"像設君室"，歷代楚辭家的解釋略有二說。

其一，釋"像"爲法像。王逸《章句》："像，法也。言乃爲君造設第室，法像舊廬，所在之處，清靜寬閒而安樂也。"王夫之《楚辭通釋》說："像設者，以意想象而設言之，自此之末'反故居些'皆像設之詞，擬所以待其歸者如此。"

其二，釋"像"爲畫像。朱熹《楚辭集注》："像蓋楚俗人死則設其形貌於室而祠也。"顧炎武曰:"古之於喪也有重,於祔也有主,以依神。於祭也有尸,以象神。而無所謂像也。《左傳》言:嘗于太公之廟,麻嬰爲尸。《孟子》亦曰:弟爲尸。而春秋以後不聞有尸之事,宋玉《招魂》始有'像設君室'之文。尸禮廢而像事興,蓋在戰國之時矣。"①姜亮夫云:"崑山顧亭林乃以爲像者,戰國以後以尸禮廢而像事上,言之最爲有理……'像設'直是楚人舊習。"姜亮夫據以解"像"爲"畫像"②。湯炳正《楚辭今注》:"像,畫像,此言人死後設其形像於室祠之。"③

2.《天子建州》之"象"

"像",楚簡作"象",最近公佈的《上海博物館藏戰國楚竹書(六)》有《天子建州》一篇④,其中與"象"有關的記載如下(釋文從寬式):

〔凡〕天子建之以州,邦君建之以圻,大夫建之以里,士建之以室。凡天子七世,邦君五〔世,大夫〕三世,士二世。士象大夫之位,身不免;大夫象邦君之位,身不免;邦君象天子之〔位〕,身不免。【天子建州(甲本)1~3】

關於"位",劉洪濤解釋説:"'位'應指宗廟的昭穆之位。按照禮制,'天子七世',就有七代先祖的牌位。"以下類推⑤。其説可從。

簡文"象",整理者隸定爲"爲",陳偉改隸作"象",云:

此字不從"爪"作。當釋爲"象",仿效義。《左傳》桓公二年:"今滅德立違,而寘其賂器於大廟,以明示百官,百官象之,其又何誅焉?"《漢書·禮樂志》:"天稟其性而不能節也,聖人能爲之節而不能絶也,故象

---

① 顧炎武:《日知録》(上),北京:商務印書館,1935年,第487頁。
② 姜亮夫:《楚辭通故》第三輯,濟南:齊魯書社,1985年,第477頁。
③ 湯炳正等:《楚辭今注》,上海:上海古籍出版社,1996年,第229頁。
④ 馬承源主編:《上海博物館藏戰國楚竹書(六)》,上海:上海古籍出版社,2007年,第309~338頁。
⑤ 劉洪濤:《讀上博竹書〈天子建州〉劄記》,簡帛 www.bsm.org.cn(07/07/12)。

天地而制禮樂,所以通神明,立人倫,正情性,節萬事者也。"①

按:陳偉隸作"象"確鑿可信,然解爲"仿效",則尚有可商。簡文"象"即《招魂》之"像",本指廟室神主之象也。所謂"天子七世,邦君五世,大夫三世,士二世",《禮記·王制》"天子七廟,三昭三穆,與大祖之廟而七。諸侯五廟,二昭二穆,與大祖之廟而五。大夫三廟,一昭一穆,與大祖之廟而三。士一廟",鄭玄注:"上士二廟。"與簡文所記禮制略合。周禮廟中有尸,猶楚簡所謂"象"也。周禮之"七廟"、"五廟"、"三廟"、"二廟",猶簡文之"七世"、"五世"、"三世"、"二世"也。顧炎武斷言"尸禮廢而像事興,蓋在戰國之時矣",由楚簡而又得佳證。簡文"象"用作動詞謂"設象",所謂"士象大夫之位"者,謂士設象大夫之位。依楚簡所記禮制,士祭先祖,設二像,倘若設三像,則屬"士象大夫之位",於禮已僭越,故"身不免"也。免,赦也。

3. 帛畫與"畫像"

不僅楚簡有"象",出土的楚帛畫亦有"像"。

1973年出土於湖南長沙子彈庫一號楚墓的"人物御龍帛畫"②,畫面主人公爲一繫高冠之男子,側身直立,駕馭一巨龍,龍尾立一鳥(圖七)。

圖七　長沙子彈庫一號楚墓人物御龍帛畫

---

① 陳偉:《〈天子建州〉校讀》,簡帛 www.bsm.org.cn(07/07/13)。
② 湖南省博物館:《新發現的長沙戰國楚墓帛畫》,《文物》,1973年第7期。

第三章　出土簡帛與楚辭中的宗教神話問題

子彈庫楚帛畫出土時置放於棺蓋板與外棺中間的板上面，上面裹細竿，繫絲繩，可以懸掛，考古學者已證明，墓主與帛畫主人公身份相合。值得注意的是，目前已出的幾幅楚帛畫以及楚地所出西漢帛畫，在葬制上幾乎是一脈相承，爲了便於比較分析，我們先來看看以下幾幅帛畫。

(1)陳家大山楚帛畫

該帛畫長31.2，寬23.2釐米，帛畫主人公爲女性。由於墓中未發現一件象徵男性的器物，因而熊傳新認爲墓主爲女性，並推測"帛畫原放在槨蓋板下面的板上"①，可信。孫作雲認爲："畫中的女子應該是墓中的主人。"②其説被以後所出西漢帛畫所證實。

(2)江陵馬山一號楚墓帛畫

該帛畫因保存不好，出土時內容無法辨認，因而受到冷遇，除發掘報告外，很少有人提及，其實該帛畫自有其研究價值。

馬山一號楚墓帛畫長37，寬25釐米，白絹墨繪而成。出土時平放在棺蓋中部左側的荒帷之上，少部分緊貼棺蓋左側邊緣的荒帷之上。其上壓一竹竿。帛畫上端繫卷着一根細竹條③。竹竿爲張掛帛畫之用。在目前已出土的帛畫中，這是惟一見到的撐持帛畫的實物，對於我們了解帛畫的性質具有重要意義。

(3)馬王堆一號漢墓帛畫

該帛畫1972年4月出土於長沙東郊五里牌。絹地彩繪，全長205、上部寬92、下部寬47.7釐米，四角綴有飄帶，整個畫幅呈T字形。畫的中間部分，有一老年婦女拄杖緩行，據湖南醫學院對女屍進行的研究，墓主死亡的年齡在五十歲左右，其年齡與帛畫主人公相符。又據該墓出土器物分析，簡報作者判定："這幅畫的主題，應爲女主人(即墓主)出行的形象。"

帛畫出土時覆蓋在內棺上。另據安志敏介紹：帛畫"頂端邊緣上包有一

---

① 熊傳新：《對照新舊摹本談楚國人物龍鳳帛畫》，《江漢論壇》，1981年第1期。
② 孫作雲：《長沙戰國時代楚墓出土帛畫考》，《人文雜誌》，1960年第4期。
③ 湖北省荊州地區博物館：《江陵馬山一號楚墓》，北京：文物出版社，1958年。

根竹棍，竹棍的兩端有絲帶，可以懸掛"①。

同墓所出遣冊名帛畫爲"非衣"，《西漢帛畫》附說明："一簡上寫作'非衣一，長丈二尺'。按這件帛畫，正作衣服狀，用漢尺計，尺寸相近，有可能即是遣冊所記的非衣。"又云："看來這幅帛畫似乎就是當時在遣車前舉揚的圖畫，以'引魂升天'。"(《西漢帛畫》，北京：文物出版社，1972年)這一推論無疑是正確的。《儀禮·士喪禮》"復者一人，以爵弁服簪裳於衣左，何之，扱領於帶，升自前東榮中屋，北面招以衣，曰：皋，某復，三，降衣於前"，鄭玄注："復者，有司招魂以復魄也。"馬王堆一號墓所出遣冊和帛畫爲古代這種以"衣"招魂提供了不可多得的實物標本。

(4) 馬王堆三號墓帛畫

據簡報："覆蓋在內棺上的'帛畫'，通長2.33，上部寬1.41，下部寬0.50米。內容與一號墓出土的帛畫大體類似……中部上段是墓主人出行的場面。墓主人面部破損，但可確認爲男性。"②該墓墓主骨架經鑒定爲男性，年齡在三十歲左右，與帛畫主人公形象相合。

綜括以上所引三幅楚帛畫，兩幅楚地所出西漢帛畫，其共同點有：

(1) 帛畫皆置於槨蓋板下，內棺之上。

(2) 除陳家大山楚帛畫因非科學發掘，尚存有疑點外，其餘四幅帛畫皆可懸掛，尤其是馬山一號帛畫與竹竿同出，爲我們提供了物證。

(3) 帛畫主人公皆與墓主身份相若。

很明顯，帛畫的性質爲招魂之物，當爲行招魂之禮後，隨即覆於棺上以隨葬。

古人事死如事生，既以帛畫之"像"招魂，則宗廟祭祀，亦必設"像"以祭。至於宗廟祭祀究竟是設絹帛之"像"還是設木刻之"像"以及其他等等，尚有待進一步研究。不過無論是絹帛之"像"還是木刻之"像"，其爲"像"則一。

綜上，《楚辭·招魂》"像設君室"，經顧炎武斷言戰國"尸禮廢而像事興"，

---

① 安志敏：《長沙發現的西漢帛畫試探》，《考古》，1973年第1期。
② 湖南省博物館、中國科學院考古研究所：《長沙馬王堆二、三號漢墓發掘簡報》，《文物》，1984年第7期。

至姜亮夫等學者解爲"畫像",其説已由出土楚帛畫以及楚地出土西漢帛畫得到一定程度的證明。最近公佈的楚簡《天子建州》,詳細記載了"象"的禮制意義,由周代之"尸"到戰國之"象"的禮制變革得以確證,這對於楚辭、楚簡以及古代禮制的研究,具有重要的意義。

三 《繫年》"屎伐商邑"與《天問》"載尸集戰"

《繫年》"成王屎伐商邑"之"屎",研究者多解爲"繼"。結合《楚辭·天問》武王"載尸集戰"的記載,可知屎應讀爲"尸","尸"乃西周出師祭祀禮儀。《左傳》"荆尸"與《繫年》"尸"相類,乃楚國尸祭。論者或解爲楚國月名,學者提出的反駁意見理由充份,應該重視。

1. "屎伐商邑"的有關解讀

清華藏簡《繫年》13~14:"成王屎伐商邑,殺彔子耿。"[①]

整理者注:"屎,字見陳侯因𣦶敦(《集成》4649),即《説文》'敉'字或體'侎'。容庚《善齋彝器圖録》第二五頁(燕京學社,一九三六年)云義當如'繼'。簡文是説成王繼武王之後再次伐商。"

宋華强引到李家浩讀陳侯因𣦶敦"屎"爲"纂"的意見,《禮記·祭統》引孔悝鼎"纂乃祖服"、《左傳》襄公十四年"纂乃祖考",鄭玄注和杜預注並云:"纂,繼也。"宋華强據以認爲:《繫年》"屎"字也應該讀爲訓"繼"的"纂","纂伐商邑"就是繼續討伐商邑[②]。

孟蓬生主張讀爲"肆伐",復旦讀書會引陳劍説主張讀爲"踐伐"[③]。

清華讀書會在分析宋華强説的基礎上認爲:段玉裁《説文解字注》、朱駿

---

① 李學勤主編:《清華大學藏戰國竹簡(貳)》,上海:中西書局 2011 年。本文凡引竹簡均附編號,不另附頁碼。
② 宋華强:《清華簡〈繫年〉"纂伐"之"纂"》,簡帛 www.bsm.org.cn (11/12/21)。
③ 孟蓬生説於 12 月 19 日清華近春園研討會上提出,陳劍説參讀書會:《〈清華(貳)〉討論記録》,www.gwz.fudan.edu.cn 2011-12-23。

聲《說文通訓定聲》都指出訓爲"繼"的"篡"當是"纘"之假借,《說文》:"纘,繼也。""屎伐商邑"可直接讀成"纘伐商邑",清華讀書會的結論是:"'纘伐商邑'是目前最爲合理的說法。"①

以上學者提出的意見都是有益於進一步研究的,但都不同程度地存在問題。先看整理者的說法,清華讀書會已指出:整理者解"屎"爲《說文》"敉"字或體"侎",訓爲"繼",文義固然暢通,然而翻檢故訓材料,未見"侎(敉)"字訓爲"繼"之例。再看讀"屎"爲"篡"、爲"纘"、爲"踐"諸說,不僅"屎"與"篡"、"屎"與"纘"、"屎"與"踐"韻部聲紐有隔,重要的是未見論者舉出經史"屎"與"篡"、"屎"與"纘"、"屎"與"踐"通假用例,也未見舉出"篡伐"、"纘伐"的用例。

學者的以上釋讀,除了整理者提到的陳侯因齊敦銘文,還或多或少受到了以下金文"屎"之用例的影響:

(1) 禹鼎:武公⋯命禹▨朕(朕)且(祖)考政于井邦(《集成》5.2833)
(2) 豆閉簋:用▨乃且(祖)考事(《集成》8.4276)
(3) 逑盤:肇▨朕皇且(祖)考服(《近出二編》939)

以上金文"屎"與《繫年》"成王屎伐商邑"之"屎"用法是否相同? 含義是否有差別?"成王屎伐商邑"該如何解釋? 這些問題都有深入探討的必要。

2. "尸伐商邑"與"載尸集戰"之"尸"

筆者認爲:"成王屎伐商邑"之"屎"應讀爲"尸",尸、屎上古音同在脂部書紐,《詩·大雅·板》"民之方殿屎",屎,《說文》引《詩》作"吚",吚從"尸"聲。《楚辭·天問》:"武發殺殷,何所悒? 載尸集戰,何所急?"王逸注:"尸,主也。集,會也。言武伐紂,載文王木主,稱太子發,急欲奉行天誅,爲民除害也。"洪興祖補注:"《史記》:武王東觀兵至於盟津,爲文王木主,載以車中軍。武王自稱太子發,言奉文王以伐,不敢自專。補曰:《記》云:祭祀之有尸也,宗廟之有

---

① 清華讀書會:《〈清華大學藏戰國竹簡〉(貳)研讀劄記(二)》,www.gwz.fudan.edu.cn 2011-12-3。清華讀書會還提到:逑盤銘文有"屎朕皇祖考服",裘錫圭也主張讀爲"篡"。參裘錫圭:《讀逑器銘文札記三則》,《文物》,2003年第6期,第75頁。以下引清華讀書會說同此。

主也,示民有事也。主有虞主、練主。尸,神象也,以人爲之。然《書序》云:康王既尸天子,則尸亦主也。"

西周征伐載木主之尸出征,從本質上講是一種出師祭祀禮儀。古代出師、軍歸,皆有祭祖告廟之儀,《周禮·春官·大祝》:"大師,宜於社,造於祖,設軍社,類上帝,國將有事于四望。及軍歸,獻于社。"《禮記·王制》"天子將出征,類乎上帝,宜乎社,造乎禰,禡於所征之地,受命於祖,受成於學。出征,執有罪,反釋奠于學,以訊馘告",鄭注"受命於祖"云:"告祖也。"演變到春秋,有所謂"荊尸"。《左傳》莊公四年"春,王正月,楚武王荊尸,授師孑焉,以伐隨。將齊,入告夫人鄧曼曰:余心蕩。鄧曼嘆曰:王祿盡矣。盈而蕩,天之道也,先君其知之矣。故臨武事,將發大命,而蕩王心焉。若師徒無虧,王薨於行,國之福也",注:"尸,陳也,荊亦楚也,更爲楚陳兵之法。"所謂"齊",注:"將授兵於廟,故齊。"《左傳》宣公十二年:"荊尸而舉。"

不妨將《繫年》"成王屎(尸)伐商邑"與上引《左傳》莊公四年的有關文字作一對比,"成王尸"與"楚武王荊尸"對應,"伐商邑"與"伐隨"對應。可見楚之"荊尸",猶西周之"尸"也。魯國史官所以記爲"荊尸"者,以區別於周之"尸"也。西周之"尸"與楚之"荊尸"有年代之隔,等級之差,於禮或有損益,然同爲出師"尸"祭禮儀則一。

不過杜預既解"荊尸"爲"楚陳兵之法",則不能不述及學者的相關研究。

3. 關於"荊尸"

楚月名有"習㞷",望山簡 6:"〔郙客〕困〔芻〕䩨(問)王於栽〔郢之歲,習〕㞷之月,癸亥之日☐。"簡 7:"〔郙客困〕芻䩨(問)王於栽 郢之歲(歲),習㞷之月,癸未之日。"包山簡 199:"自習㞷之月㠯(以)橐(就)習㞷之月,出內事王,聿(盡)卒(卒)歲(歲),窮(躬)身愑(尚)毋又(有)咎?"簡 84:"習㞷之月。"其例多見。

九店簡 56—78:"習㞷朔於營,顝(夏)㞷恚(奎)。"習㞷,睡虎地秦簡《日書》840 作"刑屎","屎"或作"夷"。睡虎地秦簡公佈以後,20 世紀 80 年代初就已有學者注意到《左傳》"荊尸"與秦簡"刑夷"的聯繫。曾憲通認爲"荊尸"

就是楚簡之"䎽层",秦簡之"刑夷",兩者乃音近相通,都是指代楚曆正月的代月名。曾憲通又分析道:"周曆建子,比夏曆早兩個月,'王三月'正是夏曆正月,與'秦楚月名對照表'所示曆數相合。"①于豪亮根據《左傳》莊公四年"王正月"版本的記載,認爲"'荊尸'應該就是'刑尸',也就是楚國與正月相當的月名"②。

楊伯峻曾採納"荊尸"爲月名的説法,將"楚武王荊尸授師孑焉"作一句讀,理解爲"楚武王正月授予軍隊以戟也"③。但此後又有所困惑,云:"疑此'荊尸'當作動詞,指軍事。"④楊注《左傳》影響很大,"荊尸"是否爲月名引起爭論。

解《左傳》之"荊尸"爲月名有不合理之處,至少有以下學者提出的意見值得重視。

張君認爲:

> 按莊公四年傳文"春,王三月,楚武王荊尸",如作楚代月名解,則已標明季節與周曆"王三月",根本無庸贅列楚按夏曆的建寅之月名或其代名,揆諸《左傳》,也並無旁例,因此,"荊尸"在此處絶不當作楚正月名或代月名。但按杜注孔疏,作"陳兵之法"解,也同樣於理不通。

不過張君又説:"舊注疏稱'荊尸'爲'陳兵之法'也不會是憑空杜撰,而應當有所本。"⑤

陳恩林云:"依先秦文獻通例,紀年可用王公謚號,但記月則從無用王公之謚號者。所以《左傳》'楚武王荊尸'一語,不可能是楚的記月之辭。就楚

---

① 曾憲通:《楚月名初探——兼談昭固墓竹簡的年代問題》,《中山大學學報》,1980 年第 1 期,第 97~107 頁。
② 于豪亮:《秦簡〈日書〉記時記月諸問題》,中華書局編:《雲夢秦簡研究》,北京:中華書局,1981 年,第 355 頁。
③ 楊伯峻:《春秋左傳注》,北京:中華書局,1981 年,第 163 頁。
④ 楊伯峻:《春秋左傳注》(修訂本),北京:中華書局,1990 年,第 163 頁。
⑤ 張君:《"荊尸"新探》,《華中師範大學學報》,1984 年第 5 期,第 41~47 頁。

簡而論，也還未發現用楚王謚號記月者。"陳氏認爲"杜預注'荊尸'爲軍陣之説，是確不可移的"①。

王紅亮云："'荊尸而舉'一句話實乃晉國隨武子對晉中軍帥荀林父所講的，試問：'荊尸'既然爲楚國地方'月名'，那麼爲何會出於晉人之口，難道晉也用楚地方月名嗎？這顯然是不成立的。"王紅亮的結論是：《左傳》中的"荊尸"仍應釋爲楚國的一種"軍陣"。②

李學勤在分析了《春秋》有關"荊尸"之經、傳及杜注、孔疏後，有如下小結：

> 品味"荊尸而舉"數句，"荊尸"也不像是月名，而應是組織兵員的一種方式。正因行用"荊尸"，才做到"商、農、工、賈不敗其業，而卒乘輯睦"，莊公四年傳杜注釋"荊尸"爲陳兵之法還是不中不遠的。
>
> 這麼説，是否《左傳》的"荊尸"同楚月名全不相干呢？我認爲不是的。楚月名各個的含義，我們還不清楚，似若與各月行事，或者歷史上一定事件有關。"荊尸"之月可能宜於徵召兵員，也可能過去曾在該月有一次著名的舉兵之事，後來楚月名的"刑夷"還是由春秋時的"荊尸"而來。③

李學勤的意見略與楊伯峻類似，對解《左傳》"荊尸"爲楚月名有所保留，不否認杜預注，又強調《左傳》"荊尸"與楚簡月名的聯繫。

另外還有學者解"荊尸"爲楚國行軍之祭，這一意見幾乎爲研究者所忽略，不妨照引《楚國歷史文化辭典》"荊尸"條目如次：

> 荊尸，楚國行軍之祭，具體祭儀不詳。一説爲楚國陳兵之法。《左傳》莊公四年："楚武王荊尸，授師孑焉，以伐隨。將齊，人告夫人鄧曼曰：余心蕩。"杜預注："尸，陳也。荊亦楚也。更爲楚陳兵之法。"《左

---

① 陳恩林：《〈春秋左傳注〉注文商榷五則》，《吉林大學學報》，2007年第4期，第78～79頁。
② 王紅亮：《〈左傳〉之"荊尸"再辨證》，《古代文明》，2010年第4期，第58～67頁。
③ 李學勤：《〈左傳〉"荊尸"與楚月名》，《文獻》，2004年第2期，第17～19頁。

傳》宣公十二年："荊尸而舉。"按："荊尸"應爲兵祭，"將齊"，"齊"同"齋"，指祭祀齋戒。《禮記·坊記》："祭祀之有尸也，宗廟之有主也，示民有事也。""尸"即木主。也用作楚國月名。①

以上"荊尸"條是由筆者撰寫的②，歷經二十餘年，現在結合《繫年》"成王屎伐商邑"的辭例來看，將"荊尸"解爲楚國行軍之祭仍然是可以考慮的選項。參考《左傳》"楚武王荊尸，授師孑焉，以伐隨"句，"荊尸"後點逗號，那麼將"成王屎伐商邑"改句讀爲"成王屎（尸），伐商邑"，也許更好一些。

至於上文所引與《繫年》"屎"相關的金文例，謹試作以下説明。

禹鼎："武公…命禹䞭脤（朕）且（祖）考政于井邦。"銘文當時背景是，鄂侯馭方叛，率南淮夷、東夷犯周東南，周王命西六師、殷八師前往討伐，"弗克"；茲後武公乃遣禹戎車百乘、甲士二百、徒兵千人出征。可見"命禹䞭脤（朕）且（祖）考政于井邦"云云，正乃"尸祖考"之出兵祭祀之儀。

陳侯因咨敦："因咨揚皇考，紹緟高祖黃帝，屎嗣桓文。"此乃器主以齊桓晉文後繼者自居，尸，主也，蓋由木主、神主、祭祀之主引申爲主事之主。《左傳》桓公七年"告終，稱嗣也"，注："告亡者之終，稱嗣位之主。"《詩·召南·采蘋》"誰其尸之，有齊季女"，傳："尸，主。"

逨盤銘文述先祖、祖考奉事王室，及至逨，"逨肇䑕朕皇祖考服，虔夙夕敬朕死事"，尸，主也，謂逨繼承先祖、祖考職事。逨氏家族後繼者多矣，逨爲其主也。

豆閉簋：王乎内史冊命豆閉，"䑕乃且（祖）考事"。䑕可參考逨盤銘文例，讀爲"尸"，釋爲"主"。

清華讀書會還引到以下金文例：

陳貯簋：䑕擇吉金（《集成》8.4190）

叔弓鎛：䑕擇吉金（《集成》1.285—7）

---

① 石泉主編：《楚國歷史文化辭典》，武漢：武漢大學出版社，1996年，第284頁。該書資料收集以1991年爲下限。

② 《楚國歷史文化辭典》"禮儀、習俗"門的撰稿負責人爲劉信芳，參該書第562～567頁。

以上二例"擇"前之字與"屎"不是一字，無論字形還是辭例與本文討論的"屎"及其辭例都沒有可比性，不納入討論範圍。

綜合學者以上討論意見，試作小結：

(1)筆者認爲《繫年》"成王屎伐商邑"之"屎"應讀爲"尸"，句讀可改爲"成王屎(尸)，伐商邑"，《楚辭·天問》武王"載尸集戰"可作參考。

(2)《左傳》莊公四年"荆尸"與楚月名"䏌㞢"有聯繫，但解《左傳》"荆尸"爲月名與《左傳》原文不符。張君、陳恩林、王紅亮提出的反駁意見已經很充分。楊伯峻對《左傳》的研究下了一生的功夫，再三思考後提出"疑此'荆尸'當作動詞，指軍事"，也能讓我們體會到，解《左傳》"荆尸"爲月名是不妥當的。

但《左傳》"荆尸"與楚簡月名有一定聯繫的意見仍然具有相當的可靠性，正如李學勤所説"楚月名各個的含義，我們還不清楚"，這種聯繫涉及楚簡月名的來源問題，目前還不具備進一步討論的條件。

(3)杜預注將《左傳》"荆尸"解爲"楚陳兵之法"，應是依據上下文的理解作出的推測性意見，現在我們既已讀到《繫年》"成王屎伐商邑"的新材料，可以認爲杜預解《左傳》"荆尸"爲"楚陳兵之法"的可靠性並不充分。

(4)與《繫年》"屎"相關的金文例，需要作具體分析，禹鼎之例或與《繫年》例相類，陳侯因咨敦、逨盤、豆閉簋之例或可讀爲"尸"，解爲"主"。筆者對此謹提出自己的見解參加討論，供參考。

第四章 《日書》所反映的原始崇拜與民俗

目前已公佈的楚秦漢簡《日書》已有多種，成爲出土簡牘帛書中的一個重要門類。本章主要依據具有代表性的九店楚簡《日書》、雲夢睡虎地秦簡《日書》、天水放馬灘秦簡《日書》、孔家坡漢簡《日書》等，討論《日書》所涉及的數術原理、由《日書》所反映的各類鬼神、原始崇拜與民俗等問題。爲行文方便，徵引各種《日書》原簡或使用略稱，茲列本章所用略稱如下：

（九店）：九店楚簡《日書》釋文（湖北省文物考古研究所：《江陵九店東周墓》，北京：科學出版社，1995年）

《九店》：九店楚簡《日書》（湖北省文物考古研究所、北京大學中文系：《九店楚簡》，北京：中華書局，2000年）

《睡虎地》甲：睡虎地秦簡《日書》甲種

《睡虎地》乙：睡虎地秦簡《日書》乙種

《虎墓》：《雲夢睡虎地秦墓》

《虎簡》：《睡虎地秦墓竹簡》

《放馬灘》甲：天水放馬灘秦簡《日書》甲種

《放馬灘》乙：天水放馬灘秦簡《日書》乙種

《孔家坡》：孔家坡漢簡《日書》

一 《日書》四方四維與五行淺説

金木水火土五行學説，於先秦已有，因雲夢秦簡《日書》出土而得到進一步確認。五行思想貫穿《日書》時日吉凶之推算，把握這一點，《日書》中的許多疑難問題可以得到合理解釋。以下我們先分析《日書》四方四維與五行的數術原理，然後在此基礎上討論《日書》中的相關文例。

1. 四方四維與五行原理

《睡虎地》乙 983～994 簡①：

正月壬臽　二月癸臽　三月戊臽　四月甲臽　五月乙臽

六月戊臽　七月丙臽　八月丁臽　九月己臽　十月庚臽

十一月辛臽　十二月己臽

同樣內容又見《睡虎地》甲 865～868 簡，惟順序不同，不錄。

以上各月臽日以日干爲記，其日干的安排是有規律可循的，與古代季節、四方、四維、五行觀念密切相關，值得認眞分析。

《呂氏春秋·十二紀》：春季"其日甲乙"，夏季"其日丙丁"，秋季"其日庚辛"，冬季"其日壬癸"，該書又於《季夏紀》後附云："中央土，其日戊己"，高誘分別注云："甲乙，木日也"；"丙丁，火日也"；"戊己，土日也"；"庚辛，金日也"；"壬癸，水日也"。

《睡虎地》甲 813～804 反面簡："金勝木，火勝金，水勝火，土勝水，木勝土。東方木，南方火，西方金，北方水，中央土。"

將上引簡文與《呂氏春秋·十二紀》的有關記載聯繫起來，可作一圖解於次（圖八）：

圖八　天干、四方、五行關係圖解

現在再來看上引《日書》臽日，"正月壬臽，二月癸臽"者，是因爲正月、二月爲春季，"壬、癸"於日干代表冬季，冬季已過，故壬、癸爲臽。臽即陷。其餘

---

① 本文所引睡虎地秦簡《日書》甲、乙種簡文，除特別說明者外，以雲夢睡虎地秦墓編寫組：《雲夢睡虎地秦墓》（文物出版社，1981 年）所附圖版爲據。

三季可按表逐一類推，無須贅述。

值得重視的是，"三月戊臽"、"六月戊臽"、"九月己臽"、"十二月己臽"，戊、己爲中土日干，古人以中方土無定位，寄在四維①，説明先秦已有土寄四維的思想。三月末當春夏之交，六月末當夏秋之交，九月末當秋冬之交，十二月末當冬春之交，於方位正當四維。

《日書》中又有以十二支的辰、未、戌、丑代指四維的，對於我們理解《日書》吉凶説辭甚有幫助。

《睡虎地》乙978～982簡：

　　丑巳金，金勝木
　　未亥囗囗，囗勝土
　　辰申子水，水勝火

原簡有脱誤，可據文義校補並調整順序於次②：

　　丑巳酉金，金勝木
　　未亥卯木，木勝土
　　辰申子水，水勝火
　　戌寅午火，火勝金

試圖解於次（圖九）：

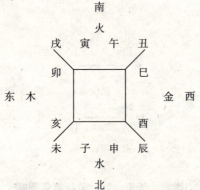

圖九　地支、四方、五行關係圖解

---

① 宋張行成《翼玄》卷五："中方濕生土，中無定位，寄在四維。"
② 參饒宗頤：《秦簡中的五行説與納音説》，《古文字研究》第14輯，北京：中華書局，1986年，第261～280頁。相關内容又見於《睡虎地》甲813反三～804反三、《孔家坡》105～107。《孔家坡》原簡有篇題"五勝"。

之所以將辰、未、戌、丑安排在四維，是因爲《日書》中有以下內證：

《睡虎地》甲 865～868 簡："夏三月丑徹，春三月戌〔戍〕斂，秋三月辰斂，冬三月未斂。""徹"與"交"古音通，在這裏可理解爲季節之交。

《睡虎地》甲 753 反～752 反："入月七日及冬未、春戌、夏丑、秋辰，是胃（謂）四斂，不可初穿門、爲戶牖、伐木、壞垣、起垣、蓋屋及殺，大凶。"

《睡虎地》甲 730 簡建除表下："凡不可用者，秋三月辰，冬三月未，春三月戌，夏三月亥〔丑〕。"其中"亥"明顯爲"丑"字之誤。該簡謂當四維地支所在，不可用建除表推算吉凶時日。

徹日爲《日書》中的重要忌日，下文還援引有數例。

2. 對《日書》相關文例的討論

將上文圖一與圖二結合起來，四季、四方、四維、五行與天干、地支的關係皆備，這些是《日書》安排時日吉凶的內在依據，把握這些依據，使得我們有可能讀懂並校正《日書》的不少內容。以下舉有關之例一一試析。

例一，《日書·病》篇，797～806 簡：

甲乙有疾，父母爲祟，得之於肉，從東方來，裹以桼（漆）器。戊己病，庚有〔間〕，辛酢。若不〔酢〕，煩居東方，歲在東方，青色死。

丙丁有疾，王父爲祟，得之赤肉、雄雞、酉（酒）。庚辛病，壬有間，癸酢。若不酢，煩居南方，歲在南方，赤色死。

戊己有疾，巫堪、行、王母爲祟，得之於黃色、索魚、菫酉（酒）。壬癸病，甲有間，乙酢。若不酢，煩居邦中，歲在西方，黃色死。

庚辛有疾，外鬼傷（殤）死爲祟，得之犬肉、鮮卵、白色，甲乙病，丙有間，丁酢。若不酢，煩居西方，歲在西方，白色死。

壬癸有疾，母（毋）逢人，外鬼爲祟，得之於酉（酒）、脯脩、節肉。丙丁病，戊有間，己酢。若不酢，煩居北方，歲在北方，黑色死。[1]

---

[1] 《病》篇又見《睡虎地》乙 1078～1082 簡，但殘斷嚴重，所存文字亦不如甲種準確。

其中"甲乙"一欄,"閒"、"酢"二字爲原簡脫文,據文例補。"戊己"一欄,"歲在西方"與"邦中"不合,這或者是日書作者的臨文權變。

"甲乙有疾"一欄,據本文圖一,甲乙爲東方木之日干。簡文意思是,之所以有疾,是因爲"歲在東方,青色死"的災變,其疾患"從東方來"。"戊己病"者,戊己爲中方土之日干,木勝土,是謂起病之日爲五行居土之日。"庚有閒,辛酢"者,庚辛爲西方金之日干,金勝木,是謂逢五行居金之日病有閒。同時應於逢金之日報祭。若不報祭,會有麻煩在東方。

其他各欄可類推,無須贅述。

惟需討論的是,甲乙有疾,"得之於肉";丙丁有疾,"得之赤肉雄雞";戊己有疾,"得之於黃色、索魚";庚辛有疾,"得之犬肉";壬癸有疾,"得之於酉(酒)、脯脩、節肉";這裏的"雄雞"、"犬肉"等不是隨意安排的,亦與五行四方之說有關。據《呂氏春秋·十二紀》,春季"食麥與羊",夏季"食菽與雞",季夏"食稷與牛",秋季"食麻與犬",冬季"食黍與彘"。五穀與五畜分屬於木、火、土、金、水,分別與相應的方位、季節相聯繫。由此可知,原簡甲乙有疾,"得之於肉",其"肉"應爲羊肉,原簡或脫羊字。戊己有疾,"得之於黃色",黃色應指黃色之牛。壬癸有疾一欄,其"脯脩、節肉"應指豬肉製品。

如果不了解五行與方位的關係,我們很難讀通這些向來被目爲天書的古怪文字。

例二,《日書·室忌》篇,831簡:

春三月庚辛,夏三月壬癸,秋三月甲乙,冬三月丙丁,勿以築(築)室。以之,大主死;不死,瘥,弗居。

《睡虎地》甲895反又以上述諸日爲大敗日,"春三月季庚辛,夏三月季壬癸,秋三月季甲乙,冬三月季丙丁,此大敗日。取妻,不終。蓋屋,燔。行、傅,毋可有爲。日衝"。類似記載又見《睡虎地》乙1005簡。

春三月於五行屬木(參圖八),而庚辛於日干屬金,金勝木,故春季不可以庚辛築室。夏三月於五行屬火,而壬癸於日干屬水,水勝火,故夏季不可以壬癸築室。秋三月於五行屬金,而甲乙於五行屬木,金勝木,故秋季不可以甲乙築室。冬三月於五行屬水,而丙丁於日干屬火,水勝火,築室不可以水沖了火神（灶神），亦是很容易理解的。所謂"日衝"，當謂水與火沖，金與木沖。

《睡虎地》甲 825～828 簡還以春三月庚辛、夏三月壬癸、秋三甲乙、冬三月丙丁爲"四瀘日"，"瀘"與"廢"古通。《睡虎地》甲 830 簡："四瀘日不可以爲室覆屋。"其説與上引 831 簡就其實質而言是完全相同的。

與《室忌》相關的内容還有《睡虎地》甲 825～828："春三月毋起東鄉（向）室，夏三月毋起南鄉（向）室，秋三月毋起西鄉（向）室，冬三月毋起北鄉（向）室。"春三月屬木，東向亦屬木，這似乎已有同行相斥的味道。

《睡虎地》甲 824～827 簡：

  北鄉（向）門，七月、八月、九月，其日丙午、丁酉、丙申垣之，其生（牲）赤。

  南鄉（向）門，正月、二月、三月，其日癸酉、壬辰、壬午垣之，其生（牲）黑。

  東鄉（向）門，十月、十一月、十二月，其日辛酉、庚午、庚辰垣之，其生（牲）白。

  西鄉（向）門，四月、五月、十〈六〉月，其日乙未、甲午、甲辰垣之，其生（牲）清（青）。

其中"西向"一欄，"十月"明顯爲"六月"之誤。

以下試以本文圖一解之。

"北向"一欄，北向之門當水，秋季七、八、九三月屬金，金生水[①]，故秋爲北向門。丙午、丁酉、丙申，其日干非丙即丁，屬火，故其牲赤。

"南向"一欄，南向之門當火，春季正、二、三月屬木，木生火，故夏爲南向門。其日壬、癸屬水，故其牲黑。

"東向"一欄，東向之門當木，冬季十、十一、十二月屬水，水生木，故冬爲東向門。其日庚、辛屬金，故其牲白。

---

① 饒宗頤據《日書·夢》篇，已指出《日書》有五行相生之説。其順序爲金→水→木→火→土。參饒宗頤：《秦簡中的五行説與納音説》，《古文字研究》第 14 輯，北京：中華書局，1986 年，第 261～280 頁。

"西向"一欄,西向之門當金,夏季四、五、六月屬火,按五行相生之説,火生土、土生金,土寄在四維,在四季中是不好安排土的,《日書》作者以夏爲西向門,是勉爲其説,甚有拼湊之嫌。五行配四時有無法克服的固有缺陷,《吕氏春秋·十二紀》、《淮南子·時則》諸書對"土"的安排皆甚勉強,非獨《日書》有此弊端。

例三,《日書·土忌》篇,834簡:

  正月丑、二月戌、三月未、四月辰、五月丑、六月戌、七月未、八月辰、九月丑、十月戌、十一月未、十二月辰,毋可有爲。築室,壞。樹木,死。

與此類似的,有《睡虎地》甲842簡:"正月五月九月之丑,二月六月十月之戌,三月七月十一月之未,四月八月十二月之辰,勿以作大事、大祠。以大生大凶,以小生小凶。"834簡以月次爲序,842簡將同地支忌的月份排在一起,然而内容則幾乎完全一樣。

將《土忌》篇對照本文圖九,知丑、戌、未、辰爲四維地支所在,是所謂徼日,自爲動土所忌。值得注意的是,如果將圖九的四維地支逆時針方嚮讀,正好是"丑、戌、未、辰",與《土忌》篇連續三次出現的四維地支順序完全相合。這進一步説明本文圖九是符合《日書》推算時日的操作原理的。

《睡虎地》甲835簡:

  春三月寅,夏〔三月〕巳,秋三月申,冬三月亥,不可興土攻(功),必死。五月六月不可興土攻(功),十一月、十二月不可興土攻(功),必,或死。申不可興土攻(功)。

其中"三月"二字,據文義補出。後世五行家有所謂三合局,其説以生、旺、墓三者合局,申子辰合水局,亥卯未合木局,寅午戌合火局,巳酉丑合金局①。以爲水生於申,旺於子,墓於辰,故申、子、辰合成水局;木生於亥,旺於

---

① 《淮南子·天文》:"木生於亥、壯於卯、死於未,三辰皆木也;火生於寅、壯於午、死於戌,三辰皆火也;土生於午、壯於戌、死於寅,三辰皆土也;金生於巳、壯於酉、死於丑,三辰皆金;水生於申、壯於子、死於辰,三辰皆水也。五勝生一壯。"

卯,墓於未,故合成木局;火生於寅,旺於午,墓於戌,故合成火局;金生於巳,旺於酉,墓於丑,故合成金局。從《日書》的實際情況看,屬火的地支是戌、寅、午,寅居中位;屬金的地支是丑、巳、酉,巳居中位;屬木的地支是未、亥、卯,亥居中位;屬水的地支是辰、申、子,申居中位。這正是本文前引《睡虎地》乙978～982簡對於地支的排列次序,本文圖九的地支即按這一次序安排。這樣,《日書》中關於生、旺、墓的觀念就應與後世的說法不同,應是水生於辰,旺於申,墓於子;同理:木生於未,旺於亥,墓於卯;火生於戌,旺於寅,墓於午;金生於丑,旺於巳,墓於酉。

現在再來看上引一段文字並對照本文圖九,"春三月寅、夏三月巳、秋三月申、冬三月亥",寅、巳、申、亥分別爲火旺、金旺、水旺、木旺之時,故興土工須避忌。謂五月、六月、十一月、十二月不可興土工者,五、六月當夏季火盛極熱之時,十一、十二月當冬季水盛奇冷之時,既不宜動木,亦不宜動土。所謂"申不可興土功"者,申爲水旺之地支,土勝水,故凡申日皆不可興土工。我們研究《日書》,必須了解其中時日吉凶安排的內在規律。

關於寅、巳、申、亥爲四旺之日,下文還援引有例證。

《日書·土忌》篇762反面簡:"春三月戊辰、己巳,夏三月戊申、己未,秋三月戊戌、己亥,冬三月戊寅、己丑,是胃(謂)地衝,不可爲土攻(功)。"

該簡各月忌日於日干只用"戊、己",戊、己於中方居土。所用地支辰、未、戌、丑當四維,已如前述。剩下的己巳,巳屬金,爲金旺之日,金勝木,故爲春三月土忌。戊申,申屬水,爲水旺之日,水勝火,故爲夏三月土忌。己亥,亥屬木,爲木旺之日,金勝木,故爲秋三月土忌。戊寅,寅屬火,爲火旺之日,水勝火,故爲冬三月土忌。

例四,《日書·歸行》篇,860簡:

> 凡春三月己丑不可東,夏三月戊辰不可南,秋三月己未不可西,冬三月戊戌不可北。百中大凶,二百里外必死。

歸行忌日的安排,初看莫明其妙,但如果以本文圖八、圖九相對照,則很容易理解。丑、辰、未、戌居四維,《日書》多以此地支日爲忌,已如前述。據圖八,戊、己二日干居中爲土,歸行必行於土。也就是說,歸行之忌日己丑、戊辰、己未、戊戌,是由四維之地支與屬土之日干編排而成。

所謂"春三月己丑不可東",春於五行屬木,丑於地支屬金,金克木故不可歸行。以下三月之説辭皆本於金與木、水與火相克,是《日書》的老套子,無需重爲細釋。

《睡虎地》甲 861 簡:

　　毋以辛壬東南行,日之門也。毋以癸甲西南行,月之門也。毋以乙丙西北行,星之門也。毋以丁庚東北行,辰之門也。凡四門之日,行之敚也,以行不吉。

將本文圖八稍加改造,即可圖示於下(圖十):

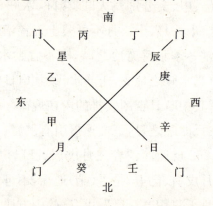

圖十　日月星辰與四方、五行關係圖解

四門之説,在天象上是沒有根據的。竊疑秦代已有占盤,在天盤上應包含圖十的內容,但是否盡如圖十所示,則有待進一步證明。

所謂"四門之日,行之敚(徵)也",徵日已如前述。值得注意的是,《歸行篇》用天干表示的日門、月門、星門、辰門並稱爲"行之敚",恰好與本文圖二以地支辰、未、戌、丑表示的徵日相重合,可見推算的原理是相通的。

《日書·到室》篇,863 簡:

　　正月丑,二月戌,三月未,四月辰,五月丑,六月戌,七月未,八月辰,九月辰〈丑〉,十月戌丑,十一月未,十二月辰。凡此日不可以行,不吉。

亦以四維所在之地支辰、未、戌、丑爲行忌。其中"九月辰","辰"應作"丑"。"十月戌丑","丑"字衍。

《日書·行忌》篇,1037簡：

> 凡行者毋犯其大忌,西□□□巳,北毋以□□□□戌寅,南毋以辰申。行龍戊己。行忌。

該簡斷爲三截,原釋文者已不知闕文爲多少,其文義自更難明白。今據本文圖八、圖九,完全可以將簡文文義補足。

簡文云："南毋以辰申","辰申"於本文圖九屬水,當北方,而南方與之相應的地支是"戌寅",知原簡"北毋以□□□□戌寅"當作"北毋以戌寅",中間並無闕文。

有此二條文例,又可推知原簡行文次序爲西、東、北、南,這樣,我們就可以將該組簡校正並補出闕文如次：

> 凡行者毋犯其大忌,西毋以未亥；東毋以丑巳；北毋以戌寅；南毋以辰申。行龍戊己。行忌。

其中所用地支中的未、丑、戌、辰,正當四維,爲四徹之日,自當爲出行之忌日。亥、巳、寅、申分別爲木旺、金旺、火旺、水旺之日。"西毋以未亥者",西方屬金,亥爲木旺之日,金勝木,故西行當忌亥日。其餘各條讀者可類推。所謂"龍"即"龍忌","戊己"屬土,出行須避衝撞土神,故當避忌戊己之日。簡末"行忌"二字當爲篇題①。

例五,祠五祀,《睡虎地》乙935簡：

> 祠五祀日,丙丁竈,戊已內中土,〔甲〕乙戶,壬癸行,庚辛〔門〕。

原簡殘失"甲"、"門"二字,各據文義補。"壬癸行","行",文獻多作井,二

---

① 參《放馬灘》乙315："凡爲行者毋犯其鄉（嚮）之忌日,西毋起亥、未,東毋起丑、巳,北毋起戌、寅,南毋起辰、申。"馬王堆漢墓帛書《出行占》第20行："●凡行者毋犯其鄉之大忌日,西毋犯〔亥〕、未,東毋犯〔丑〕、巳,北毋犯戌、寅,南毋〔犯辰、申〕。□□□□□□□□不可以行至。"

字音近，從五行家的角度看，似以作"井"爲近是。

對照表一，祠五祀日干安排的內在原因是很清楚的。《呂氏春秋·孟冬紀》"饗先祖五祀"，高誘注："五祀，木正句芒，其祀戶；火正祝融，其祀竈；土正后土，其祀中霤，后土爲社；金正蓐收，其祀門；水正玄冥，其祀井。"丙丁在南方屬火，故祀竈用丙丁之日，戊己在中方屬土，故祀內中土用戊己之日。甲乙在東方屬木，故祀戶用甲乙之日。壬癸在北方屬水，故祀井用壬癸之日，庚辛在西方屬金，故祀門用庚辛之日。

五祀是先秦重要而且普遍的祭祀活動，上自諸侯，下至於士，皆行五祀之禮。包山二號墓曾出土五塊木碑，上分別書"室、門、戶、行、灶"[①]。當爲五祀之牌位。不過出土文獻中僅見秦簡《日書》將五祀與五行聯繫起來，對於我們研究先秦祭祀與五行的關係，具有重要的意義。

例六，《木忌》篇，962簡：

　　木忌，甲乙榆、丙丁棗、戊己桑、庚辛李、壬辰〈癸〉膝（漆）。

其中"壬辰"當爲"壬癸"之誤。

此五木與古代燧木有關。《論語·陽貨》"鑽燧取火"，馬融注引《周書·月令》："春取榆柳之火，夏取棗杏之火，季夏取桑柘之火，秋取柞楢之火，冬取槐檀之火。一年之內，鑽火各異木，故曰改火也。"皇侃《論語疏》云："改火之木，隨五行之色而變。榆柳色青，棗杏色赤，桑柘色黃，柞楢色白，槐檀色黑。"長沙子彈庫《楚帛書》："青木赤木黃木白木墨木之精（旌）。"知將五木與五行聯繫起來，根源甚古。

上引《木忌》"庚辛李"，李木木質疏鬆，不適宜作燧木。疑"李"爲"櫟"之音訛，《藝文類聚》八十九引陸璣疏："周秦謂柞爲櫟。"郝懿行《爾雅義疏》："吳越之間謂柞爲櫪，櫪與櫟同，是柞櫟之名，不獨秦人語然也。"

將《木忌》簡文與本文圖八對照，甲乙、丙丁、戊己、庚辛、壬癸，既有各自的方位含義（東、南、中、西、北），季節含義（春、夏、季夏、秋、冬），五行顏色的含義（青木、赤火、黃土、白金、黑水），又爲各季所用燧木之忌日，其意思是，春

[①] 包山墓地竹簡整理小組：《包山二號墓竹簡概述》，《文物》，1988年第5期。

季鑽燧用榆木,以甲、乙之日爲忌,餘可類推。

例七,《日書‧玄戈》篇

《玄戈》篇包括776~787簡,以下僅錄779簡:

正月營室,心大凶,張、翼致死,危、營室大吉,畢、此(觜)觿少吉,
招(招)揺(搖)毄(擊)辰,玄戈毄(擊)翼。

"正月營室"是記錄正月的實際天象。《漢書‧律曆志》:"諏訾(當正月),初危十六度,立春;中營室十四度,驚蟄。"

《玄戈》篇所記天象與《漢書‧律曆志》次度大致相合可列表比較於次(表一):

表一 《玄戈》與《漢書‧律曆志》星宿對照表

律曆		正月	二月	三月	四月	五月	六月	七月	八月	九月	十月	十一月	十二月
律曆	初	危	奎	胃	畢	井(初)	柳	張	軫	氐	尾	斗	婺
	中	營室	婁	昴		井30	張	翼	角	房	箕	牽牛	女危
玄戈		營室	奎	胃	畢	井	柳	張	角	氐	心	斗	須女

"心大凶,張翼致死",是言星宿分野所當之吉凶。這些吉凶和星宿的安排不是隨意的,而是有一定的内在聯繫。古人將二十八宿分爲四宫,又稱"四象",即東蒼龍、南朱鳥、西白虎、北玄武[①]。心屬東蒼龍,張、翼屬南朱鳥,危、營室屬北玄武,畢、此觿屬西白虎。

可以看出,《玄戈》篇中春季正月、二月、三月屬"大凶"的星宿分野有心、氐、房、角、亢,皆屬東蒼龍;屬"致死"的星宿有張、翼、七星、井、輿鬼,皆屬南朱鳥;屬"大吉"的星宿有危、營室、須女、虚、斗、牽牛,皆屬北玄武;屬"少吉"的星宿有此觿、胃、參、奎、婁,皆屬西北虎。

如果我們把古代方位及五行相勝之説與《玄戈》篇的星宿分野吉凶之説聯繫起來分析,則可進一步看出,東蒼龍分野在東,於五行屬木,以下分別屬南方火、北方水、西方金。東蒼龍分野屬東大凶,則西白虎分野屬金少吉,金

---

① 《史記‧天官書》。

勝木故也；南朱鳥分野屬火致死，則北玄武分野屬水大吉，水勝火故也。如此，我們可將《玄戈》篇裏星宿吉凶之説表解於次（表二）：

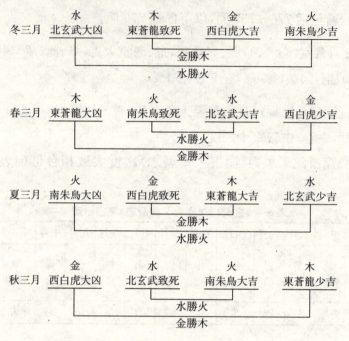

表二 《玄戈》星宿吉凶分析表

《玄戈》篇星宿分野所主吉凶的秘密，全出於五行相勝的思想，惟五行缺土，是因爲星宿屬天際，與土無涉。另需補充説明的是，星宿所屬之宫，惟有二處例外，其一是十一月一欄，"婁、虛大凶"。婁屬西白虎，與虛屬北玄武並不同宫；其二是九月一欄，"張、翼少吉"。張、翼屬南朱鳥，此處似應安排東宫蒼龍的所屬星宿，才能與七、八兩月所記東蒼龍"少吉"的文例相一致。這兩處例外或者是有特殊的含義，或者屬於書寫之誤，以後一種可能性爲大。

關於"搖（搖）殷（擊）辰，玄戈殷（擊）翼"之類記載，是十分耐人尋味的。從實際天象上，當"正月營室"之時，我們找不到"招搖擊辰，玄戈擊翼"的任何根據。筆者認爲這種很費解的記載只能從古代占天方式中尋找答案，由於目前缺乏這方面的實物資料，只好闕疑。

木、火、土、金、水五行與天干、地支、四方、四維編織起來，就成了一張無所不包的無形羅網,天干、地支是五行的時間坐標,四方、四維是五行的空間坐標,形成中國古人認識宇宙、解釋宇宙的基本架構。五行學説貫穿了中國古代的思想、政治、軍事、宗教、藝術、民俗,成爲中國古代文化的一大特色。從某種意義上可以説,不了解五行學説,就不可能真正了解中國古代文化。而五行學説的具體運用,在秦簡《日書》中表現得最爲充分,幾乎浸透了《日書》選擇時日的各個方面,這使得《日書》的研究,在中國古代文化思想史上佔有特殊的地位。目前我們對《日書》中五行思想的認識還是很膚淺的,相信隨着研究的深入,我們可以藉《日書》解開中國古代文化的某些奧秘。

二　秦簡中的楚國《日書》試析

司馬遷在《史記·太史公自序》中曾提到齊、楚、秦、趙等國均有日者,目前出土有秦簡《日書》,齊、楚、趙等國《日書》則未見[①]。但雲夢睡虎地秦簡《日書》實際上是戰國《日書》的一部雜抄,其中包括了不少楚國《日書》的內容,使我們有可能據以探索楚國《日書》的大致概貌,謹鉤稽如次。

1.《歲》篇

《睡虎地》甲 793～796 簡:

　　刑夷、八月、獻馬歲在東方,以北大羊(祥),東旦亡,南遇英(殃),西數反其鄉(向)。

　　夏夷、九月、中夕歲在南方,以東大羊(祥),南旦亡,西禺(遇)英(殃),北數反其鄉(向)。

　　紡月、十月、屈夕歲在西方,以南大羊(祥),西旦亡,北禺(遇)英(殃),東數反其鄉(向)。

　　七月、爨月、援夕歲在北方,以西大羊(祥),北旦亡,東禺(遇)英

---

① 本文曾發表於《文博》,1992 年第 4 期,這以後有九店楚簡《日書》公佈,參湖北省文物考古研究所、北京大學中文系:《九店楚簡》,北京:中華書局,2000 年。

（殃），南數反其鄉（向）。

《歲》篇用楚月名，其內容屬楚國《日書》，應無疑問。以下討論三個問題。

其一，《歲》篇下附月名對照表，學者多謂"秦楚月名對照表"，但實際上秦雖以十月爲歲首，卻並不改夏曆月名。"對照表"云："十一月楚屈夕，日五夕十一。"又云："五月楚八月，日十一夕五。"當時將每晝夜的時間分爲十六分，夏曆十一月（冬至月）白天時間最短，佔一天時間的十六分之五，夏曆五月（夏至月）白天時間最長，占十六分之十一，這裏的"十一月"、"五月"毫無疑問是夏曆月次。因此，就該表的實際內涵而言，稱作"夏楚月名對照表"更爲準確。可將該表內容簡示於次（表三）：

表三　夏曆、秦曆、楚曆月名對照表

夏曆	正	二	三	四	五夏至	六	七	八	九	十	十一冬至歲首	十二
秦曆	正（端）	二	三	四	五夏至	六	七	八	九	十歲首	十一	十二
楚曆	刑夷	夏㞋	紡月	七月	八月	九月	十月	爨月	獻馬	冬夕	屈夕	援夕

由上表可知，夏曆以冬至月（十一月）爲歲首。秦曆以夏曆十月爲歲首，但並不改月名，即不改"十月"爲"正（端）月"。楚曆亦以夏曆十月爲歲首，但改夏曆"十月"爲"冬夕"。

其二，該"月名對照表"的真實用途，在於給秦人使用楚國《日書》提供換算的參照系。對照表上欄《歲》篇用的是楚月名，秦人若要使用《歲》篇選日以定吉凶從違，則必須要將秦曆月序換算成楚月名，方可使用。如秦人在正月時要使用《歲》篇，就必須按"對照表"將秦正月（與夏曆月同）換算成楚"刑夷"，然後再按照當月"歲在東方，以北大羊（祥），東旦亡"等內容以選擇方位時日。

其三，由《歲》篇原屬楚《日書》，可進一步推定與《歲》篇相連的788～792簡亦應爲楚《日書》中的內容。

　　正月五月九月，北徙大吉，東北少吉，若以是月毀（也）東徙，毇，東南刺離，南精，西南室毀，西困，西北辱。

　　二月六月十月，東徙大吉，東南少吉，若以〔是〕月毀（也）南徙，毇，西南刺離,西精,西北殹〈毀〉,北困辱。

三月七月十一月,南徙大吉,西南少吉,若以是月殹(也)西徙,殹,西北刺離,北精,東毀,東北困,東南辱。

九〈四〉月八月十二月,西徙大吉,西北少吉,若以是月殹(也)北徙,殹,東北刺離,南〈東〉精,東南毀,南困辱。

□□□殹者,死殹(也)。刺者,室人妻子父母分離。精者,獄□□□□□。困者,疾□所□□。辱者不執而爲□人矢哭。

其中明顯的脫誤已隨文校正。

值得注意的是,該組簡各月豎行從右到左的原式爲:

正　五　九
二　六　十
三　七　十一
四　八　十二

而《歲》篇各月安排的次序是:

刑夷(四月)	八月	獻馬(十二月)
夏夷(五月)	九月	中夕(正月)
紡月(六月)	十月	屈夕(二月)
七月	爨月(十一月)	援夕(三月)

注:括弧中爲楚國月序。

若將《歲》篇月序換成夏曆月序,刑夷(四月)當夏曆正月,則正好與788~792簡各月安排的次序相同。可知788~792簡當由楚國《日書》錄出而改成序數月名。由此可以啓發我們重新認識《睡虎地》乙1092~1095簡《家(嫁)子》篇的有關內容,先看1092簡:

正月、五月、〔九月〕,正東盡,東南〔踦,正南〕夬麗,西南執辱,正西郤逐,西北續光,正北吉富,東北〔反鄉〕。

《睡虎地》甲788~792原闕篇題,暫擬爲"徙時"篇,《睡虎地》乙1092~

1095 原簡有"家（嫁）子□"篇名，《孔家坡》有"徙時"篇①，格局基本相同，文字則有差異。試比較如下表（表四）：

表四 《睡虎地》甲"徙時"、《睡虎地》乙"家（嫁）子□"、《孔家坡》"徙時"對應關係表之一

	西	西北	北	東北	東	東南	南	西南	備注
虎甲788	困	辱	大吉	少吉	毄	刺離	精	室毀	
虎乙1092	卻逐	續光	吉富	反鄉	盡	夬麗		執辱	缺正南
孔97	卻逐	啓光	吉昌		死亡	斯	別離	執辱	缺東北
虎甲789	精	毄	困辱		大吉	少吉	毄	刺離	缺東北
虎乙1093	夬麗	執辱	卻	續光	吉富	反鄉	盡	斯	
孔98	別離	執辱	卻逐	啓光	吉昌	反鄉	死亡	斯	
虎甲790	毄	刺離	精	困	毀	辱	大吉	少吉	
虎乙1094	盡	斯	夬麗	執辱	卻逐	續光	吉富	反鄉	
孔99	死亡	斯	別離	執辱	卻逐	啓光	吉昌	反鄉	
虎甲791	大吉	少吉	毄	刺離	精	毀	困辱		缺西南
虎乙1095	吉富	反鄉	盡	斯	夬麗	執辱	續光		缺西南
孔100	吉昌	反鄉	死亡	斯	別離	執辱	卻逐	啓光	

以上所列《睡虎地》甲"徙時"、《睡虎地》乙"家（嫁）子□"、《孔家坡》"徙時"三種都有奪誤，不過我們可以依據這三篇的內在結構理出一個大致的對應關係：

大吉：與"吉富"、"吉昌"對應，無例外。"大吉"、"吉富"、"吉昌"可視爲義同。

少吉：與"反鄉"對應，缺一例，可校補。"反鄉"猶"反向"，與"少吉"義近。嫁女能夠"反向"（回家）探望，從娘家的角度講，當然不算壞事。

毄：與"盡"、"死亡"對應四例，與"執辱"對應一例。其中與"執辱"對應的一例屬例外，《睡虎地》甲789"南徙毄"，又"西精，西北毄"，毄出現二次，明顯不合文例。後一例毄有可能是"毀"之訛。《睡虎地》甲792簡釋云："毄者，死

---

① 湖北省文物考古研究所、隨州市考古隊：《隨州孔家坡漢墓簡牘》，北京：文物出版社，2006年。

殷。"死與盡義通。

刺離：與"斲"對應三例，與"夬麗"、"斲"對應一例。後一例應屬例外，《睡虎地》乙1092"東南夬麗，西南執辱"，缺正南一項，因而原文也許應作"東南斲，南夬麗，西南執辱"。《睡虎地》甲792簡釋云："刺也者，室人妻子父母分離。""分離"與"斲"義通。

精：與"夬麗"、"別離"對應三例；另與"別離"對應一例，缺一項。參照上條的說明，所缺項可以校正爲"夬麗"。"精"與"夬麗"同有光亮美好義，《九章・橘頌》"精色內白"，王逸注："精，明也。"《文選・甘泉賦》"於胥德兮麗萬世"，李善注："麗，光華也。"

室毀：簡文又作"毀"，與"執辱"對應二例，與"郤逐"、"卻逐"對應一例。《睡虎地》甲789"西精，西北毇"，毇乃"毀"之譌（參上文說明），將西北"毇"與"執辱"對應校正爲"毀"，與"執辱"對應，則"毀"與"執辱"對應爲三例。《睡虎地》甲790"東毀，東北困，東南辱"，由於簡文敍述的順序多數爲"東北、東、東南"，因而這一條可以校正爲"東北毀，東困，東南辱"，仍是"毀"與"執辱"對應。

困：與"郤逐"、"卻逐"對應一例，《睡虎地》甲790經校正後，亦是困與"郤逐"、"卻逐"對應（參上條說明），合計爲二例。《睡虎地》甲789"北困辱"，缺東北一項，應是有所省略或鈔寫有脫，可校正爲"北困，東北辱"。《睡虎地》甲791"南困辱"，缺西南一項，可校正爲"南困，西南辱"。經校正後，《睡虎地》甲789困與"郤"、"卻逐"對應，"辱"與"續光"、"啓光"對應；《睡虎地》甲791困與"續光"（原簡需校正，參下條說明）、"卻逐"對應，辱與"啓光"對應。

辱：與"續光"、"啓光"對應二例，參上條校正一例，合計爲三例。《睡虎地》乙1095"南執辱，西南續光"應校正爲"〔東〕南執辱，〔正南郤逐〕，西南續光"，則此例仍是辱與"續光"、"啓光"對應。

以下是經校正後的對應關係表：

表四 《睡虎地》甲"徙時"、《睡虎地》乙"家(嫁)子□"、《孔家坡》"徙時"對應關係表之二

	西	西北	北	東北	東	東南	南	西南
虎甲	困	辱	大吉	少吉	觳	刺離	精	毀
虎乙	卻逐	續光	吉富	反鄉	盡	斯	夬麗	執辱
孔	卻逐	啓光	吉昌	反鄉	死亡	斯	別離	執辱

爲了進一步明確《睡虎地》甲 788~792,《睡虎地》乙 1092~1095 二組簡的內在聯繫,我們還可以從另一角度比較於次:

```
                   788~792      1092~1095
正月五月九月         北徙大吉      正北吉
二月六月十月         東徙大吉      正東吉
三月七月十一月       南徙大吉      正南吉
四月八月十二月       西徙大吉      正西吉
```

其中 1092 簡脫"九月"二字。

由以上比較可以斷定,《睡虎地》甲 788~792 簡當由《睡虎地》乙 1092~1095 簡《嫁子》篇脫胎而出,將《嫁子》篇晦澀之字改由淺近之字代替,並對"觳"、"精"、"毀"等字加注釋說明。二組簡的內容都應該原屬楚國《日書》,只是《嫁子》篇的文字更接近楚國《日書》原貌。

2.《毀棄》篇

《睡虎地》甲 840~842 簡:

八月、九月、十月毀棄南方,●爨月、䗬(獻)馬、中夕毀棄西方,●屈夕、援〔夕〕、刑尸毀棄北〔方〕,●夏尸、紡月毀棄東方,皆吉。

援夕、刑尸作事南方,●紡月、夏夕、八月作事西方,●九月、十月、爨月作事北方,●䗬(獻)馬、中夕、屈夕作事東方,皆吉

正月、五月、九月之丑,二月、六月、十月之戌,三月、七月、十一月之未,四月、八月、十二月之辰,勿以作事,大祠。以大生(牲)大凶,以小生(牲)小凶。以臘古(肉)吉。

第四章 《日書》所反映的原始崇拜與民俗

該組簡用楚國月名,明顯是照録楚國《日書》。840 簡不見"七月",恐應補於"夏尸紡月"之後。"以臘古吉",1015 簡作"以昔肉吉","臘肉"即製作乾肉,故據以校改。

值得注意的是,842 簡月序排列同於上引《歲》篇,可以推知該簡內容在楚國《日書》中原作如下書例:

正月丑	五月丑	九月丑
二月戌	六月戌	十月戌
三月未	七月未	十一月未
四月辰	八月辰	十二月辰

爲方便閱讀,這裏將楚月名換成了序數記月。

原文格式應爲分欄從右至左閱讀,如果按單簡從上至下讀並加以簡省,便可轉録成"正月五月九月之丑",於是就成了上引 842 簡的格式。

根據《毀棄》篇原屬楚,我們還可以附帶解決幾個問題。

《睡虎地》甲 834 簡云:

> 正月丑,二月戌,三月未,四月辰,五月丑,六月戌,七月未,八月辰,九月丑,十月戌,十一月未,十二月辰,毋可有爲,筑(築)室,壞;尌(樹)木,死。

這是將原簡分欄閱讀改成直行鈔録的結果。由此可以推知,834 簡所屬《土忌》篇(833~835 簡)亦可能爲楚國《日書》原有的內容。

另外,《睡虎地》乙 1015~1016 簡與《毀棄》篇 842 簡可以對照,文字小有不同,亦可定爲楚《日書》原有,讀者自可參對,無需贅述。

3.《到室》篇

《睡虎地》甲 865~868 簡(摘録):

> 四月甲臽。【甲 865 肆】五月乙臽。【甲 866 肆】七月丙臽。【甲 867 肆】八月丁臽。【甲 868 肆】九月己臽。【甲 865 伍】十月庚臽。【甲 866 伍】十一月辛臽。【甲 867 伍】十二月己臽。【甲 868 伍】正月壬臽。

【甲 865 陸】二月癸臼。【甲 866 陸】三月戌臼。【甲 867 陸】六月戌臼。

該組簡以"四月"爲首,初看不倫不類,但如果聯繫到夏曆正月當楚"刑夷",亦即楚之"四月",則可知該組簡由楚《日書》錄出,只是將楚月名換成夏曆序月,鈔錄時又漏掉了"六月戌臼(陷)",將其補在最後,於是成了我們今天所能見到的這個樣子。

4. 關於《除》與《秦除》

《睡虎地》甲 730～742 簡爲《除》篇,又見《睡虎地》乙 896～920 簡,惟後者文字更爲原始。《睡虎地》甲 743～754 簡爲《秦除》篇,又見《睡虎地》乙 921～932 簡,文字亦有不同。惟求敍述簡明,謹將《除》與《秦除》的主要内容對照如次(表五):

表五　《除》與《秦除》對照表

	寅	卯	辰	巳	午	未	申	酉	戌	亥	子	丑
除(十一月)	建交	陷害	彼陰	平達	寧外陽	空外害	坐外陰	蓋(絕紀)	成央光	甬秀	濡結	贏陽
秦除(十月)	建	除	盈	平	定	執	柀	危	成	收	開	閉

二者之間有同有異,"建交"與"建"、"平達"與"平"、"成央光"與"成",可視爲大致相同。"坐外陰"與"柀(破)",坐、破古音同在歌部;"寧外陽"與"定",寧、定古音同在耕部;"甬秀"與"收",秀、收古音同在幽部;皆有音讀上的一定聯繫。其明顯不同的,如"贏陽"與"閉",就看不出有什麼聯繫。

《除》篇以十一月爲首,《秦除》以正月爲首,尤其是《秦除》有"可以爲嗇夫"(743 簡)等明顯屬秦的内容,《除》篇則未之見,因此可以斷定,《除》篇最初應不是秦人的東西。《除》篇文字古奧,其產生當在《秦除》之先。由於該《日書》簡出於雲夢,原屬楚地,因此《除》篇很可能原屬於楚國《日書》。

綜上,我們可以初步確定,秦簡《日書》中有《除》篇 730～742 簡(13 簡),896～920 簡(25 簡);《歲》篇 793～796 簡(4 簡);《嫁子》篇 1092～1095 簡(4 簡),788～792 簡(5 簡),《毀棄》篇 840～842 簡(3 簡),以及 1015 簡(1 簡),《土忌》篇 833～835 簡(3 簡);《到室》篇 865～868 簡(4 簡),六篇計 62 簡的

主要內容原屬楚國《日書》。

　　當然這只是目前可以大致確定下來的數目,還有相當一部分由於目前缺乏充分的根據,有待進一步研究後才能確定。

　　秦人尚黑,崇水德,對南方宗教是很陌生的,秦始皇南巡到湘山,對湘君何神尚且不知(《史記・秦始皇本紀》),因而秦簡《日書》中有關"赤帝臨日"(1029、857等簡)的內容最初亦非秦屬。只是秦滅楚後,入楚地之秦人漸爲當地巫風所染,於是才有了秦簡《日書》這樣的雜鈔之書。這裏當然不排除秦人原有《日書》,入楚後對楚各種《日書》兼收並蓄的另一種可能。

　　我們從秦簡中析出楚國《日書》,是爲了使秦簡《日書》的研究建立在一個更加可靠的基礎上。已有不少學者藉秦簡《日書》研究秦國的農業、手工業、民俗、建築等,發表了不少可貴的見解。如果明確秦簡《日書》的來龍去脈,則可以使我們的研究在時間、地域的觀念上更加精審,從而避免張冠李戴之誤。另外,湖北江陵九店出有楚國《日書》竹簡,惜資料尚未公佈,因而從秦簡中析出的楚國《日書》,就成了目前研究楚國《日書》的唯一資料,相信這一基礎工作對楚文化的研究也是有所助益的。

(本節最初發表於《文博》1992年第4期,有訂正、增補。九店楚簡《日書》公佈以後,有關問題可以看得更清楚,請參本書第四章第五節"九店楚簡《日書》與秦簡《日書》比較研究")

三　睡虎地秦簡《日書・馬禖》篇試釋

　　筆者讀賀潤坤《從雲夢秦簡〈日書〉看秦國的六畜飼養業》[①]一文,很受啟發。該文述及秦國六畜飼養的概況,對研究中國畜牧史不無參考價值。只是對《日書・馬禖》篇的句讀、釋文及其説明方面,尚有不足。筆者不揣淺陋,謹就原文考釋於次。

---

① 賀潤坤:《從雲夢秦簡〈日書〉看秦國的六畜飼養業》,《文博》,1989年第6期。

1.《日書·馬禖》釋文

《日書·馬禖》①

　　馬禖,祝曰:先牧日丙,馬禖合神。●東鄉南鄉各一馬,□□□□。中土以爲馬禖,穿壁直中,中三腏,四廄行大夫先牧兕席。今日良日,肥豚清酒美白粱,到主君所。主君笱屏詷馬,毆(驅)其央(殃),去其不羊(祥),令其口耆(嗜)□,□耆(嗜)歈(飲),律律弗御自行,弗毆(驅)自出。令其鼻能糗(嗅)鄉(香),令耳恩(聰)目明,令頭爲身衡,勮(脊)爲身剛,腳爲身□,尾善毆(驅)□,腹爲百草囊,四足善行。主君勉歈(飲)勉食,吾歲不敢忘。

2.《日書·馬禖》解詁

　　馬禖,篇名。"馬"字當與下文"禖"字連讀,《日書》多此類例,如 731 簡"濡"字當與該簡下欄"結日"二字連讀爲"濡結日",732 簡"贏"字當與該簡下欄"陽日"二字連讀爲"贏陽日","濡結日"即《日書》909 簡"窓結之日","濡""窓"二字古通。"贏陽日"即《日書》910 簡"贏陽之日"。又如《日書》836 簡"凡"字題下,其"凡"字當與下文連讀爲"凡入月七日及夏丑、秋辰、冬未、春戌不可以垣……"。"凡"字書寫於簡端,與下文間隔,既是篇題,又是正文,《馬禖》篇與上引諸例同。

　　禖,《説文》:"禖,祭也。"《周禮·夏官·校人》:"春祭馬祖,執駒。""馬禖"即馬祭。

　　祝曰,"祝"即祝辭。饒宗頤《雲夢秦簡日書研究》②定《馬禖》篇名爲"馬禖祝辭",賀潤坤定爲"中國最早的相馬經",據《馬禖》篇推測秦時已有《相馬經》則可,若徑稱之爲《相馬經》,則似乎失之勉強。

―――――――

　　① 雲夢睡虎地秦墓編寫組:《雲夢睡虎地秦墓》,簡 740 反至 736 反,北京:文物出版社,1982 年。
　　② 饒宗頤:《雲夢秦簡日書研究》,香港中文大學出版社,1982 年。

先牧，《周禮·夏官·校人》"夏祭先牧，頒馬攻特"，鄭氏注："先牧，始養馬者，其人未聞。"又：《周禮·夏官·校人》：廋人"祭馬祖，祭閑之先牧。"是知馬禖之祭主爲先牧。

東鄉、南鄉各一馬，"鄉"同"向"，《日書》多見，如 824 簡"北鄉門"，825 簡"南鄉門"，826 簡"東鄉門"，827 簡"西鄉門"，其"鄉"皆同"向"。

中土，此指封土爲社，以爲馬禖之神主。《周禮·夏官·校人》"秋祭馬社"，鄭氏注："馬社，始乘馬者，《世本·作》曰：相土作乘馬。"按：據《日書·馬禖》篇行文可知，馬禖、先牧、馬社當爲三位一體，於養馬之祖稱"先牧"，於祭儀稱"馬禖"，於神位稱"馬社"。

中三骏，骏同"餕"，祭祀時貢食之禮。拙稿舊讀骏爲"叕"，誤。《漢書·郊祀志上》"其下四方地，爲骏，食群神從者及北斗云"，顔師古注："骏字與餕同，謂聯續而祭也。"

四廄行大夫，行大夫當爲管理四廄的官名，主持祭馬儀式，有如《周禮》之"校人"。賀潤坤斷爲"四廄行"則不成句。

先敒兜席，"敒"同"跣"，"敒兜席"謂跣足於兜席之上，然後祝辭。《說文》"跣，足親地也。"《禮記·少儀》"凡祭祀於室中，堂上無跣，燕則有之"，鄭注："祭不跣者，主敬也，燕則有跣爲歡。"《日書》之馬禖爲民間之儀，或有"跣足"之舉。至今湖北民間端公降神，仍赤腳起舞。賀潤坤謂"敒乃散之義"，恐不妥。

兜席：以兜皮爲席，屈原《九歌·東皇太一》："瑤席兮玉瑱。"是祭祀所用之席，爲顯其心誠，多用珍貴之物。《山海經·南山經》記祠禮"白菅爲席"，郝懿行箋疏："席者，藉以依神。"

肥豚，《禮記·曲禮下》："凡祭祀宗廟之禮……豚曰腯肥。"

清酒，《禮記·曲禮下》："凡祭祀宗廟之禮……酒曰清酌。"是知《日書·馬禖》篇於供品之稱呼，多依祭祀用語。饒宗頤謂"清酒猶如清酏"，引《淮南子·說林》"清酏之類"爲證，似與《馬禖》篇無涉。

笱屏詷馬，"笱屏"，饒宗頤云："可讀爲敂屏。"其說甚是。敂，擊也，讀爲扣。《說文》："扣，牽馬也。""詷馬"或應作"駉馬"，《詩·魯頌·駉》"駉駉牡馬"，毛傳："駉駉，良馬。"

律律弗□自行：賀潤坤將"律律"二字分屬上下句，讀爲"口者（嗜）飲律，律弗□自行"，已不成句。"律律"謂以律爲律，意爲服從駕馭。此處雖有闕文，但意思還是很清楚的。

鼻能糗鄉，"糗"同"臭"，亦即今之"嗅"字。饒宗頤謂"鄉"同"腳"，甚是。《廣雅·釋器》："腳、膴"，"香也"。《儀禮·公食大夫禮》"腳以東，膴、膮、牛炙"，鄭注云："古文腳作香。"

勸（脊）爲身剛，《國語·周語》"旅力方剛"，韋昭注："剛，強也。"《詩·北山》："旅力方剛"，《一切經音義》引作"旅力方強"。《初學記》二十九引《相馬經》"脊爲將軍欲得強"，是"脊爲身剛"即"脊爲身強"。饒宗頤謂"借剛爲綱"，似不可從。

腳爲身口，原簡於釋文空圍處尚殘存其字右半，雖漫漶，但依稀可辨爲"長"字。《太平御覽》八九六引《伯樂相馬經》曰："四下爲令欲得長"，"長"字於上下文用韻之字"剛"、"行"等，古音皆在陽部。

尾善毆（驅）口，依《馬祙》篇用韻，空圍所闕之字或爲"虻"字。

勉飲勉食："勉"，強也。《周禮·考工記》載祭侯之辭："強飲強食。"《睡虎地》甲883反："豸猗強歛（飲）強食。"

目前《日書》頗引起國內外學者重視，《文博》雜誌接連刊登這方面有分量的研究文章，尤爲引人矚目。但《日書》基本的釋讀問題至今未能解決，已經影響到《日書》研究的深入。《日書》之難讀，饒宗頤曾比喻爲讀天書，加上出土竹簡有殘斷，不少殘簡未能編入釋文，字跡時有漫漶，在綴聯方面亦存在問題，這些因素都增加了釋讀的難度。但《日書》絕非不可讀之書，若有潛心於此者爲之作出翔實可靠的訓詁，那將是功德無量之舉。

附：
《睡虎地》乙1040簡行祠祝辭：

　　　　行祠，東行南①，祠道左；西北行，祠道右。其謫（號）曰：大常行，合

---

① 東行南，應作"東南行"，與下文"西北行"爲對稱。

三土皇,耐爲四席,席叕(餟)。其後亦席,三叕(餟)。其祝【乙1040】曰:"毋(無)王事,唯福是司,勉歆(飲)食,多投福。

周家臺秦簡"祠先農"(簡347～353):

先農:以臘日,令女子之市買牛胙、市酒。過街即行拜,言曰:"人皆祠泰父,我獨祠先農。"到囷下,爲一席,東鄉(向),三朒,以酒沃,祝曰:"某以壺露、牛胙,爲先農除舍。先農笱(苟)令某禾多一邑,先農恆先泰父食。"到明出種,即□邑最富者,與皆出種。即已,禹步三,出種所,曰:"臣非異也,農夫事也。"即名富者名,曰:"某不能腸(傷)其富,農夫使其徒來代之。"即取朒以歸,到囷下,先侍(持)豚,即言囷下曰:"某爲農夫畜,農夫苟如□□,歲歸其禱。"即斬豚耳,與朒以並塗囷廥下。恆以臘日塞禱如故。①

四 《日書》驅鬼術發微

秦漢之時,神仙鬼怪之説猖熾,其時上至宫廷貴族,下及村夫野婦,十分重視驅除鬼魅以求無病災之虞。秦簡《日書》中有"詰咎"篇專講驅鬼術②,是迄今所能見到的最早驅鬼術之集大成者,藉此不僅可見當時社會風情之一斑,亦可探明某些道家、醫家、民間流傳方術的最初胚形。

1. 關於詰咎文體

《詰咎》篇起始一段文字曰:

●詰咎,鬼害民罔(亡、無)行,爲民不羊(祥),告如詰之,召(昭)【甲872反壹】道令民,毋麗兇(凶)央(殃)。鬼之所惡,彼窋(屈)臥箕

---

① 湖北省荆州市周梁玉橋遺址博物館:《關沮秦漢墓簡牘》,北京:中華書局,2001年,第132頁。
② 雲夢睡虎地秦墓編寫組:《雲夢睡虎地秦墓》,圖版一三一至一三五,北京:文物出版社,1981年。又:睡虎地秦墓竹簡整理小組:《睡虎地秦墓竹簡》,北京:文物出版社,1990年。

【甲871反壹】坐,連行奇(踦)立。【甲870反壹】

文字不長,卻是出土文獻中所能見到的完整檄文。

《文心雕龍·檄移》:"祭公謀父稱古有威讓之令,令有文告之辭,即檄之本源也。及春秋征伐,自諸侯出,懼敵弗服,故兵出須名,振此威風,暴彼昏亂。劉獻公之所謂告之以文辭,董之以武師者也。齊桓征楚,詰苞茅之闕,晉厲伐秦,責箕郜之焚,管仲呂相,奉辭先路,詳其意義,即今之檄文。暨乎戰國,始稱爲檄。檄者,皦也。宣露予外,皦然明白也。"

惟向鬼怪宣戰,先之以檄文,《詰咎》爲迄今所見最早之文例。《周禮·天官·太宰》"詰邦國,以刑百官,以糾萬民",鄭玄注:"詰,猶禁也。"咎,《尚書·西伯戡黎》傳:"惡。"《諸咎》篇所述爲驅鬼禁避之術,以"詰"名篇,含有宣告惡鬼之罪行以窮治之的意思。"罔行"即無行,謂無善行。"害民罔行,爲民不祥",這是揭露鬼的罪惡。"窟臥",指屈肢而臥,如睡在穴中一般。由於鬼害怕"窟臥"之人,所以秦人用屈肢葬①。"箕坐"是坐時兩腿張開。"連行"謂魚貫相隨而行②。"奇立"即倚立,謂"挈舉一足,一足躡地立"③。這些都是鬼所害怕的行爲動作,驅鬼者當採納之。"昭道令民"即告訴大家對付鬼的方法。

《漢書·藝文志》有《變怪誥咎》十三卷,《執不祥劾鬼物》八卷,今不傳。其文體當與《詰咎》相類,"誥咎"即"詰咎"。當時民間大儺,亦先聲言征討:《續漢書·禮儀志》:"大儺,謂之逐疫……中黃門倡,侲子和,曰:'甲作食凶,胇胃食虎,雄伯食魅,騰簡食不祥,攬諸食咎,伯奇食夢,強梁、祖明共食磔死寄生,委隨食觀,錯斷食巨,窮奇、騰根共食蠱。凡使十二神追惡凶,赫女軀,拉女幹,節解女肉,抽女肺腸。女不急去,後者爲糧!'因作方相與十二獸舞。"此類征討文字殺氣騰騰,確如劉勰所云:"非唯致果爲毅,亦且厲辭爲武。使聲如衝風所擊,氣似欃槍所掃。奮其武怒,總其罪人。懲其惡稔之時,顯其貫盈之數。搖奸宄之膽,訂信慎之心。使百尺之衝,摧折於咫書,萬雉之城,顛

---

① 參王子今:《秦人屈肢葬仿象窟臥説》,《考古》,1987年第12期。
② 《考工記·梓人》"卻行、仄行、連行、紆行",鄭玄注:"連行,魚屬。"賈疏:"云連行魚屬者,以其魚唯行相隨,故謂之連行也。"
③ 參《禮記·曲禮上》"立毋跛"疏。

墜於一檄者也。"①

後世詰咎送鬼之文亦多見，曹植有《詰咎文》："於時大風，發屋拔木，意有感焉。聊假天帝之命，以詰咎祈福。"②唐時亦有佳作，韓愈《送窮文》："三揖窮鬼而告之曰：'聞子行有日矣，鄙人不敢問所塗，竊具船與車，備載糗糧，日吉時良，利行四方，子飯一盂，子啜一觴。攜朋挈儔，去故就新。駕塵彉風，與電爭光。子無底滯之尤，我有資送之恩，子等有意於行乎？"《送窮文》之文體乃《詰咎》之變，惟韓愈借鬼發牢騷，對鬼並非一驅了之，故文辭與前此諸驅鬼檄文相比，盡去其肅殺之氣矣。

2. 土木偶與鬼怪

鬼怪本無影無形，即使古人有所描述，終是捉摸不定。而驅鬼行為本身總是希望被驅之鬼具體化，使之可見可感，具備可操作性，於是產生了以土木偶代鬼怪的作法。

> 人毋（無）故鬼昔（藉）其宮，是是丘鬼。取故丘之土，【甲867反壹】以為偽人犬，置蘠（牆）上，五步一人一犬，環（環）【甲866反壹】其宮，鬼來，陽（揚）灰毄（擊）箕以喿（噪）之，則止。【甲865反壹】

所謂"偽人犬"，即偶人、偶犬，多以土、木為之。《戰國策·齊策》："今者臣來，有土偶人與桃梗相與語。桃梗謂土偶人曰：'子，西岸之土也，挻（埏）子以為人……'土偶人曰：'……今子，東國之桃梗也，刻削子以為人……'"

有了土偶、木偶，驅鬼就方便了，一旦出現鬼怪，煞有介事地驅趕一番，然後把土偶、木偶處理掉，人們於是心安理得。

對於土木偶處理方法，一般有以下幾種：

(1) 刺偶以代刺鬼

> 人毋（無）故而鬼取為膠③，是是哀鬼毋（無）家，【甲862反壹】與人

---

① 《文心雕龍·檄移》。
② 《藝文類聚》卷一百。
③ 膠，假借為"謬"，《方言》卷三："膠，詐也。"《廣雅·釋詁二》："謬……膠，欺也。"

爲徒，令人色柏（白）然。毋（無）氣，喜契（潔）清，【甲861反壹】不歓（飲）食。以棘椎桃秉（柄）以悥（敲）其心，則不來。【甲860反壹】

"敲"，《左傳》定公二年"奪之杖以敲之"，釋文："擊聲也。"《過秦論》："執敲樸以鞭笞天下。""敲其心"即以棘椎桃柄擊其心。"其"代指土、木偶，是"哀鬼"爲偶也。"哀鬼"被人擊其心，受到如此厲害的懲罰，自不敢再來。

此類例甚多，862反面簡："鬼恆從男女，見它人而去，是神蟲。僞爲人，以良劍刺其頸，則不來矣。""僞爲人"即以偶爲人，"刺其頸"即以劍刺偶之頸。

854反面簡："鬼恆責人，不可辭，是暴鬼。以牡棘之劍〔刺〕之①，則不來矣。"刺之即刺偶人，是以偶人以代"暴鬼"。

(2) 埋偶以代埋鬼

一宅中毋（無）故而室人皆疫，或死或病，【甲859反壹】是是棘鬼在焉。正立而貍（埋），其上旱則【甲858反壹】淳，水則乾。屈（掘）而去之，則止矣。【甲857反壹】

此亦用偶以驅鬼之術。"正立而埋"者，以土或木做成"棘鬼"之偶，然後正立埋入土中。所謂"旱則淳，水則乾"，乃是厭勝之術。最後將偶掘而去之，以象徵鬼被驅逐。

一宅之中毋（無）故室人皆疫，多菁米（迷）死，【甲856反壹】是是孕鬼。貍（埋）焉，其上毌（貫）草如席處。【甲855反壹】屈（掘）而去之，則止矣。【甲854反壹】

孕鬼爲難產而死之鬼，"埋焉"是埋其偶。"貫草如席處"，是將草穿起來，做成蓐席狀，目的是模仿其生產過程，使其儘量合於土木偶所代之鬼的相應環境。

鬼恆羸（裸）入人宮，是幼殤死不葬，以灰漬（墐）之，則不來矣。【甲846反貳】

"以灰墐之"，謂以灰爲墐葬鬼偶，以慰殤死未葬之鬼魂。

---

① 原簡脫"刺"字，參簡860反："鬼恆宋傷人，是不辜鬼，以牡棘之劍刺之，則止矣。"

(3) 食偶以使鬼得到滿足

人毋（無）故一室人皆疫，或死或病，丈【甲 853 反壹】夫女子隋（墮）須（鬚）、贏髮、黃目，是宎宎〈是是宎〉人生爲【甲 852 反壹】鬼，以沙人一，升，控其舂臼，以黍肉食【甲 851 反壹】宎（保）人，則止矣。【甲 850 反壹】

"保人"，此指襁褓中人，亦即嬰兒鬼。"沙人"，以沙爲人，即土偶也。有學者謂"沙人"即"沙仁"，是中藥，則全與驅鬼術無關，今不取焉。"升"，此指將"沙人"置於舂臼，《禮儀·士冠禮》"載合升"，鄭玄注："在鼎曰升。""控"，同控，《廣雅·釋詁》："刺也。"此指舂黍。

此段所述驅鬼術實乃恩威並用，"保"爲小兒鬼，故以黍肉食之，使其滿足；置於舂臼上，含有鎮其邪魅之義。人們對付小兒多又哄又嚇，事鬼如事生，故對小兒鬼亦如此。

(4) 移疾於偶而去人之疾患

人毋（無）故而心悲也，以桂長尺有尊（寸）而中折，【甲 829 反壹】以望之日日始出而食之，已乃脯（脯），則止矣。【甲 828 反壹】

"食之"，細玩其文義，當是以桂爲偶，行巫術而使木偶享食。所謂"脯"，此借作"膊"，凡殺牛、羊取其五臟而曝曰膊，見《方言》卷七。《左傳》成公二年"殺而膊諸城上"，杜預注："磔也。"《廣雅·釋詁》："膊，曝也。"簡文謂剖木偶而曝，人之悲亦隨木偶而去也。

之所以人悲以桂爲偶而窮治之，此乃巫家常用移疾之術。桂與悲諧音，以桂爲偶而移疾於桂，然後將偶開膛破肚，則人悲亦盡除。

此種因諧音而附會的巫術又見 833 反面簡：

人有思哀也弗忘，取丘下之蒡，完掇【甲 833 反壹】其葉二七，東北鄉（嚮）如（茹）之，乃臥，則止矣。【甲 832 反壹】

"哀"即憂也，人憂則茹蒡葉十四片而臥，實出於憂、蒡諧聲，故生出此種巫術。

842 反面簡：

人毋(無)故而憂也,爲桃更(梗)而歐(毆)之,以癸日日入投之道,【甲842反貳】遽曰:"某免於憂矣。"

"桃梗"此指桃偶人。歐,讀爲"傐"。《說文》:"傐,痛也。"《廣雅·釋詁》:"傐,憂也。"此用作動詞,是行巫術而移人憂於偶人,然後投偶於道,則人之憂隨偶而去。有學者釋"歐"爲撫摩①,則是未能了解巫家之移疾術。

(5) 焚偶以驅疫鬼

一室人皆養(癢)腯(體),瘍鬼居之,燔生(青)桐其室中,則已矣。【甲844反三】

"瘍鬼"實爲惡氣而使人得皮膚病之鬼。《月令》季春之月,"命國難,九門磔攘,以畢春氣",鄭玄注:"昴有大陵積尸之氣,氣佚則厲鬼隨而出行。"季冬之月,"大難旁磔,出土牛,以送寒氣",注:"虛、危有墳墓四司之氣,爲厲鬼將隨強陰出害人也。"所謂"焚生桐",即焚燒"青桐",青桐亦指偶人。《淮南子·謬稱》"魯以偶人葬而孔子歎",高誘注:"偶人,桐人也。"《漢書·江充傳》:"掘蠱於太子宮,得桐木人。"《鹽鐵論·散不足》:"桐馬偶人……桐人衣紈綈。"知生桐即青桐刻成的木偶。

(6) 其他偶

土木偶一般製成人形,但也製成各種動物形狀,以驅相應之鬼。本文上引867反面簡"僞人犬",其中即包括以偶爲犬,《莊子·天運》"夫芻狗之未陳也,盛以篋衍,巾以文繡,尸祝齋戒以將之",釋文:"結芻爲狗,巫祝用之。"另外還有幾例。

鼠形之偶

鬼恆召(詔)人曰:璧(爾)必以某(某)月日死,是祟鬼。僞爲【甲871反貳】鼠,入人醯、醬、滫、將(漿)中,求而去之,則已矣。【甲870反貳】

所謂"祟鬼",當即時鬼。秦襄公始作西時,文公作鄜時,宣公作密時,靈公作吳陽上時、下時,獻公作畦時。"時"即秦人祭天地五帝之所。古代因鼠

---

① 參《睡虎地秦墓竹簡》該簡注釋。

出入於社,熏之不可,灌之不得,因奉爲神,《抱朴子·登涉》稱鼠爲"社君"。鼠形之鬼言及人之生死,非時鬼、社鬼之類不能當之。

"僞爲鼠",當是以木或它物爲鼠,亦偶之類,"求而去之",求之本義爲以手索取物,是將沒入醋、醬、髒水中的偶取出而棄之。如此,"祡鬼"被驅逐矣。

鳶形之偶

鬼恆逆人,入人宮,是遊鬼,以廣灌爲戠(鳶)以燔之,則不來矣。【甲845反貳】

所謂"廣灌"即大的灌木。《詩·周頌·雝》"於薦廣牡",傳:"廣,大也。"簡文謂以灌木紮爲鳶形,焚以驅遊鬼,則古人認爲游鬼之形跡如鳶也。鳶,此指貪殘之鳥,《詩·小雅·四月》"匪鶉匪鳶",傳:"雕鳶,貪殘之鳥也。"

3. 驅鬼的操作用具

在古人的驅鬼行爲中,偶一般是作爲鬼的替代物,是驅趕的對象,而持以驅鬼的用具則有以下幾類。

(1) 桃弓棘矢

人毋(無)故鬼攻之不已,是是刺鬼。以桃爲弓,【甲869反壹】牡棘爲矢,羽之雞羽,見而射之,則已矣。【甲868反壹】

所謂"桃弓",《左傳》昭公四年:"桃弧棘矢,以除其災。""桃弧"即"桃弓"也。按此驅鬼術運用甚爲普遍,《太平御覽》卷八八六引《玄中記》曰:"丘墓之精名曰狼鬼,善與人鬭不休,爲桃弓棘矢,羽以鴟羽,以射之。"醫家亦以此術驅疾,《馬王堆漢墓帛書·五十二病方》:"以秆爲弓,以甋爲玄(弦),以葛爲矢,以□羽□,旦而射,莫(暮)而□小。"

"棘矢"又稱"芻矢",872反面簡記驅故丘之鬼,"爲芻矢以鳶之"。此術又見859反面簡驅"暴鬼"。此"鳶"即"雉"字,《說文》:"雉,繳射飛鳥也。"《詩·鄭風·女曰雞鳴》"弋鳧與雁",鄭箋:"弋,繳射也。""爲芻矢以鳶之",即以繫絲之柴草杆爲箭以射之。此術又見866反面簡之驅"凶鬼"。

(2) 刀劍

驅鬼又多用刀劍,實與桃弓棘矢沒有根本的差別。861反面簡驅"神蟲","以良劍刺其頸,則不來矣"。按巫術所用刀劍,多非真刀真槍。是鬼本爲幻化,巫家以荆棘代刀槍,蓋以爲陽間之假,則陰間爲真矣,此"良劍"恐亦一柄木劍而已。854 反面簡驅暴鬼,"以牡棘之劍〔刺〕之,則不來矣"。871 反面簡之"牡棘刀"、"牡刀"、860 反面簡"牡棘之劍",皆此類,並不是真刀真劍。

(3) 竹鞭

人臥而鬼夜屈其頭,以若（箬）便（鞭）毄（擊）之,則已矣。【甲 848 反三】

"若便"即"箬鞭",《說文》:"箬,楚謂竹皮曰箬。"是以竹皮之鞭驅鬼。此術又見 847 反面簡:"鳥獸蟲豸甚衆,獨入一人室,以若（箬）便（鞭）毄（擊）之,則止矣。"

(4) 䑛

巫術驅鬼所用兵器,亦有取其象徵義的。852 反面簡:"鬼恆爲人惡䒠（夢）,䁆（覺）而弗占,是圖夫。爲桑丈（杖）奇（倚）戶內,復䑛戶外,不來矣。"䑛,《說文》:"從䤴,甫聲。……或從金,父聲。"按䑛與斧音近,古代多以斧爲鎮邪之物,《禮記·檀弓》:"加斧於椁上。"《儀禮·覲禮》"天子設斧依於戶牖之閒,左右几",注:"依如今綈素屏風也,有繡斧文,所以示威也。斧謂之黼。几,玉几也。左右者,優至尊也。""覆䑛戶外"。即取此義。

(5) 白茅

人生子未能行而死,恆然,是不辜鬼處之。以庚日日始出時【甲 844 反貳】漬門以灰,卒,有祭,十日收祭,裹以白茅,貍（埋）野,則毋（無）央（殃）矣。【甲 843 反貳】

人毋（無）故室皆傷,是粲䢙之鬼處之。取白茅及【甲 839 反貳】黃土而西（灑）之,周其室,則去矣。

以上第一例謂以白茅包不辜鬼之偶及其祭品以埋,第二例謂取白茅及黃土遍撒屋室四周以毆鬼。

古代巫術多用白茅,840 反面簡以白茅包枯骨,亦其例。《詩·召南·野有死麕》"白茅包之"、"白茅純束",皆有以白茅去穢鎮邪之義。它如苞茅縮酒,置茅蕝、茅門之法等,則皆與巫術鬼道有關。《儀禮·既夕禮》"葦苞長三尺一編",又"苞二",鄭氏注:"所以裹奠羊豕之肉。"江陵馬山一號楚墓出土竹笥九件,"出土時,九件竹笥底部均墊有茅草,動物骨骼用紗包裹,放在茅草上"①。其骨骼經鑒定爲羊、雞等動物骨骼,亦是祭奠死者後,以白茅裹以入葬。

(6) 葦

鬼恆胃(謂)人:"鼠(予)我而女。"不可辭。是上神下取妻,毄(擊)以葦,【甲857反三】則死矣。弗禦(御),五來,女子死矣。【甲856反三】

鬼恆從人女與居,曰:"上帝子下游。"欲去,自浴以犬矢,毄(擊)以葦,則死矣。【甲858反三】

用葦驅鬼,經典中似不多見,上引《既夕禮》"葦苞"連稱,知葦亦茅之類。以上二例均爲女子以"葦"擊鬼以拒非禮,或是以葦紮成刷把、掃帚之類,參下文"蔐"。

(7) 蔐

人恆亡赤子,是水亡傷(殤)取之,乃爲灰室而牢之,【甲831反貳】縣(懸)以蔐,則得矣;刊之以蔐,則死矣;享(烹)而食之,不害矣。【甲830反貳】

所謂"灰室",以灰爲室,謂置偶於灰室之中,猶畫地爲牢也。《説文》"蔐,刷也",段注:"今人謂以鈍帚去穢物曰蔐,正是此字。"知蔐乃掃帚之類。《禮記·檀弓》"君臨臣喪,以巫祝桃茢執茢戈",注:"茢,萑苕,可埽不祥。"《禮記·玉藻》"膳於君,有葷桃茢",注:"桃茢,避凶邪也。"是掃帚、刷把,古人皆可用作驅鬼之物。

(8) 桑杖

人毋(無)故而鬼惑之,是筌鬼,善戲人。以桑【甲864反壹】心爲丈(杖),鬼來而毄(擊)之,畏死矣。【甲863反壹】

所謂"桑心爲杖",即取桑樹中心之木爲杖。按古多以桑爲厭伏邪鬼之

---

① 湖北省荊州地區博物館:《江陵馬山一號楚墓》,北京:文物出版社,1985年。

物,《史記·周本紀》記幽王時有童謠云"檿弧箕服,實亡周國",集解引韋昭曰:"山桑爲檿;弧,弓也;箕,木名;服,矢房也。"851反面簡記驅圖夫鬼,"爲桑丈(杖)奇(倚)戶內",848反面簡驅"神狗"用"桑皮",皆此類例。

(9)桃秉

桃與桑類似,亦被古人賦予鎮邪的含義,見於《山海經》、《風俗通》、《論衡》諸書記載,已爲人所熟知。如869反面簡驅刺鬼"以桃爲弓"。本文前引862反面簡驅"哀鬼","以棘椎桃秉以敲其心"。"秉"同"柄",柯也。《管子·小匡》"治國不失秉",注:"柄也。"869反面簡驅大袜(魅)"以桃更(梗)瞉(擊)之",此桃梗非木偶,乃桃秉之類也。844反面簡記驅飄風之鬼,"擊以桃丈(杖)",桃杖與桃柄相類。《淮南子·詮言》"羿死於桃棓",注:"棓,大杖,以桃木爲之,以擊殺羿,由是以來鬼畏桃也。"

(10)牡棘枋

各種荊棘被當作驅鬼之物,除簡869反以棘爲矢外,還有以棘爲枋,燒以驅鬼者。

　　　人妻妾若朋友死,其鬼歸之者,以莎芾、【甲831反壹】牡棘枋(柄),熱(蓺)以寺(待)之,則不來矣。【甲830反壹】

熱即燃燒,是燒荊棘以驅鬼。

(11)各種穢物

人們往往用人之好惡來比附鬼之性情,凡人之所好者,鬼多好之;凡人之所惡者,鬼亦惡之。對於各種汙穢物,人見皆唯恐避之不及,想必鬼亦如是,故不少穢物被用來驅鬼。本文前引867反面簡驅故丘之鬼,"陽(揚)灰瞉(擊)箕以喿(噪)之",灰塵即穢物之類。此外還有以下數例。

豕矢　842反面簡驅陽鬼,"燔豕矢室中,則止矣","豕矢"即豬糞。此術又見845反面簡。

犬矢　847反面簡驅"祖公"之鬼,"以犬矢投之.則不來矣"。869反面簡:"大神其所不可咼(過)也,善害人,以犬矢爲完(丸),操以咼(過)之,見其神以投之,不害人矣。"

潞漿　前引871反面簡驅"祷鬼",以鼠沒於"潞、漿"中,潞,《說文》:"久泔也。"《禮記·內則》注:"秦人溲曰潘。"837 反面簡:"鬼入人宫室,勿(忽)見而亡,亡(無)已,以脩(潘)康(糠)寺(待)其來也沃之,則止矣。"按此潘糠乃變味的洗米水。

(12) 其他

驅鬼所用之物還有碎瓦(839 反),沙(838 反、843 反、833 反),白石(868 反),水(864 反),火(861 反)等,不備舉。幾乎凡可投擲,凡可引起鬼之畏懼之物,統統都被派上了用場。

4. 驅鬼與儺

驅鬼古又稱儺,實爲中國文化史上的一大課題。865 反面簡:

> 人若鳥獸及六畜恆行人宫,是上神相【甲 865 反貳】好下樂,入男女未入宫者,毄(擊)鼓奮【甲 864 反貳】鐸枭(噪)之,則不來矣。【甲 863 反貳】

該節所述,實即古代逐疫之儺。"相"爲神名,其性好下方之樂,故擊鼓、鐸噪之——此乃《日書》對於儺的一種解釋。《周禮·夏官》:"方相氏掌蒙熊皮,黃金四目,玄衣朱裳,執戈揚盾,帥百隸而時難,以索室毆疫。"方相氏之得名,應與《日書》"上神"名"相"有關。"相"本是一種樂器,《太平御覽》卷五八四引《風俗通》:"相,拊也,所以輔相於樂,奏樂之時,先擊相。"方,始也(見《廣雅·釋詁》)。方相氏即奏樂時率先擊相者,亦即首席樂官,略相當於現代樂隊指揮。古代逐疫鼓樂齊鳴,歌舞並作,故方相氏又很自然地成了這種"綜合演出"的總指揮官。步入神話領域,上天好樂之神理所當然就以"相"命名了。

之所以用未成年男女"擊鼓奮鐸"者,亦古逐疫之慣例也,周代已如此。《史記·周本紀》:周厲王時,龍漦"流於庭,不可除,厲王使婦人裸而譟之"。《續漢書·禮儀志》:"先臘一日,大儺,謂之逐疫。其儀,選中黃門子弟年十歲以上,十二以下,百二十人爲侲子,皆赤幘皂製,執大鞀。方相氏黃金四目,蒙熊皮,玄衣朱裳,執戈揚盾。十二獸有衣,毛角。中黃門行之,冗從僕射將之,以逐惡鬼於禁中。"侲子即善童幼子。一百二十名侲子是作爲合唱隊出場的,鼓樂作,中黃門倡,侲子和,"歡呼,周徧前後省三過,持炬火,逐疫出端門"。其場面當十分壯觀。

逐疫之俗,以前學者多以宗教、巫術、迷信視之,然其中實包含了娛樂因素。《禮記·郊特牲》:"子貢觀於臘,孔子曰:'賜也樂乎?'對曰:'一國人皆若狂,賜未知其樂也。'孔子曰:'百日之勞,一日之澤,非爾所知也。'"注:"言民皆勤稼穡,有百日之勞,喻久也。今一日使之飲酒宴樂,是君之恩澤。"按:臘祭即儺,孔子之論儺,最得其精髓。《路史·後紀五》注引《莊子》:"遊島問於雄黃曰:'逐疫出魅,擊鼓噪呼,何也?'曰:'黔首多疾,黃帝立巫咸,使之沐浴齋戒,以通九竅;鳴鼓擊鐸,以動其心;勞其形,趨步,以發陰陽之氣;飲酒茹蔥,以通五臟;擊鼓噪呼,逐疫出魅。黔首不知,以爲魅祟耳。"此説較孔子之説更爲具體,惟秦時方稱"黔首",則此説恐非莊子之作。

後世之儺甚或動用大批軍隊,成一時之盛觀。《魏書·禮志》曰:"高宗和平三年十二月,因歲除大儺之禮,遂耀兵示威,更爲制。令步兵陣於南,騎士陣於北,各擊鐘鼓,以爲節度。其步兵所衣,青赤黃黑,別爲部隊。盾稍矛戟相次,周回轉易,以相赴就。有飛龍騰蛇之變,爲函箱魚鱗四門之陣,凡十餘法,跽起前卻,莫不應節。陣畢,南北二軍皆鳴鼓角,衆盡大譟。各令騎將六人,去來挑戰。步兵更進退,以相拒擊。南敗北捷,以爲盛觀。自後踵以爲常。"

儺之至此,已成了一種與軍事演習、群衆娛樂混生的文化形式。

儺作爲驅鬼逐疫活動,曆久而不衰,自有其深刻的根源。上至天子,下至民衆,"一國人皆若狂",其實是爲人們發洩鬱積提供了極好機會,從而有益於人們的身心健康。如果考慮到古代社會無論官吏還是民衆,其言行舉止都受到極大束縛,那麽驅鬼之"擊鼓奮鐸"實際上成了不可多得的娛樂之機,人們忘形於此,盡意於此,血氣爲之暢通,心境爲之開闊,百鬼爲之盡去,疾疫爲之皆除,如此,百姓皆大歡喜。驅鬼之積極意義,恐怕盡在於此吧。

5. 驅鬼術中的合理因素

《日書·詰咎》可謂驅鬼術之集大成者,對於研究中國古代文化特別是儺文化,是不可多得的寶貴資料。驅鬼術是古人在自然災害面前,在社會惡勢力面前苦苦掙扎的產物,自產生之日起,就包含了兩方面的因素:一方面,限於生產力發展水平低下,這種掙扎多以失敗告終,人們只好用荒謬的方式在災異、疾患面前求得些許慰藉;另一方面,人們也從這些失敗中逐步獲得一些正確的認識,這些正確的認識構成驅鬼術中的合理因素,是人們生產生活經驗的總結,自不可以巫術概之。以下略舉數例:

(1) 驅毒蟲

夏大暑,室毋(無)故而寒,幼䗇處之。取【甲846反壹】牡棘烰
(炮)室中,䗇去矣。【甲845反壹】

《說文》:"䗇,䗇丁,螘也。"螘乃"蟻"之本字。《廣雅·釋魚》:"蚵䗇,蜥蜴也。""苦䗇,蝦蟆也"。簡文䗇或指毒蟲之類,似未可拘泥。《周禮·秋官》"庶氏掌除毒蠱,以攻說禬之,嘉草攻之",注:"攻之謂燻之。"與簡文焚燒牡棘以驅䗇相合。至今江南農村仍常見人們燒艾蒿之類以除蚊蟲,說明此術是生活經驗的總結,是正確的。

一室中臥者容席以臽(陷),是地辥(蠥)居之,注白湯,以黄土窒,不害矣。【甲865反三】

蠥,《說文》:"禽獸蟲蝗之怪謂之蠥。"《漢書·五行志》:"蟲豸之類謂之蠥。"所謂"白湯"即開水,用開水燙蟲子,並用黄土填塞,此亦巫術中的合理部分。

(2) 治氣虛之疾

一室人皆毋(無)氣以息,不能童(舂)作,是狀神在【甲860反貳】其室。屈(掘)遝泉,有赤豕、馬尾、犬首,享(烹)而食【甲859反貳】之,美氣。【甲858反貳】

所謂"赤豕"即乳豬。馬尾,即入中藥之"馬鞭"。該節所述,當為預埋乳豬、馬鞭、犬首之類,然後掘而烹食。無氣不能舂作,本為氣虛乏力之症,乳豬、馬鞭、狗骨,益人氣血,食之其虛疾自愈。埋而復取,乃巫家故神其事耳。"美氣"謂充益其氣,《孟子·盡心下》:"充實之謂美。"《國語·魯語》"楚公子

甚美",注:"謂服飾盛也。"

(3) 對付自然災害

   天火燔人宫,不可禦(御),以白沙救之,則止矣。【甲855反三】

以沙救火,今人仍用之。

   雷攻人,以其木毄(擊)之,則已矣。【甲853反三】

木爲絶緣體。《詰咎》篇保留此類記載,實屬難能可貴。

   雲氣襲人之宫,以人火鄉(嚮)之,則止矣。【甲852反三】

火能驅雲氣(實指霧),亦是很簡單的道理。

驅鬼術中的合理因素盡管不多,但畢竟是人類童年幼稚學步中的成功之處,人類對於自然規律、社會規律的認識,正是這樣一點一滴地積累起來的。

五　九店楚簡《日書》與秦簡《日書》比較研究

  湖北江陵九店五十六號墓出土楚簡《日書》,已刊載於《江陵九店東周墓》一書中①。這是我們目前能夠見到的時代最早的《日書》。該墓的年代爲戰國晚期早段②,是九店楚簡《日書》鈔成年代略早於秦簡《日書》。從內容上看,九店楚簡《日書》與睡虎地秦簡《日書》具有承接關係,謹從校勘與文字考釋的角度比較於次。

1. 關於"建豦"

  九店《日書》13~24自成一篇,分上下二欄鈔寫。上欄首列楚國月名,次述該月各地支之日值。下欄則分別説明各日值之吉凶宜忌。

  如簡13上:

---

① 湖北省文物考古研究所:《江陵九店東周墓》,北京:科學出版社,1995年。
② 參《江陵九店東周墓》,第415、492頁。

第四章 《日書》所反映的原始崇拜與民俗

〔翌〕层建於唇(辰)，鼗於巳，敀於午，坪於未，窓於申，工於栖(酉)，坐於戌，盍於亥，城於子，遝(復)於丑，蒿於寅，散於卯。

是云逢翌层之月（夏曆正月），辰日爲建，巳日爲鼗，餘類推。

《日書》研究者習慣上將"建日"、"除日"之類内容稱爲"建除"，准此例，我們可以將九店《日書》簡 13～24 的全部内容稱爲"建鼗"，這樣可以方便稱引。

秦簡《日書》甲篇（簡 730～742）有"除"篇①，其中有"建"日、"陷"日之類，以下姑且稱之爲"建陷"。乙篇（簡 896～908）有與之相似的内容，其中陷作"窨"，以下姑且稱之爲"建窨"。其日值之名與楚簡"建鼗"的對應關係如次（表六）：

表六　建鼗、建陷、建窨日值對照表

建鼗	建	鼗	敀	坪	窓	工	坐	盍	城	遝	蒿	散
建陷	建	陷	彼	平	寧	空	坐	蓋	成	甬	濡	媚
建窨	建	窨	作	平	成	空	壁	盍	成	復	窓	贏

可以看出，秦簡"建陷"源自楚簡"建鼗"，不僅大多數日值之名相同，其有差異者亦往往有内在聯繫。如：

鼗，《睡虎地》甲 734 作"陷"，《睡虎地》乙 900 作"窨"。《說文》："窨，坎中小坎也。"鼗古讀如坎，《說文》引《詩》曰"鼗鼗鼓我"，今《詩·小雅·伐木》作"坎坎鼓我"，是鼗、陷、窨音近義通。

敀，《睡虎地》甲 735 作"彼"，《睡虎地》乙 901 作"作"。《九店》注："'作'當是'彼'字之誤。"②按：古音從乍與從皮之字音近，如"鈹"又稱"鉏"（見《廣雅·釋詁》），"作"假爲"詛"，《詩·大雅·蕩》"侯作侯祝"即"侯詛侯祝"，是秦簡"作"乃"敀"或"彼"的音近借字。

坪，楚簡凡"平"字多如是作。

---

① 本文所引秦簡《日書》，依《雲夢睡虎地秦墓》（北京：文物出版社，1981 年）一書的簡號。原因在於其他諸種《日書》考釋之著往往分篇鈔録，不能如實反映《日書》各篇之間的内在聯繫。

② 湖北省文物考古研究所、北京大學中文系：《九店楚簡》，北京：中華書局，2000 年，第 64 頁。以下簡稱"《九店》"。

盜，《睡虎地》甲737作"寧"，《睡虎地》乙903、915作"成"。《九店》注："乙種與'盜'或'寧'相當的'成'，顯然是一個誤字。古音'盜'、'寧'、'成'都是耕部字，當是因音近而致誤。"①按：如果《睡虎地》乙"除"篇出現兩個"成"日，那當然可以認爲與"盜"相當的"成"是誤字。然而《睡虎地》乙903"成外"與907"成決"，915"成外陽之日"與919"成決光之日"不會發生混淆，因而不能認爲《睡虎地》乙903、915之"成"爲誤字。與"盜"、"寧"相當的"成"應是音近借字。

工，《睡虎地》甲738、《睡虎地》乙904作"空"，空從工聲。

盇，《睡虎地》乙906同，《睡虎地》甲740、《睡虎地》乙917作"蓋"。

返，同"復"。《睡虎地》甲742作"甬"，《睡虎地》乙908、920作"復"。甬與復讀音不近，含義則有聯繫。《淮南子·本經》"甬道相連"，高誘注："甬道，飛閣復道也。"

萏，《睡虎地》甲730作"濡"，《睡虎地》乙897作"窓"，909作"窓"。包山簡151："左馭（御）番戍飤（食）田於邵寁譽（澨）邑，城田一，索畔萏（壥）。"萏，讀爲"壥"，城下田也。"窓"、"窓"、"壥"讀音相近。

散，《睡虎地》甲732作"媚"②，《睡虎地》乙898、910作"羸"。簡35"生子，男必散（美）於人"，散讀爲"美"。媚與散古讀音近，《儀禮·少牢饋食禮》"眉壽萬年"，鄭玄注謂古文作"微"。羸與媚古音不近，《九店》注："乙種的'羸'當是'媚'字之誤。"按《説文》解羸字"從貝，羸聲"，郎果切，中古音在歌部來紐。楚簡羸及從羸之字多讀爲"纍"，包山簡269、270"一和羸靡（甲）"，羸，讀爲"纍"。上博藏三《周易·渙》44"羸（羸）丌（其）缾（瓶），凶"，羸，帛本作"纍"，今本作"羸"。釋文："蜀本作累，鄭讀曰蘲。"則羸上古音在微部來紐，與散古讀音近。段玉裁、朱駿聲等皆謂"羸"非從"羸"聲，今見《日書》羸與散爲異文，則許慎之説應是有來歷的。

---

① 湖北省文物考古研究所、北京大學中文系：《九店楚簡》，北京：中華書局，2000年，第65頁。

② 《睡虎地》甲732"媚"，《虎簡》隸作"羸"，《九店》第67頁注改隸作"媚"。筆者復核湖北省博物館藏原簡照片，該字不清晰，但左從"女"，右下從"目"尚可辨，兹從《九店》注説。

楚簡"建豬"之下欄爲各日値之吉凶宜忌：

凡建日,大吉,秒（利）目（以）取（娶）妻、祭祀、竺（築）室,立社稷（稷）,繡（帶）鐕,皃（冠）【13下】

凡豬日,不秒（利）目（以）□□,不秒（利）目（以）爲張罔（網）。【14下】

凡啟日,悐（踐）䘞（梟）之日,不秒（利）目（以）祭祀,聚衆,□迲（去）,遷（徙）豪（家）。【15下】

凡坪日,秒（利）目（以）祭祀、和人民、謞（屬）事。【16下】

……

"建豬"十二値之吉凶宜忌不見於秦簡《日書》,這是一個頗値得注意的問題。秦簡《日書》另有《秦除》一篇,其十二日値即爲人所熟知的"建、除、盈、平、定、執、破、危、成、收、開、閉",此十二日値與楚簡"建豬"既有淵源關係又有明顯區別。從名稱看,有"建、平、成"與楚簡相應的"建、坪、城"可視爲全同,"定"與楚簡"窑"音近,"破"（破）與楚簡"坐"音義近,"閉"與楚簡"散"義近。不過楚簡"散"謂"美","微"有衰微義,只是在這一意義上,秦簡"閉"才與楚簡"散"有聯繫。其餘數日値則基本不同。另從吉凶說辭看,《睡虎地》746："平日可以取妻,入人,起事。"與楚簡坪日所說相近。又《睡虎地》甲743："建日,良日也。"亦與楚簡謂建日爲"吉日"相類。不過亦有完全不同者,如《睡虎地》甲745："盈日,可以筑（築）囷牢,可以產。可以筑（築）宮室,爲嗇夫。有疾,難起。"與相應的楚簡"啟"日完全不同。

由上述可知,秦簡《秦除》雖與楚簡《建豬》有淵源關係,但已按秦俗的需要重編重訂。秦簡《日書》大致保留了楚簡《建豬》的日値之名,對其繁難字、方言字作了辨正與改訂,對楚簡《建豬》的吉凶說辭幾乎是盡數刪除。明確這一點,對於我們深入理解秦簡《日書》的形成及構成體系,並進而確定其歷史地位,具有重要意義。

2. 關於"結陽"

九店楚簡《日書》簡25～36的內容完整,可以稱之爲"結陽",節錄如次：

□〔寅、卯、脣(辰)〕、巳、午、未、申、栖(酉)、戌、亥、〔子〕、丑,是胃(謂)結日,俊(作)事不果,昌(以)祭,叟(咎)。生子,無俤,女(如)又(有)俤,必死。昌(以)亡貨,不再(稱)。昌(以)𤢖(?)田邑(?),叟(咎)。□【25】

〔卯、脣(辰)、巳〕、午、未、申、栖(酉)、戌、亥、子、丑、寅,是胃(謂)易(陽)日,百事訓城(成),邦君得年,少(小)夫四城(成),昌(以)爲上下之禱祠(祠),〔群〕神鄉(饗)之,乃涅(盈)亓(其)志。【26】

脣(辰)、巳、午、未、申、栖(酉)、戌、亥、子、丑、寅、卯,是胃(謂)交日,秒(利)昌(以)昌(以)毌(穿)㞢(戶)秀(牖),㿟(鑿)萊(井),行水事,吉。又(有)志百事,大吉。秒(利)於內(納)室。祭門、䊷(行),亯(享)之。【27】

該《結陽》篇的十二日值之名及其吉凶説辭幾乎爲秦簡《日書》甲、乙二種所照録,分別見《睡虎地》甲731~742"除"篇,《睡虎地》乙897~920"除"篇。先比較二書的十二日值之名(表七)。

表七　《九店》、《睡虎地》甲、《睡虎地》乙"結陽"日值對照表

九店	結	易	交	害	會	達	外易	外害	外會	剉	夬光	禾
虎甲	結	陽	交	害	陰	達	外陽	外害	外陰	絶紀	夬光	秀
虎乙	結	陽	交	羅	陰	達	外陽	外逵	外陰	絕紀	決光	秀

文字有同有異:差異是表面現象,如:

易,秦簡作"陽","易"乃"陽"之本字。

會,即楚系"陰"字。

剉,左旁乃"絶"之古文。

禾,秦簡作"秀",凡穀未秀曰苗,已秀曰禾。"秀"從禾作,因而可以認爲楚簡"禾"乃"秀"之省,也可能是書寫時有脱筆。

"害"原簡字不清晰,原報告亦未隸定。按該組簡"易"與"外易"相對,"會"與"外會"相對,從校勘的角度可確定該字爲"害"之異體,而《睡虎地》甲738正作"害"字。秦簡或作"羅"者,《詩·王風·兔爰》"逢比百羅",又"逢此百憂",又"逢此百凶"。"羅"既與"憂"、"凶"互文,知其得與"害"義近。

外會,原簡字形爲"外會"合文。原報告釋作"陰",不妥。

夬光,原簡字形奇特,原報告未隸定。此據秦簡釋作"夬光"。該字右下二小筆究竟是合文符,還是字的構成筆畫,尚未能確定。

《結陽》篇每簡的下半段爲吉凶說辭,茲與秦簡《日書·除》的相應内容作一比較:

> 易(陽)日,百事訓城(成),邦君得年,少(小)夫四城(成),目(以)爲上下之禱祠(祠),〔群〕神郷(饗)之,乃涅(盈)亓(其)志。【九店26】

> 陽日,百事順成,邦郡得年。小夫四成,以蔡(祭)上下,群神郷(饗)之,乃盈志。【虎甲732】

可見楚簡"訓城",秦簡訂正爲"順成";楚簡"邦君",秦簡訂正爲"邦郡";楚簡"少夫",秦簡訂正爲"小夫";楚簡"禱祠(祠)",秦簡换成通俗話"蔡(祭)"。由於後世文字經過秦代的規範化過程,因而秦簡文字明顯地更便於後世閱讀。

那麽是否能斷言秦簡文字較楚簡文字爲優呢？問題並不那麽簡單。在更深的層次上,九店《日書》往往表述得更準確。如秦簡"小夫四成,以祭上下,群神郷之,乃盈志"一句,極難理解。《虎簡》注云:"小夫,當指無爵位者。四成,四年成熟。"①"四年成熟"無據,乃猜度之辭。此句楚簡表述爲:"少(小)夫四城(成),目(以)爲上下之禱祠(祠),〔群〕神郷(饗)之,乃涅(盈)亓(其)志。"所謂"以爲",從句法上說,是"以之爲"之省,意即"以四城爲",這樣就使得我們有可能正確理解"四城"。

按:"四城"謂爲壇四重以祭。《周禮·秋官·司儀》:"爲壇三成。"《山海經·西山經》:"東望恆山四成。"《吕氏春秋·音初》:"九成之臺。"其"成"皆作"重"(平聲)解。所謂"郷",《禮記·王制》"習郷上齒",鄭玄注:"郷謂飲酒也。""群神郷之"謂群神享受祀禮。我們可以將上引楚簡的文字翻譯爲:

小夫(成年),以四重之臺禱祠天神地祇,群神享受祀禮,就能志滿意得。

---

① 睡虎地秦墓竹簡整理小組:《睡虎地秦墓竹簡》,北京:文物出版社,1990年,第181頁。

秦簡將"以爲上下之禱祠"改爲"以祭上下"，文字雖淺顯一些，但在句法上增加了理解的難度。可見九店《日書》對於我們讀懂秦簡《日書》來説，具有原始版本不可替代的價值。

其餘各簡均可對照。限於篇幅，不一一列舉。

九店《日書·結陽》有一個讀法問題，應該引起重視。簡 25 云：

寅、卯、辰、巳、午、未、申、酉、戌、亥、子、丑，是胃結日。

按"結日"的選擇方法須結合秦簡《日書·除》篇方能理解，根據《日書·除》上部表格，凡正月寅、二月卯、三月辰、四月巳……爲結日；正月卯、二月辰、三月巳、四月午……爲易日；正月辰、二月巳、三月午、四月申……爲交日；以下各簡之各日可以類推。

只是如此推算，《結陽》一系之日值與《建鼕》一系之日值在各月地支上是重合的，勢必形成互相矛盾的吉凶説辭。舉例説，在秦簡《日書·除》表上，正月辰日爲建，九店簡 13 謂習㡿月"建於辰"，由於習㡿爲夏曆正月，那麼楚人是以夏曆正月之辰日爲建。但在《結陽》一系日值中，正月辰又爲交。由於楚簡建日與交日各有吉凶説辭，於是正月之辰日究竟依《建鼕》選吉凶，還是依《結陽》選吉凶，就成了實際問題。

那麼"結日"是否謂某月之朔日值寅，然後依次之十二天均爲結日呢？這是不可能的，原因在於如此則失去了選擇吉凶的實際操作意義。

唯一的解釋只能是：楚簡《建鼕》與《結陽》是兩套擇日體係。其中《建鼕》系用楚月名，是楚人擇日體係。《結陽》系或屬於其他諸侯國，甚或是由前代繼承來的。如此解釋的根據在於：

其一，本於《建鼕》與《結陽》選擇時日的內在矛盾性，已如上述。

其二，秦簡《日書》將《建鼕》與《結陽》混和鈔録，鈔録者已考慮到《建鼕》系與《結陽》系對同一地支的吉凶説辭不同，將《建鼕》系吉凶説辭盡數刪除，僅保留下《結陽》系的吉凶説辭。

其三，秦簡《日書》另有《秦除》一篇，鈔録於《除》篇之後。《秦除》雖與楚《建鼕》有淵源關係，但區別亦很明顯。由秦簡《除》與《秦除》之不同，亦可反證九店簡《建鼕》系與《結陽》系具有不同的來源。

《建赣》系與《結陽》系在秦簡《日書》乙本中已完全合流,《睡虎地》乙909~920各簡分別有"建交之日"、"窨羅之日"、"作陰之日"、"平達之日"、"成外陽之日"、"空外遠之日"、"陛外陰之日"、"蓋絕紀之日"、"成決光之日"、"復秀之日"、"窓結之日"、"嬴陽之日"。其中"建交"是楚簡《建赣》之"建"與《結陽》之"交"的合流;"平達"是"平"與"達"的合流。餘可類推。

由楚簡《日書》"建赣"與"結陽"二篇的構成體系,使我們能更明確地理清秦簡《日書》之《除》與《秦除》以及乙本相關內容的內在聯繫。並由此使我們認識到秦簡《日書》實質上是先秦《日書》的大雜鈔,具有集大成的類書性質。因而秦簡《日書》的研究意義,遠遠超出了秦國數術本身。僅從古籍整理的角度説,楚、秦《日書》爲我們提供了先秦古籍形成過程的絕好範例。

3. 關於"相宅"

九店《日書》簡45~59是説住宅吉凶的,秦簡《日書》簡882反~873反的內容與之相似,二者都屬於古代的"相宅"書。惟此二組簡文字差異較大,謹以楚簡爲主,結合秦簡討論有關問題。

> 凡栂(植)垣,敤(樹)邦,作邑之遇(寓),盇(蓋)西南之遇(寓),君
> 子尻(处)之,幽悇(疑)不出①。北方高,三方下,尻(处)之安壽,宜人
> 民,土田聚(驟)得。盇(蓋)東〔南〕之遇(宇),☐【九店45】

按:"垣"字原報告隸作"坦",誤。《睡虎地》甲873反:"垣,東方高西方之垣,君子不得志。"所謂"栂垣"謂"植垣"②,即築牆。"敤邦"即樹邦。"遇"字原報告釋"寓",秦簡作"宇",應以秦簡爲正。《楚辭·招魂》:"爾何懷乎故宇?"注:"宇,居也。"知稱居屋爲宇,爲當時人習慣語。"尻"字原報告釋"居",未妥,應是"處"的古文。

秦簡《日書》亦以居屋之高下爲占,如《睡虎地》甲879反:"宇四旁高,中

---

① 疑,止也。
② 《易·小畜》"尚得載",今本"得"作"德","德"或從直作"惪",知"栂"應是"植"之異體字。

央下,富。宇四旁下,中央高,貧。"惟吉凶説辭不同。

☐☐要(標),西方高,三方下,亓(其)审(中)不壽,宜人民、六脜(擾)。盍(蓋)西北之遇(寓),芒(亡)伥(長)子。北、南高,二方下,不可凥(處),是胃(謂)☐土聚☐見吉。東北又(有)☐☐☑【九店46】

按:"要"字原報告釋上從"爽",下從"女"之字,誤。睡虎地簡874反:"宇有要,不窮必刑。"整理小組釋"要"爲"腰",亦誤。"要"讀爲"標",《淮南子·本經》"標林櫹樐",高誘注:"標林,柱類。"古代樹木以祭,而祠神之木必植於野外,故秦楚皆以宇有標爲不吉。睡虎地簡874反:"祠木臨宇,不吉。"是爲内證。所謂"六擾"即六畜,秦簡《日書》只見"六畜"而不見"六擾"。《周禮·秋官·職方氏》"其畜宜六擾",鄭玄注:"六擾,馬牛羊豕犬雞。"六擾與《爾雅》之"六畜"、《周禮》之"六牲"同,是"六畜"乃通名,作爲犧牲稱"六牲",爲人所馴養稱"六擾"。

東、南高,二方下,是胃(謂)虛井,攻(杠)通安(焉)。中垣,中☐,又(有)汙(穿)安(浣),凥(處)之不盈(盈)志。西方☐☐☐貧。黃帝☐☐庶民凥(處)之☑【九店47】

按:"攻"通"杠",《爾雅·釋宫》:"石杠謂之徛。"石杠即石橋,後世"彩虹"一詞猶用其比喻義。"安",字讀爲"焉",包山簡例多見。

凡宫垑於西南之南,凥(居)之貴。【九店48】

按:"垑"字秦簡作"多",並讀爲"簃"。《爾雅·釋宫》"連謂之簃",注:"堂樓閣邊小屋。"此類小屋今江陵農村稱爲"偏屋"或"拖",搭設於正屋兩側或後側,向外坡水。《睡虎地》甲880反:"宇多於西南之西,富。"其説同於楚簡。

☐☐祭室之遂(後),垑於東北之北,安。窖凥(處)南、北,不称(利)人民,凥(處)西北称(利),不称(利)☐;凥(處)西南☐☑【九店49】

按:《睡虎地》甲878反:"宇多於東北之北安。"與上引第二句幾乎全同。簡文"窖"應與"祭室"有關,字讀爲"坎",《説文》:"窖,坎中小坎也。"《左傳》僖公二十五年"坎血加書",杜預注:"掘地爲坎,以埋盟之餘血,加盟書其上。"

《左傳》昭公十三年:"坎用牲加書。"古代盟誓於神靈之前,神位附近必有用牲之坎,知簡文"窞"應是祭室之坎。

　　☐垃於西北不利於子。【九店 50】

《睡虎地》甲 879 反:"宇多於西北之北,絶後。"

　　垃於東南不稱(利)於☐☐【九店 50】

《睡虎地》甲 876 反:"宇多於東南,富,女子爲正。"

　　☐垃於東北之東☐☐☐【九店 51】

《睡虎地》甲 877 反:"宇多於東北,出逐。"文字略可對照。

　　☐脣於室東,日出炅(炙)之,必肉飤(食)㠯(以)飤(食)。籚(廪)㞒(處)西北不吉。㞒(處)是室☐【九店 53】

按:"脣"讀爲"宸",《國語·越語上》"爲弊邑宸宇",韋昭注:"宸,屋霤。"即屋簷也。"脣"上一字已無法辨識,疑是"廡"字。《睡虎地》甲 875 反:"廡居東方,鄉(嚮)井,日出炙其翰,其後必肉食。"炅同"庶",讀爲"炙",包山簡 257"庶雞"即"炙雞"。

所謂"籚處西北不吉",《睡虎地》甲 882 反:"囷居宇西北匜(陋),不利。"《説文》:"囷,廪之圜者。"廪、囷同爲糧倉之名,方爲廪,圜爲囷。

4. 關於"毀棄"

　　☐西北貧。夏三月,啓於北得,大吉。宮正方①,非正中,不吉。萩(秋)三月,俊(作)高㞒(處)於西得☐【九店 54】

按該簡內容與秦簡《日書·毀棄》有聯繫。《毀棄》簡 841:"援夕、刑尸作事南方,紡月、夏夕、八月作事西方,九月、十月、纍月作事北方,膚(獻)馬、中夕、屈夕作事東方,皆吉。"

---

① "宮"字原釋文闕釋,參周波《〈九店楚簡〉釋文注釋校補》,《江漢考古》,2006 年第 3 期,第 87 頁。

楚曆之九月、十月、爨月當夏曆之六月、七月、八月,是夏曆三月作事於北方爲吉,與九店簡"夏三月啟於北得,大吉"相合。

5. 關於"有疾"

九店簡60～71的內容主要是卜問疾病的,簡文中屢見"有疾"字樣,我們姑且以之名篇。

秦簡《日書》簡1052～1077亦是卜疾病的說辭,無篇題。而與之相接的一篇題爲"有疾",秦簡《日書》的編寫者是將1052～1077簡作爲《有疾》的附屬部分處理的。爲敘述的方便,本文亦以"有疾"稱之。

楚簡《有疾》簡已殘斷,字跡多不清晰,報告將殘斷的部分另行編號,因而目前的釋文亦是殘斷的,這給進一步研究帶來不便。那麼能否將殘簡內容復原呢?完全復原看來是不可能的。但如果下一番功夫,可以參照秦簡《有疾》篇作一定程度的復原工作。

復原的客觀依據在於,楚、秦二篇《有疾》均依子、丑、寅、卯、辰、巳、午、未、申、酉、戌、亥的順序,且文例可對照。我們先看九店簡64:

☒☐又(有)☐。唇(辰),朝啟夕閟(閉)。凡五唇(辰),朝〔逃(盜)不〕得,晝得,夕得。目(以)內(入),吉。目(以)又(有)疾,栖(西)少翌(瘥),戌大翌(瘥),死生才(在)子。【九店64】

《睡虎地》乙1060的主幹部分幾乎與上引一段簡文相同,我們將有關文句依次對比如下(表八):

表八 《九店》、《睡虎地》乙"有疾"文句對比之一

九店64	辰	朝啟夕閉	朝逃不得,晝得,夕得	目內
虎乙1060	辰	朝啟夕閉	朝兆不得,夕晝得	以入
吉,目又疾	栖少翌,戌大翌,死生在子			
吉,以有疾	酉少翌,戌大翌,死生在子			

另外,九店簡67與《睡虎地》乙1066亦基本相同。這說明九店簡《有疾》篇的復原拼接可以參照秦簡進行。以下是復原的初步意見。

第四章 《日書》所反映的原始崇拜與民俗

其一

☐得,寅,〔朝〕閟(閉)夕啓。凡五寅,朝☐(九店 62)

☐☐☐☐內(人),吉,㠯(以)又(有)☐(九店 93)

☐☐☐☐疾,午少(小)瘳(瘳),申大瘳(瘳),死生才(在)亥。(九店 73)①

上引三條簡文應是一簡之殘斷,復原並與秦簡對照如次(表九):

表九　《九店》、《睡虎地》乙"有疾"文句對比之二

九店 62+93+73	寅	朝閉夕啟	〔㠯〕內吉,㠯又疾
虎乙 1056	寅	朝啟夕閉	以入吉,以有疾
午少瘳		申大瘳,死生才亥	
午少瘳		申大瘳,死生在子	

對照的結果說明九店 62、93、73 三片可以拼爲一簡。重要的區別僅在於楚簡爲"死生才亥",秦簡爲"死生在子",由於楚簡"亥"字已不清晰,秦簡"子"字已移書於 1077 簡之簡端,因而尚不能斷定"子"、"亥"之正誤。

補充說明:《九店楚簡》第 62 簡的釋文爲:"☐北吉,西㠯(以)行,南又(有)得。寅,〔朝〕閟(閉)夕啓。凡五寅,朝逃(盜)得,晝得,夕不得。〔㠯(以)〕內(人)],吉。㠯(以)又(有)疾,午少瘳(瘳),申大瘳(瘳),死生才(在)☐☐。"②由圖版可知,該簡由報告簡 62、92、73 拼接而成,至於報告簡 93"內吉,㠯又"是否能拼入,有待進一步證明。

其二

☐北得,西䎽(聞)言,南☐☐☐☐☐內。卯,朝閉夕啟。凡〔五卯〕,朝逃得,夕不得☐(九店 63)

☐㠯(以)內(人),必又(有)大☐。㠯(以)又(有)疾,未少(小)瘳(瘳),申大瘳(瘳),死生才(在)丑。(九店 72)

---

① 本節對九店簡《有疾》篇的復原拼接據報告釋文,參湖北省文物考古研究所:《江陵九店東周墓》,北京:科學出版社,1995 年。不過從該書圖版一一八所附照片看,第 73 號簡由二枚斷片拼成,"疾"字之前應是另一斷片,原報告未用符號標明。

② 湖北省文物考古研究所、北京大學中文系:《九店楚簡》,北京:中華書局,2000 年,第 52 頁。

上引二條簡文應相聯編排,試與《睡虎地》乙 1058 比較(表十):

表十 《九店》、《睡虎地》乙"有疾"文句對比之三

九店 63+72	卯	朝閉夕啟	朝逃得,夕不得	目内
虎乙 1058	卯	朝閉夕啟	朝兆得,晝夕不得	以入
必又大□		目又疾,未少翏,申大翏,死生才丑		
必有大亡		以有疾,未少翏,申大翏,死生在亥		

補充說明:《九店楚簡》第 63 簡的釋文爲:"☐北見疾,西吉,南又(有)得。卯,〔朝閟(閉)〕夕啓。凡五卯,〔朝逃(盜)〕得,夕不得。目(以)内(入),必又(有)大死。目(以)又(有)〔疾〕,未少翆(瘻),申大翆(瘻),死生才(在)丑。"由圖版可知,該簡由報告簡 80、65、72 拼接而成。

其三

☐〔朝閉夕〕啟,凡五□□☐(九店 65)

☐翏(瘻),死生才(在)寅。(九店 77)

《睡虎地》乙 1062 之"巳"條有"朝閉夕啟"、"死生在寅"等。只是九店簡 65、77 等殘損嚴重,不少殘片已無法辨識,因此無以補足其他文字。

其四

☐〔凡五〕午,朝逃得,夕不得。目(以)又(有)疾,戌少(小)翏(瘻)☐(九店 66)

☐死生才(在)寅。(九店 78)

以上二殘片可與《睡虎地》乙 1064 相比較(表十一):

表十一 《九店》、《睡虎地》乙"有疾"文句對比之四

九店 66+78	午	朝逃得,夕不得	目又疾,戌少翏	
虎乙 1064	午	朝兆得,晝夕不得	以有疾,丑少翏,辰大翏	
死生才寅				
死生在寅				

兩相比較,知九店簡 66"夕不得"之前脫一"晝"字。"戌少翏","戌"字原簡已殘。就其殘畫看,似應釋爲"丑"字。

第四章 《日書》所反映的原始崇拜與民俗

其五

　　☐〔凡〕五戌，朝☐（九店 70）
　　☐☐辰大羿（瘥），死生才（在）栖（西）。（九店 74）

以上二殘片可與秦簡 1072 相比較（表十二）：

表十二　《九店》、《睡虎地》乙"有疾"文句對比之五

九店 70+74	戌	朝……	……辰大羿	死生在栖
虎乙 1072	戌	朝啟夕閉	卯少羿，辰大羿	死生在西

以上分析了九店簡 64 與《睡虎地》乙 1060，九店簡 67 與《睡虎地》乙 1066 的有關內容基本相同，並以此爲依據，提出了五組簡拼接的初步意見。其餘數簡或文字差異較大，或殘損過甚，只好留待進一步研究。

6. 可資比較的其他簡文

其一

　　習屍朔於營，頣（夏）屍恚（奎），言（享）月胃，頣（夏）欒畢（畢），八月東井，九月☐，十月☐，☐☐☐，獻馬房，各（冬）欒心☐【九店 78】

秦簡《日書·除》篇之首簡（簡 730）："十一月斗，十二月須，正月營，二月奎，三月胃，四月畢，五月東，六月柳，七月張，八月角，九月氐，十月心。"又簡 975～1000 分別記有：正月營室，〔二月〕奎，三月胃，四月畢，五月東井，六月西（柳），七月張，八月角，九月氐、十月心，〔十一月〕斗，十二月婺女。此類記載合於《漢書·律曆志》的《次度》篇。《次度》篇云："諏訾，初危十六度，立春。中營室十四度，驚蟄。（原注）今日雨水，於夏爲正月。"據此，上引"習屍朔於營"，習屍乃夏曆正月，"營"應是"營室"二字合文，原簡或脫合文符。以下闕文或可分別補爲：九月柳，十月張，臭（爨）月角。

由秦簡《日書》簡 730 置於《除》篇之首，可以推知九店簡 78 的編號是有問題的，該簡應是《建除》篇（簡 13～14）之首簡。

九店簡 78 記載了楚曆各月的實際天象，使我們能夠據以確知楚曆夏曆的月次對應關係，這對於歷史年代學的研究具有十分重要的意義。

其二

九店簡 94："☐歲。十月、屈栾、享月☐☐☐遠栾、☐栾☐☐獻馬，䏧尿☐。"

該簡所列楚月名依月序排列，初看莫名其妙。不過此種排列方式屢見於秦簡《日書》，具有一定的規律性。如秦簡《日書·歲》篇（簡 793～796）的月序排列為：

七月 4	紡月 3	夏夷 2	刑夷 1
爨月 8	十月 7	九月 6	八月 5
援夕 12	屈夕 11	中夕 10	獻馬 9

稍加移動，即可得到下面的排列方式：

九月 6	八月 5	爨月 8	十月 7
冬栾 10	獻馬 9	遠栾 12	屈栾 11
夏尿 2	䏧尿 1	夏栾 4	享月 3

上表中的數碼是表示該月的夏曆月序。其中秦簡"刑夷"，即楚簡"䏧尿"；"夏夷"即"夏尿"；"紡月"即"享月"；"七月"即"夏栾"。將上列排列順序作豎行讀，即得以"十月、屈栾、享月"的排列次序。

根據這樣的排列順序，可將九店簡 94 的內容校補如次：

☐歲。十月、屈栾、享月☐，臾（爨）月、遠栾、夏栾☐、八月、獻馬，䏧尿☐

甚至"䏧尿"後還可補上"九月、冬栾、夏尿☐"。這説明楚、秦《日書》互校，可以解決不少釋讀上的問題。

第四章 《日書》所反映的原始崇拜與民俗

補充説明：《九店楚簡》77 簡（原報告第 94 簡）釋文遠優於報告釋文，謹照録如下：

□大（太）歲（歲）：十月、屈柰、亯月才（在）西、夐（爨）月、遠柰、顕（夏）柰才（在）北，獻馬、習屎、〔八月才（在）東，各（冬）〕柰、顕（夏）屎、〔九月才（在）南〕□【九店 77】

即令是以上經改進後的釋文，應進一步調整如下：

□大（太）歲（歲）：十月、屈柰、亯月才（在）西、夐（爨）月、遠柰、顕（夏）柰才（在）北，〔八月〕、獻馬、習屎〔才（在）東，九月、各（冬）〕柰、顕（夏）屎〔才（在）南〕□

其三

九店簡 99：" □柰、屈柰、遠柰，可㠯（以）北逞（徙）□。"原簡 "可"前有殘畫，應是 "不"字。《睡虎地》甲 860："冬三月戊戌不可北。"可證。楚冬柰、屈柰，遠柰三月正當冬季。

九店簡 97："□●（往）上歸死，型示□。""上"乃"亡"字誤書（楚簡"上"、"亡"字形相近）①。《睡虎地》甲 786 反："是謂出亡歸死之日也。""出亡"即"往亡"。

上引二簡應屬於歸行的内容。秦簡《日書》有"歸行"篇。

其四

九店簡 109："□□於人，丁亥又（有）霝，丁巳終亓（其）身，亡□□。"《睡虎地》甲 755："裁衣，丁丑媚人，丁亥靈，丁巳安於身，癸酉多衣。"説明楚簡《日書》亦有裁衣之篇。

結語

一、在目前所能見到的《日書》中，九店楚簡《日書》可以説是最早的版本，

---

① 經筆者重審照片，細繹其筆勢，該字應直接隸定作"亡"。

其中建豰、結陽、相宅、毀棄、歲、歸行、製衣等內容見於秦簡《日書》；爲《日書》研究工作提供了校勘的依據。九店《日書》中亦有後世《日書》未見的內容，這些新的材料豐富了我們對《日書》的認識，拓寬了研究的領域。

二、筆者曾經指出秦簡《日書·除篇》原屬於楚國[①]，今藉九店簡而得到確證。通過以上論述，我們知道秦簡中的楚國《日書》佔有相當大的比例，大大超出了筆者以前的分析。

三、九店楚簡《日書》對於我們認識古書的形成過程具有重要的借鑑意義。秦簡《日書》雖然轉錄了楚簡《日書》中的部分內容，但這種轉錄不是照鈔，而是有所辨正，有所省益，因而是整理性質的轉錄。由九店《日書》已有兼收並蓄的現象，可以斷定秦簡《日書》所錄不止楚、秦《日書》，有可能包括太史公提到的齊、趙等國的《日書》，因而可以說，秦簡《日書》實質上是先秦各種《日書》集大成之彙編。先秦傳鈔的古籍多不署名，原因在於這些作品既非成於一時一地，又非成於一人之手。《日書》是較爲典型的一例，是眾多作者的作品，而且是經過很長歷史時期形成的。先秦兩漢的無名氏之作，包括馬王堆、銀雀山等出土文書，多可作如是觀。

（本文發表於《第三屆國際中國古文字學研討會論文集》，香港中文大學，1997年10月。收入本書有訂補）

[①] 劉信芳：《秦簡中的楚國日書試析》，《文博》，1992年第4期，第49～52頁。

第五章　與神道設教有關的
　　　　竹書釋讀與討論

　　《周易·觀》彖曰:"中正以觀天下。觀盥而不薦,有孚顒若,下觀而化也。觀天之神道,而四時不忒。聖人以神道設教,而天下服矣。"所謂"神道設教",主要是商周時期神權與政權混生的政治教化方式,延續至春秋戰國秦漢。再往後發生質變,本文不予涉及。

　　古人祭祀天地祖先,其中已包含政治教化,早期思想家對此有深刻認識。《荀子·禮論》:"祭者,志意思慕之情也,忠信愛敬之至矣,禮節文貌之盛矣。苟非聖人,莫之能知也。聖人明知之,士君子安行之,官人以爲守,百姓以成俗。其在君子,以爲人道也;其在百姓,以爲鬼事也。"神道設教的本質是以天地山川祖先崇拜來統一人們的思想。《禮記·祭義》:"因物之精,制爲之極,明命鬼神,以爲黔首則,百眾以畏,萬民以服",注:"明命,猶尊名也。尊極於鬼神,不可復加也。"先民敬畏天命,敬畏鬼神,於是帝王自稱天子,發號施令假以神旨,四海賓服。劉勰《文心雕龍》對此有經典性概括:"道心惟微,神道設教。光采玄聖,炳耀仁孝。龍圖獻體,龜書呈貌。天文斯觀,民胥以傚。"

　　出土楚竹書有不少內容與先秦神道設教有關,且與經史相關記載可以互證。試舉例:其一,史載武丁祭成湯,明日,有飛雉登鼎耳而呴,武丁懼,祖己曰:"王勿憂,先修政事。"武丁修政行德,天下咸驩,殷道復興(《史記·殷本紀》)。竹書上博藏五《競建內之》載:"昔高宗祭,又(有)鸙(雉)叿(雊)於僰(彝)前。"其二,《晏子春秋》卷一載齊景公時大旱,景公欲祠河伯,晏子曰:"不可!河伯以水爲國,以魚鱉爲民。天久不雨,泉將下,百川竭,國將亡,民將滅矣。彼獨不欲雨乎?祠之何益!"晏子之語充滿智慧,而在上博藏二《魯邦大旱》中，相關語句則是出於子貢之口，與孔子有關。其三，上博藏四又有一禱旱版本《柬大王泊旱》，楚簡王向聖人之子孫"大翢（宰）晉侯"咨詢泊旱之對策。

考慮到以上三篇竹書對於研究先秦神道設教具有不可替代的價值，謹將歷年所作相關釋讀與討論編爲一章，以就正於博雅君子。

一 竹書所見殷高宗改制與齊桓公藉賦新法

竹書《競建內之》記載殷高宗令行先王之法，執行成湯建立的助法與關市征籍，其助法即竹書《容成氏》所記成湯時的"槫"，其征籍即成湯時的"复（籍）"。時至春秋，齊桓公效法殷高宗朝廟頒政，政令中的"隼浮"可以參照商代的賦稅制度作解釋。

1. 雉呴鼎耳，高宗改制

《上海博物館藏戰國楚竹書（五）》載有《競建內之》與《鮑叔牙與隰朋之諫》兩篇佚書①，其中《競建內之》載有殷高宗的一道政令，涉及成湯至高宗所實行的助法與征籍。《鮑叔牙與隰朋之諫》載有齊桓公法先王所頒佈的一道政令，涉及齊國實行的田賦與關市之征。這兩道政令爲研究商代至東周賦稅制度提供了可靠資料，本文結合典籍中的相關記載討論這兩道政令的內容，並對有關文字的考釋提出看法。

上博藏五《競建內之》：

昔高宗祭，又（有）䳩（雉）䳑（雊）於僮（彝）前②。習（詔、召）祖己而

---

① 馬承源主編：《上海博物館藏戰國楚竹書（五）》，上海：上海古籍出版社，2006年。
② 參陳劍：《談談〈上博（五）〉的竹簡分篇、拼合與編聯問題》，簡帛 www. bsm. org. cn（06/02/19）。"僮"字隸定從季旭昇（《上博五芻議（上）》，簡帛 www. bsm. org. cn（06/02/18））説。楚文字"弓"旁與"人"旁常相混，此字即"彝"字異體。吳王光鑑正用"彝"爲彝器之"彝"。又李天虹《〈上博五〉〈競〉、〈鮑〉篇校讀四則》，簡帛 www. bsm. org. cn06/02/19）引吳王光鑑銘文："台（以）乍（作）弔（叔）姬寺吁宗彝薦鑑，用亯（享）用孝"，郭沫若將"彝"讀作"彝"（郭沫若《由壽縣蔡器論到蔡墓的年代》，《考古學報》，1956年第1期）。

第五章　與神道設教有關的竹書釋讀與討論　　·165·

昏(問)安(焉),曰:'是可(何)何也?'祖已會(答)曰:'昔先君【競建2】
客(格)王,天不見禹(害),墬(地)不生寶(孽),則訴(祈)者(諸)鬼(鬼)
神,曰:天墬(地)盟(明)弃我矣! 近臣不訐(諫),遠者不方(謗)①,則修
諸向(鄉)【競建7】里。含(今)此,祭之得福者也,青(請)量之目(以)嗌
(益?)胥(汲?),既祭之迻(後),安(焉)攸(修)先王之瀍。'高宗命仸
(傅)鳶(説)量之以【競建4】祭,既祭,安(焉)命行先王之瀍(法),癹
(發)古簋(勵、助),行古佐(耤)。癹(廢)佐(耤)者死,弗行者死。不出
三年,櫯(狄)人之怀(附)者七百邦。【競建3】"

這一段簡文的編聯從陳劍説②。讀"怀"爲"附",從李天虹説③。

史載殷盤庚崩,"帝小辛立,殷復衰",曆小乙而武丁立。武丁舉傅説爲
相,殷國大治。武丁祭成湯,明日,有飛雉登鼎耳而呴,武丁懼,祖已曰:"王勿
憂,先修政事。"武丁修政行德,天下咸驩,殷道復興(《史記·殷本紀》)。然
《史記》不言武丁修政之詳,《尚書·高宗肜日》亦是詳於"雊雉",闕武丁修先
王之法的具體内容。可知簡文高宗政令"癹(發)古(故)簋(勵),行古(故)佐
(籍)"云云,可補史書之缺。

所謂"行先王之法",《大戴禮記·少閒》"成湯卒崩,殷德小破,二十有二
世乃有武丁即位。開先祖之府,取其明法,以爲君臣上下之節,殷民更服,近
者説,遠者至,粒食之民昭然明視"④,王聘珍解詁:"先祖,謂成湯也。府,文
書聚藏之所也。明法,成湯所制典法也。"⑤可見殷高宗此次祭祀以後頒佈的
政令,是撥亂反正,恢復成湯的舊制,政令的主要内容是"簋"與"佐"。《詩·
齊風·東方之日》"履我發兮",毛傳:"發,行也。"《商頌·長發》"遂視既發",
鄭箋:"發,行也。"簡文"發"與"行"互文。以上殷高宗政令的大意是:執行先

---

① 《國語·楚語上》:"近臣諫,遠臣謗。"
② 陳劍:《談談〈上博《五》〉的竹簡分篇、拼合與編聯問題》,簡帛 www.bsm.org.cn(06/02/19)。
③ 李天虹:《上博五〈競〉、〈鮑〉篇校讀四則》,簡帛 www.bsm.org.cn(06/02/19)。
④ "殷民更服",王聘珍《大戴禮記解詁》作"殷民更眩",此從文淵閣《四庫全書》本。
⑤ 王聘珍:《大戴禮記解詁》,北京:中華書局,1983年,第220頁。

王之助法,實施先王之征藉。廢征籍者死,弗行助法者死。在此有必要交代一下,簡文"叏古籚"也可理解爲"開故府",如《少閒》"開先祖之府"例,本文不採用這一釋讀。

　　上博藏二《容成氏》36:"當是時,強弱不治(?)諹,眾寡不聽訟,天地四時之事不修。湯乃專,爲征复(籍)以征關市。"後一句整理者讀作"湯乃專爲征复(籍),以征關市",我們改在"專"後斷句,理由容下述。將《容成氏》中的這一段記載與上引殷高宗政令作比較,不難看出殷高宗政令中的"先王之法",應與《容成氏》"湯乃專,爲征复(籍)以征關市"有關。"籚"與"專"相對應,"佐"與"复"相對應。

　　李零讀《容成氏》"复"爲"籍",引中山王方壺"籍斂中則庶民附",銘文"籍"亦作"复"①,其說確鑿可信。《競建内之》中的"佐"亦應讀爲"藉",可依《容成氏》"以征關市"之例解爲關市之征藉。

　　"藉"既爲關市之征,則《競建内之》之"籚",《容成氏》之"專"有可能指田賦。以下謹從制度、文字訓釋、相關簡文三個方面試作說明。其一,從制度看,《孟子·滕文公上》"夏后氏五十而貢,殷人七十而助,周人百畝而徹,其實皆什一也。徹者,徹也。助者,藉也",注:"民耕五十畝,貢上五畝。耕七十畝者,以七十畝助公家。耕百畝者,徹取十畝以爲賦。雖異名而多少同,故曰皆什一也。"助又作"耡"、"萠",《說文》"耡,殷人七十而耡,耡,耤税也。從耒,助聲。《周禮》曰:'以興耡利萌'",段注:"今《孟子》作助,《周禮》注引作萠。"段注又云:"耤税者,借民力以食税也。"《說文》:"耤,帝耤千畝也。古者使民如借,故謂之耤。"耤,經史多作"藉"。是殷人行助法,其實質是助公田以爲田税或者說田賦。後人稱助公田爲"藉",解爲"借",名異而實同也。

　　其二,從文字訓釋來說,"籚"讀爲"勴",勴字《說文》從力從非,盧聲,"助也。"《爾雅·釋詁》:"助,勴也。"是勴與助爲互訓。勴,良倨切,籚從竹盧聲,

---

① 馬承源主編:《上海博物館藏戰國楚竹書(二)》,上海古籍出版社,2002年,第278頁。按:籍應作"藉"。

二字上古音同在魚部來紐①。讀籚爲"勴",在音、義兩方面都是適合的。《容成氏》"尃"上古音在魚部滂紐,與"勴"古讀音近。

其三,"籚"與"侸"的解釋還與以下一段簡文有關,説詳下。

2. 齊桓公法先王,頒藉賦新法

上博藏五《鮑叔牙與隰朋之諫》3、1:

乃命又(有)嗣(司)箸(書)集(藉)浮(賦),老潺(弱)不型(刑),畝縊耑(短)②,田縊長③,百糧(量)筲(鍾)。命【鮑叔牙 3】九月敘(除)迻(路),十月而徒秫(梁)城(成),一之日而車秫(梁)城(成)。【鮑叔牙 1】

"筲(鍾)"是賦税單位。我曾懷疑"集"讀爲"胙","浮"讀爲"酺"④,誤。學者還有幾種解釋,此不具。陳劍曾經將《競建内之》與《鮑叔牙與隰朋之諫》合在一起重新編連,可信。上引《鮑叔牙與隰朋之諫》中的一段簡文是齊桓公在舉行祭祀後發佈的一道政令,彭浩曾指出這一段文字與《管子·霸形》相關記載的聯繫⑤,在《管子·霸形》中,齊桓公"薦之先君","朝於太廟之門","朝定,令於百吏",也是祭祀而後發令。很明顯,齊桓公此次朝廟頒政,以殷高宗祭祀行令爲參照,是典型的法先王,因此,我們也可以考慮以《競建内之》中的"籚"與"侸"作爲《鮑叔牙與隰朋之諫》中的"集"與"浮"的釋讀參照。禤健聰曾疑"箸"後一字讀爲"籍"⑥,可信。浮,似可讀爲"賦"。上博藏三《周易·需》2:"需,又(有)孚。"孚,今本同,《釋文》音"敷",又作"旉",帛本作"復"。《論語·公冶長》"可使治其賦也",《釋文》引魯論作"傅"。簡文"浮"從孚聲,

---

① 若以本文上引經傳"助"爲正字,似乎也可以考慮直接讀"籚"爲"助",助字上古音在魚部崇紐。
② "畝"字考釋參徐在國:《上博五文字考釋拾遺》,簡帛 www.bsm.org.cn(06/02/27)。
③ "縊"、"耑(短)",參陳劍:《談談〈上博(五)〉的竹簡分篇、拼合與編聯問題》,簡帛 www.bsm.org.cn(06/02/19)。何有祖:《上博五〈鮑叔牙與隰朋之諫〉試讀》,簡帛 www.bsm.org.cn(06/02/19)。
④ 劉信芳:《上博藏五試解七則》,簡帛 www.bsm.org.cn(06/03/01)。
⑤ 彭浩:《試説"畝縊短,田縊長,百糧筲"》,簡帛 www.bsm.org.cn(06/04/02)。
⑥ 禤健聰:《上博楚簡(五)零劄(一)》,簡帛 www.bsm.org.cn(06/02/24)。

孚既音"敷",敷與傅諧聲,典籍有賦與傅通用之例,可見讀浮爲"賦"是可以成立的。

《鮑叔牙與隰朋之諫》中的"集"與本文上述"佳"、"巠"相對應,皆讀爲"藉",義指關市之征;"浮"與本文上述"廈"、"専"相對應,分別指田賦與助田。田賦與助田只是周代征稅方式與殷人有差別,實質則皆爲田稅。《管子·霸形》云:"令於百吏,使稅者百一鍾,孤幼不刑,澤梁時縱,關譏而不征,市書而不賦。"也是談到了田稅與關市之征。本文在相關文字的釋讀中將田賦與關市之征區分開,與《管子·霸形》所載齊桓公政令中的有關內容是吻合的。

綜上,竹書《競建內之》載殷高宗祭成湯,因雉雊鼎耳而修先王之法,此乃史家所云以神道設教。高宗由此頒發的政令中涉及殷代施行的助法與關市之征,可與《大戴禮記·少閒》、《孟子·滕文公上》、竹書《容成氏》等有關記載相印證。齊桓公效法殷高宗,災後朝廟頒佈征籍與田賦之法,可與《管子·霸形》有關記載相印證。殷代賦稅制度以其資料匱乏,史家不便多談。今由竹書得以窺其梗概,這對於賦稅史的研究是一件很有意義的事情。

二　上博藏楚簡《魯邦大旱》"踵命"試解

上博藏楚簡《魯邦大旱》簡3~4:

出遇子贛,曰:"賜,尔聞巷路之言,毋乃謂丘之答非歟?"子贛曰:"否殹。吾子若踵命其與(歟)? 如夫政刑與德以事上天,此是哉。若夫毋愛圭璧幣帛於山川,毋乃不可。"①

關於"踵命",李學勤依《説文》解"踵"爲"往來貌",又云:"'命',《爾雅·釋詁》釋爲'告也'。'與',《莊子·大宗師》釋文'猶親也'。'踵命其與',意爲

---

① 馬承源主編:《上海博物館藏戰國楚竹書(二)》,上海古籍出版社,2002年,第203~210頁。本文所引釋文從寬式。

第五章 與神道設教有關的竹書釋讀與討論

往來告其親友。"①廖名春認爲："'重命'是看重禳除旱災的祭祀。"②我們的釋讀有所不同，試説如下。

"踵"字原簡字形從辵童聲，整理者讀爲"重"，已可讀通；不過若依下文循山川之名以求其實的相關内容，應讀爲"踵"。從辵與從足之字多互作，如"迹"之作"跡"，"路"之作從辵各聲之字，帛書《老子》乙 213 行"食税之多"，"税"作從足兌聲之字，而甲本作從辵兌聲之字，據此可知將該字釋讀爲"踵"是合理的。"踵"是追尋的意思，《説文》："踵，追也，從足重聲。一曰往來貌。"李學勤取"踵"之"往來"義，我們在這裏取"踵"之"追"義。《漢書·地理志》："太昊、黄帝之後，唐、虞侯伯猶存，帝王圖籍相踵而可知。"《後漢書·馬融傳》"踵介旅"，注："踵，猶尋也。"

"命"字整理者讀爲"名"，按應依其字讀。"命"與"名"既有聯繫又有區別，《墨子·非攻下》："此譬猶盲者之與人同命白黑之名。""名"是"自命"（《説文》），是事物依其本質特徵而有的名。"命"是人對事物的稱呼。簡文既有"踵命"，又有"待乎名"，看來對"命"與"名"是區別使用的。

"與"字整理者讀爲"歟"，李學勤依其字讀，我們在這裏取整理者的意見。

簡文"踵命"的意思是追尋"山川"之所以稱名，《論語·子路》："必也正名乎。"《荀子·正名》："故知者爲之分别制名以指實。"又："驗之以所以爲有名。"又："必將有循於舊名。"簡文"踵名"猶如"正名"、"循名"，是一種依據事物的名與實來證明事理的方法。

當着魯邦大旱之時，其時一般的處置方法是以圭璧幣帛祈禱於山川，而孔子則提出了"政刑與德"的問題。子贛對老師孔子的主張作了一番闡發，其闡發緊扣"踵命"作推理，我們可以將其中包含的邏輯意義作如下歸納。

首先從"天"的角度説，天之大旱是自然的，這就是"天"。如果"天"的大旱是爲了得到圭璧幣帛，那就不是"天"了。"天"像人一樣有了物欲，那還是甚麽"天"呢？所謂"如夫政刑與德以事上天，此是哉"，意思是説，如您所説以

---

① 李學勤：《上博楚簡〈魯邦大旱〉解義》，《孔子研究》，2004 年第 1 期，第 5 頁。
② 廖名春：《上博藏楚簡〈魯邦大旱〉校補》，《古籍整理研究學刊》，2004 年第 1 期，第 6 頁。

政刑與德奉事上天,這是對的。言外之意,天道是天道,人道是人道,大旱是天老爺管的事情,而老百姓因天旱而餓肚子,才是魯哀公該管該問的事情。

其次從"山川"的角度説,如果踵山川之命(循山川之所以名),那麽山川是沒有欲望的。"若夫毋愛圭璧幣帛於山川,毋乃不可",意思是説,如果以圭璧玉帛祈禱於山川,是不可以的。蓋山川本身即"天"(區别於人道"政刑與德"的自然存在),如天不雨,山川將石焦木枯,水涸魚死,山川若有欲望,其盼雨有甚於人,果真如此,山川就不是原來意義的山川了。簡 4"或(又)必寺(待)乎名乎"是承"踵名"而作的反詰,意思是,哪有必定待乎名(才下雨的山川)呢?①

《禮記·檀弓下》:"歲旱,穆公詔縣子而問然,曰:'天久不雨,吾欲暴尫而奚若?'曰:'天久不雨,而暴人之疾子,虐,毋乃不可與?''然則吾欲暴巫而奚若?'曰:'天則不雨,而望之愚婦人,於以求之,毋乃已疏乎?''徙市則奚若?'曰'天子崩,巷市七日。諸侯薨,巷市三日。爲之徙市,不亦可乎。"鄭注"徙市"云:"徙市者,庶人之喪禮。今徙市是憂戚於旱若喪。"是大旱則體恤民情,如弔民問喪之禮。此與孔子主張遇大旱則修人道之政刑與德的道理相通。蓋祭天舞雩埋璧之類,猶今人所謂"花架子",熱鬧好看,然無助於救災。

至於山川所待之"名",《東坡志林》卷三"太白山舊封公爵"條云:

　　昔余爲扶風從事,歲大旱,問父老境内可禱者,云:"太白山至靈,自昔有禱無不應。近歲向傅師少師爲守,奏封山神爲濟民侯,自此禱不驗,亦莫測其故。"吾方思之,偶取《唐會要》看,云天寶十四年方士上言:"太白山金星洞有寶符靈藥。"遣使取之而獲,詔封山爲靈應公。吾然後知神之所以不悦者。即告太守,遣使禱之,若應,當奏乞復公爵。

祈禱之後,大雨三日,歲大熟。東坡爲作奏檢,詔封山神爲明應公。其事雖晚,亦可作爲山川"待名"之參考。然踵命求實,此山神"明應公"已人格化,

---

① 劉樂賢讀"寺"爲"待",云:"'待乎名',是等到叫名字的意思。在求雨祭儀中,祭祀者必定會叫呼山川之名。"參劉樂賢:《讀上博簡〈民之父母〉等三篇劄記》,簡帛研究網 www.jianbo.org03/01/10。

知道享受供品，知道等級爵位，已非自然之山神也。

《魯邦大旱》"踵命"一辭的釋讀很重要，對"踵命"的不同理解，將直接導致對《魯邦大旱》全篇主旨以及邏輯結構的不同分析。本文的以上解釋不一定正確，希望得到學者的批評指正。

附：上博藏二《魯邦大旱》釋文

魯邦大旱，哀公胃（謂）孔子："子不爲我圖（圖）之？"孔子倉（答）曰："邦大旱，毋乃遴（失）者（諸）型（刑）與惪（德）虞（乎）？唯【1】之可（何）才（哉）？孔子曰：叕（庶）民智（知）敚（說）之事鬼（鬼）也，不智（知）型（刑）與惪（德），女（若）毋悉（愛）珪璧帑（幣）帛於山川，政塦（刑）與☐【2】

出遇子贛曰："賜，而（爾）昏（聞）衖（巷）迨（路）之言，毋乃胃（謂）丘之倉（答）非與（歟）？"子贛曰："否賤（也），虞（吾）子女（如）遑（踵）命亓（其）與（歟）？女（如）夫政塦（刑）與惪（德），㠯（以）事上天，此是才（哉）！女（若）夫毋悉（愛）圭璧【3】

帑（幣）帛於山川，毋乃不可。夫山，石昌（以）爲膚，木昌（以）爲民，女（如）天不雨，石牾（將）爨（焦），木牾（將）死，兀（其）欲雨或（有）甚於我，或（何）必寺（恃）虞（乎）名虞（乎）？夫川，水昌（以）爲膚，魚昌（以）【4】

爲民，女（如）天不雨，水牾（將）沽（涸），魚牾（將）死，兀（其）欲雨或（有）甚於我，或（何）必寺（待）虞（乎）名虞（乎）？孔子曰：於（烏）虐（乎）☐【5】

公剴（豈）不飫（飽）柀（粱）飤（食）肉才（哉）？毀亡（無）女（如）叕（庶）民可（何）。【6】

三　上博藏竹書《柬大王泊旱》聖人諸梁考

上博藏四《柬大王泊旱》記載，楚簡王時的太宰晉侯是"聖人盧良長子"。本文旨在證明：(1)盧良即見於經史之葉公"諸梁"，葉公諸梁曾多次向孔子請教，精通儒學，又力挽狂瀾，平定白公勝之亂，執掌楚國軍政大權，待政局穩定，功成身退，楚國君臣稱譽葉公諸梁爲"聖人"，是完全可以理解的。（2）楚簡王時，葉公諸梁長子襲封爲葉侯，簡文記爲"晉侯"，郭店簡《緇衣》"晉公"，今本《禮記·緇衣》作"葉公"，因而可以考慮釋簡文"晉侯"爲"葉侯"。（3）《禮記·緇衣》葉公顧命語又見於《逸周書·祭公》，學者遂認爲《禮記·緇衣》"葉"應爲"祭"。本文認爲：《禮記·緇衣》葉公顧命與《逸周書》祭公顧命各有所本，二者不是必有一誤的關係。葉公臨終顧命，面對楚國君臣，不自立説，謹引前賢名言表達自己的意思，人臣之禮在焉。楚國君臣將葉公顧命引祭公語記在葉公名下，也是合乎情理的。

上博藏四《柬大王泊旱》公佈以後，受到學術界的重視。簡文記載，楚簡王時的太宰晉侯是"聖人虞良長子"，這位聖人究竟是誰？頗引人矚目。以下我們先録出相關簡文，再試作説解。

王内，昌（以）告安君與令尹子高："卿（暴）爲【7】厶（私）訞（便），人酒（將）芺（笑）君。"陵尹、釐尹皆絅（怡）亓（其）言昌（以）告大剒（宰）："君聖人虞（諸）良（梁）倀（長）子，酒（將）正【19】於君。"大剒（宰）胃（謂）陵尹："君内（人）而語僿（僕）之言於君王，君王之癗（懆）從今日昌（以）瘥（瘥）。"陵尹與【20】釐尹："又（有）古（故）虘（乎）？忨（願）餌（聞）之。"大剒（宰）言："君王元君，不昌（以）亓（其）身叟（變）釐尹之萳（常）古（故），釐尹【21】爲楚邦之櫐（鬼）神宝（主），不敢昌（以）君王之身叟（變）胤（亂）櫐（鬼）神之萳（常）古（故）。夫上帝櫐（鬼）神高明【6】甚，酒（將）必智（知）之。君王之疠（病）酒（將）從含（今）日昌（以）已。"命（令）尹子林餌（問）於大剒（宰）子圼（之）："爲人【22】臣者亦又（有）静（爭）虘（乎）？"大剒（宰）倉（答）曰："君王元君，君善，大夫可（何）兼（永）静（爭）。"命（令）尹胃（謂）大剒（宰）："唯。"【23】酒（將）爲客告，大剒（宰）辻而胃（謂）之："君皆楚邦之酒（將）軍，乍（作）色而言於廷，王事可（何）【17】必三軍又（有）大事，邦豪（家）昌（以）軒輊（輕），社稷（稷）昌（以）迣（坐）與（歟）？邦家大漧（旱），疧（因）臂（咨）智（知）於邦。"【18】

王若，酒（將）鼓而涉之。王夢厽（三）閨未啓。王昌（以）告梪（相）

第五章　與神道設教有關的竹書釋讀與討論　　· 173 ·

屈與中弇(舍)①:"含(今)夕不敦(穀)【9】夢若此,何?"梘(相)屈、中弇(舍)倉(答):"君王尚(當)昌(以)訽(問)大剈(宰)晉侯,皮(彼)聖人之子孫,牂(將)必【10】鼓而涉之,此可(何)?"大剈(宰)進,倉(答):"此所胃(謂)之潇(旱)母,帝牂(將)命之攸(修)者(諸)侯之君之不【11】能訽(祠)者,而罶(刑)之昌(以)潇(旱)。夫唯(雖)母(毋)潇(旱)而百眚(姓)迻昌(以)达(去)邦豥(家),此爲君者之罶(刑)。"【12】

1. "虞良"即"諸梁"説

由簡文可知,楚簡王時的這位太宰是位高權重的資深大臣,楚國君臣遇有大事,即向這位太宰咨詢。

簡文中的以下內容值得重視:

其一,命(令)尹子林訽(問)於大剈(宰)子垕(之)【22】

其二,君王尚(當)昌(以)訽(問)大剈(宰)晉侯,皮(彼)聖人之子孫【10】

其三,陵尹、戴尹皆絧(怡)亓(其)言昌(以)告大剈(宰):"君聖人虞(諸)良(梁)倀(長)子,【19】牂(將)正於君。"

可知此"太宰"名"子垕(之)",被封爲"晉侯",並交代其家世爲"聖人虞良長子"。

經筆者檢索楚惠王、簡王時期的楚國人名,這位被稱爲"聖人"的"虞良"非葉公諸梁莫屬。試説明如下:

首先,從文字釋讀上看,"虞良"與"諸梁"是文字通假的關係。"虞"字從且聲,且、祖古文字通用,上古音在魚部精紐,包山簡 244"虞桓"即俎豆,俎字上古音在魚部莊(照二)紐。諸字在魚部章(照三)紐。於韻同部,於聲則齒音與舌音發音部位相近。可見虞、諸古讀音近,在音理上可以通假。良與梁上古音同在陽部來紐,如《左傳》桓公六年"季梁",《漢書·古今人表》作"季良",

---

① 中弇,陳偉解爲"中謝",或作"中射"。《吕氏春秋·去宥》:"威王好制。有中謝佐制者。"《史記·張儀列傳》"中謝"索隱:"蓋謂侍御之官。"中射見《韓非子·十過》,又《説林上》。參陳偉:《〈簡大王泊旱〉新研》,武漢大學簡帛研究中心編:《簡帛》第 2 輯,上海:上海古籍出版社,2007 年,第 267 頁。

《戰國策·東周策》"大梁造",《史記·商君列傳》作"大良造"。是簡文"良"可讀爲"梁"。

其二,從年代分析,"虘良"既爲楚簡王時的太宰晉侯之父,自與楚惠王同時。史載楚惠王八年(前481年),楚白公勝作亂,襲殺令尹子西、子綦於朝,因劫惠王,置之高府(《史記·楚世家》)①。葉公諸梁平亂,惠王復位。簡文"虘良"與史載葉公諸梁所處年代相當。

其三,從名望與功績來看,"虘良"既被楚國君臣稱爲"聖人",其名望在當時無與倫比,恐怕只有葉公諸梁能當此殊譽。葉公諸梁是楚惠王時期最著名的重臣,又稱爲"葉公子高"。其功績最突出者有:(1)在白公勝作亂之前,葉公諸梁已有預見。《左傳》哀公十六年:"葉公曰:'吾聞勝也,詐而亂,無乃害乎?'子西曰:'吾聞勝也,信而勇,不爲不利,舍諸邊竟,使衛藩焉。'葉公曰:'周仁之謂信,率義之謂勇。吾聞勝也,好復言,而求死士,殆有私乎?復言,非信也。期死,非勇也。子必悔之。'弗從。召之,使處吳竟,爲白公。"子西不聽葉公諸梁之言,最終釀成大禍,臨死掩面,以其無顔見葉公也。從葉公諸梁事前預言來看,其思想之深刻、分析之縝密、識見之英明,已是躍然紙上。(2)在白公勝作亂之時,葉公諸梁能正確選擇平亂時機。《左傳》哀公十六年載,在白公已劫楚惠王,楚國面臨危難的情況下,"葉公在蔡,方城之外皆曰:'可以入矣。'子高曰:'吾聞之,以險徼幸者,其求無饜,偏重必離。'聞其殺齊管脩也,而後入",杜預注:"管脩,楚賢大夫,故齊管仲之後。聞其殺賢,知其可討。"白公勝既然能夠殺令尹,劫楚王,其政治軍事實力自不可小視。葉公諸梁待其盡失民心之時才出兵,可見葉公諸梁不僅是一位出色的政治家,而且還是一位善操勝券的軍事家。(3)葉公諸梁進軍之時,能順從民心,善於分化瓦解對方。《左傳》哀公十六年:"葉公亦至,及北門,或遇之曰:'君胡不胄?國人望君,如望慈父母焉。盜賊之矢若傷君,是絶民望也。若之何不胄?'乃胄而進。又遇一人曰:'君胡胄?國人望君,如望歲焉。日月以幾,若見君面,是得艾也。民知不死,其亦夫有奮心,猶將旌君以徇於國。而又掩面以絶民

---

① 關於楚白公勝作亂的年代,梁玉繩考訂爲楚惠王十年。

望,不亦甚乎?'乃免冑而進。"魯國史官記載如此之詳,褒獎在其中,有如杜預注所謂"言葉公得民心"。又:葉公"遇箴尹固,帥其屬將與白公。子高曰:'微二子者,楚不國矣。(注:"二子,子西、子期也。")棄德從賊,其可保乎?'乃從葉公。使與國人以攻白公,白公奔山而縊"。欲從白公者既已反戈,則軍事勝負已定。(4)不居功。葉公諸梁平亂以後,兼領令尹、司馬二職,軍政大權集於一身。楚國安寧以後,"國寧,使寧爲令尹,使寬爲司馬,而老於葉"(《左傳》哀公十六年)。葉公諸梁功成身退,可謂《老子》遺言之實踐者。

葉公諸梁曾問政於孔子,孔子曰:"近者説,遠者來。"(《論語・子路》)出使齊國,向孔子請教(《莊子・人間世》)。《國語・楚語下》:"子高曰:不然,吾聞之曰:唯仁者可好也,可惡也,可高也,可下也。好之不偪,惡之不怨,高之不驕,下之不懼。"其所聞近夫子語。既親預聖人孔子之席,又有安邦定國之偉業,宜乎楚人譽爲"聖人"也。

2. 關於"晉侯"與"葉公","葉公"與"祭公"文字之異

以上我們解簡文"虞良"爲"諸梁",楚簡王時太宰爲虞良(諸梁)之長子,應是襲封於葉,稱爲"葉侯"(或葉公),何以簡文記太宰爲"晉侯"?

首先應該指出:就目前能夠見到的楚史文獻(包括出土資料),"晉侯"這一爵稱是很難得到解釋的。楚國封君多稱"君",亦有稱"公"(如魯陽公)、稱"侯"(如州侯、夏侯、陰侯)之例①,爵等前的用字皆爲地名,就筆者所作的檢索而言,楚地縣級以上地名尚未發現名"晉"者。

楚簡"晉",經典或作"葉",目前僅見一例。郭店簡《緇衣》:

晉公之䪻(顧)命員(云):母(毋)䛒(以)小愳(謀)敗大【22】惪(作),毋䛒(以)卑御息(疾)妝(莊)句(后),毋䛒(以)卑士息(疾)大夫、卿事(士)。【23】

晉公,上博藏一《緇衣》12 作"䅫公"。今本《禮記・緇衣》作"葉公",鄭玄

---

① 州侯、夏侯見於《戰國策・楚策》,陰侯見於包山楚簡 51、132。君、公、侯容有等級之差,然就分封制度的研究而言,則可歸爲封君一類。

注:"葉公,楚縣公葉公子高也。臨死遺書曰顧命。"疏:"葉公,楚大夫沈諸梁也。字子高,爲葉縣尹,僭稱公也。"孫希旦《禮記集解》:"葉當作祭","祭公之顧命者,祭公謀父將死告穆王之言也。今見《逸周書·祭公解篇》。"①《逸周書·祭公》:"汝無以嬖御固莊后,汝無以小謀敗大作,汝無以嬖御士疾大夫卿士,汝無以家相亂王室而莫恤其外。"孫希旦説不可謂無據,但否定《禮記·緇衣》之"葉公",則未必妥當。

郭店簡《緇衣》公佈以後,學者多依據孫希旦説作解。如李學勤認爲:"公"前一字應隸定爲"䣑","䣑公"即"祭公"②。拙稿《郭店簡〈緇衣〉解詁》從其説③。陳高志解"祭"、"晉"爲雙聲通假④。亦有學者依據今本《緇衣》解"晉公"爲"葉公",對晉、葉文字之異取謹慎態度。如劉釗云:"'晉'爲何今本作'葉'原因不明。"⑤

由於目前能夠見到的楚系簡文晉以及從晉之字已有數十例,上引簡文"晉"字的隸定不會有太大的問題⑥。關於通假説,"祭"、"晉"二字韻部不近,通假的條件尚不充分,也缺乏旁證。在這種情況下,今本《緇衣》"葉"以及鄭注孔疏是不足以被否定的。至於有學者解"葉"爲誤字,鄭注爲誤説,可不置論。簡單地説,《禮記·緇衣》之"葉公"以及《逸周書》之"祭公"不能看作必有一誤,而應該看作各有來源。

如果本文以上解上博藏四《柬大王泊旱》中的"晉侯"爲"葉侯"有可資參考的成分,那麼楚簡"晉"作"葉"解就有可能不是孤例。若要做進一步解説,尚有待更充分的辭例。

---

① 孫希旦:《禮記集解》,北京:中華書局,1989年,第1327頁。
② 李學勤:《釋郭店簡祭公之顧命》,《文物》,1998年第7期,第44~45頁;《中國哲學》第20輯,瀋陽:遼寧教育出版社,1999年,第335~338頁。
③ 劉信芳:《郭店簡〈緇衣〉解詁》,《郭店楚簡國際學術討論會論文集》,武漢:湖北人民出版社,2000年,第172頁。
④ 陳高志:《〈郭店楚墓竹簡·緇衣篇〉部分文字隸定檢討》,張以仁先生七秩壽慶論文集編輯委員會編:《張以仁先生七秩壽慶論文集》,臺北:臺灣學生書局,1999年。
⑤ 劉釗:《郭店楚簡校釋》,福州:福建人民出版社,2003年,第59頁。
⑥ 郭店簡《緇衣》22"晉公"之"晉"與簡10"晉冬"之"晉"小有不同。

學者已指出今本《緇衣》引葉公"顧命"的内容又見於《逸周書·祭公》，文字大同小異。何以葉公顧命與祭公顧命同一辭説？這個表面看來矛盾的問題其實可以作説明。葉公曾多次向孔子請教，出言不凡，是精通儒學的。奉命使齊，"朝受命而夕飲冰"，深恐"爲人臣者不足以任之"（《莊子·人間世》），是謹慎且忠實於職守的。臨終顧命，面對楚國君臣，不自立説，謹引前賢名言表達自己的意思，人臣之禮在焉。古人没有著作權概念，楚國君臣將葉公顧命引祭公語記在葉公名下，是可以理解的。

　　附帶説一下，《莊子·人間世》"葉公諸梁"成玄英疏："名諸梁，字子高。"釋文同。而上引簡 19 記載陵尹、䣛尹告大剸（宰）云："君聖人虞良倀（長）子。"由於陵尹、䣛尹不可能當面直呼太宰之父名，則葉公應是名子高，字諸梁。

第六章　生肖的起源及文化屬性

本文討論以下問題,1.生肖的屬性、定義。生肖本質上屬於古代數術,是曆法和占卜的混生形式,同時又是一種文化現象。十二生肖、《爾雅》十二月名(包括楚帛書十二月名)與十二支同屬於物名紀月的範疇。2.生肖的起源。典籍中有關生肖的最早記載只能推到東漢,依據《楚帛書》、秦簡《日書》,生肖的起源至少可以推至戰國晚期。十二支是最爲古久的,其起源可能與黃道十二宮之星象有關,有關這一問題的研究自郭沫若《釋干支》一文以後,尚未有大的突破。《爾雅》十二月名曾經是千古之謎,但自從楚帛書出土以後,經學術界七十餘年的討論,目前已確知是物候曆月名。3.生肖形成的語言學因素。從語言學的角度看,以鼠、牛、虎、兔等十二生肖代替十二地支,具有一定的必然性。生肖從產生到定型經歷了漫長的過程,如"午"的肖形動物曾經是鹿,"辰"的肖形動物曾經是"虫","未"的最初所屬之禽爲馬,"戌"的最初所屬之禽爲"羊"等等。經過了相當漫長的時期,最後才固定爲今天的十二生肖。這一演變的過程值得認真分析,如楚人稱駿馬爲"騅",《史記·項羽本紀》,"有美人名虞,常幸從;駿馬名騅,常騎從。""騅"、"未"古代讀音甚近,秦簡《日書》:"未,馬也。"這實際上反映了楚人關於十二禽的説法。

一　甚麼是生肖

甚麼是生肖？這個問題看起來簡單,但要真正説清楚又很不容易。對於生肖的一般理解是:生肖,又稱"十二生肖"、"十二屬"、"十二屬相",就是用十

二種肖形動物代替地支,其配屬關係如次:

十二地支　子　丑　寅　卯　辰　巳　午　未　申　酉　戌　亥
十二生肖　鼠　牛　虎　兔　龍　蛇　馬　羊　猴　雞　狗　豬

生於子年者屬鼠,生於丑年者屬牛,依次類推。由於十二地支與十天干相配而成六十甲子,週而復始,成爲紀年的工具,因而每一個中國人都因自己的生年而與某一種動物相屬。

但以上僅僅只是對生肖的描述性解釋,遠非嚴格的定義。

我們知道,十二地支是抽象的、枯燥的,當着我們說某人生於子年,某人生於未年之時,"子"、"未"除了紀年的意義之外,就很少有人知道它的本義。十二生肖則是生動的、形象的,當着我們說某人屬鼠,某人屬羊時,人們往往會據此說某人會有甚麼樣的性格特徵,和甚麼人相處則相生,和甚麼人相處則相克;甚麼日子辦事爲吉,什麼日子辦事爲不吉等等。十二地支僅僅只是傳統曆法學的計算單位,而十二生肖則具有豐富的內涵,這是生肖與地支的不同之處。也就是說,十二生肖並不是簡單地代替十二地支。

從生肖的起源看,現在的鼠、牛、虎、兔等十二生肖最初並不是固定的,如"午"的肖形動物曾經是鹿,"辰"的肖形動物曾經是"虫",等等。經過了相當長的歷史時期,最後才固定爲今天的十二生肖。

如果要給生肖下一個定義,我們首先要理清生肖的起源問題,生肖的形成過程,生肖的文化意義,還有一個重要的問題——即生肖的文化屬性問題。我們只有在討論上述問題以後,才有條件給"生肖"以準確的界說。

二　有關生肖的早期歷史記載

在未有考古發現之前,人們一般認爲有關生肖的史書記載,最早見於東漢王充所著的《論衡》。《論衡·物勢篇》稱十二生肖爲"十二辰之禽",並有以下一段十分有價值的記載:

　　且五行之氣相賊害,含血之蟲相勝服,其驗何在?曰:寅,木也,其禽虎也;戌,土也,其禽犬也;丑、未亦土也,丑禽牛,未禽羊也。木勝土,故犬與牛、羊爲虎所服也。亥,水也,其禽豕也;巳,火也,其禽蛇也;子亦水也,其禽鼠也;午亦火也,其禽馬也。水勝火,故豕食蛇;火爲水所害,故馬食鼠屎而腹脹。曰:審如論者之言,含血之蟲,亦有不相勝之效。午,馬也;子,鼠也;酉,雞也;卯,兔也;水勝火,鼠何不逐馬?金勝木,雞何不啄兔?亥,豕也;未,羊也;丑,牛也;土勝水,牛、羊何不殺豕?巳,蛇也;申,猴也;火勝金,蛇何不食獼猴?獼猴者,畏鼠也;齧獼猴者,犬也。鼠,水也;獼猴,金也;水不勝金,獼猴何故畏鼠也?戌,土也;申,猴也;土不勝金,猴何故畏犬?

《物勢篇》所記十二辰之禽,所缺唯龍,但《論衡·言毒篇》云:"辰爲龍,巳爲蛇。"將二篇所述結合起來,十二禽配十二地支,與後世十二生肖完全相同。

《論衡》所記十二辰之禽,有以下重要意義:

其一,近二千年來,在人們所能見到的歷史文獻中,這是最早的生肖記載。儘管考古發現揭示遠在東漢以前,已有十二生肖的萌芽,但由於這一套東西是數術家的發明,原本是用來趨福避禍,選吉棄凶的,故正統的歷史學家、文學家、思想家都極少談到這些東西。加上秦始皇焚書的影響,於是在東漢以前的典籍中幾近絕跡,僅僅只是流傳於民間。《史記·日者列傳》云:"古者卜人所以不載者,多不見於篇。"説的就是這種情況。王充作爲唯物主義思想家,疾虛妄,闢邪説,在批判這一套東西的同時竟保存了"十二辰之禽"的珍貴資料,這是王充所始料不及的。

其二,王充記載的"十二辰之禽"已與五行相配,由五行的相生相克而產生了十二禽的相生相克,既已有"犬與牛、羊爲虎所服"之類的説法,則當時民間一定這樣認爲,屬犬者與屬牛、羊者必爲屬虎者所服。這勢必影響到婚喪嫁娶、交友擇鄰之類的社會行爲。這就説明十二禽在東漢已經具有了文化學的内涵,已經是很成熟的生肖概念了。

東漢另一學者蔡邕亦曾論及"十二辰之禽",詳下文所述。晉代精通神仙方術之學的道教思想家葛洪,曾在他的主要著述《抱朴子》中記載了有關生肖的資料。與王充不同,葛洪對民間流傳的"十二辰之禽"的有關説法不僅篤信不疑,而且還有所創造,將十二辰之禽名作爲入山禁避的法術,《抱朴子·登涉》云：

> 山中寅日，有稱虞吏者，虎也；稱當路君者，狼也；稱令長者，老狸也。卯日稱丈人者，兔也；稱東王父者，麋也；稱西王母者，鹿也。辰日稱雨師者，龍也；稱河伯者，魚也；稱無腸公子者，蟹也。巳日稱寡人者，社中蛇也；稱時君者，龜也。午日稱三公者，馬也；稱仙人者，老樹也。未日稱主人者，羊也；稱吏者，麞也。申日稱人君者，猴也；稱九卿者，猿也。酉日稱將軍者，老雞也；稱捕賊者，雉也。戌日稱人姓字者，犬也；稱成陽公者，狐也。亥日稱神君者，豬也；稱婦人者，金玉也。子日稱社君者，鼠也；稱神人者，伏翼也。丑日稱書生者，牛也。但知其物名，則不能爲害。

《登涉篇》主要講授登山涉水之時，禁避鬼怪禽獸爲害的道法。十二辰之禽經葛洪如此發揮，再加上《抱朴子》被後人當作道教經典，於是十二禽便增加了一套道家稱名，即虎爲虞吏，兔爲丈人，龍爲雨師，蛇爲社中寡人（亦即社主），馬爲三公，羊爲主人，猴爲人君，雞爲將軍，犬爲宗伯①，豬爲神君，鼠爲社君，牛爲書生等等。這些稱名一般都包含有歷史傳說的因素，如古人認爲龍能興雨，故爲雨師；雞英武善鬥，故爲將軍；社中之鼠，熏之不可，灌之不得，悠悠然享受供品，儼然爲社君。

十二辰之禽在道教經典裏受到如此禮遇，大大豐富了生肖的宗教內涵。

三　秦簡《日書》將生肖的起源大大推前

1975年，湖北雲夢睡虎地出土秦簡《日書》②，使人們對生肖起源有了新的認識。

《日書·盜者》篇（827反—816反）：

---

① 掌姓氏，辨名字爲古代宗伯職守之一。《國語·楚語下》："使名姓之後，能知四時之生……氏姓之出，而心率舊典者，爲之宗。"宗即宗伯。
② 雲夢睡虎地秦墓編寫組：《雲夢睡虎地秦墓》，北京：文物出版社，1981年。

子,鼠也。盜者兌(銳)口,希(稀)須,善弄手,黑色,面有黑子焉,疵在耳。臧(藏)於垣内糞蔡(柴)下。多〈名〉鼠、鼷、孔、午、郢。
……

是説子屬鼠,逢子日被盜,盜者具有鼠的特徵,如銳口、稀鬚等,其行蹤亦與鼠相類,應藏在垣牆以内糞柴之下。盜者名爲鼠、鼷、孔、午、郢等。

該篇十二地支與所屬之禽的對應關係是:

子 丑 寅 卯 辰 巳 午 未 申 酉 戌 亥
鼠 牛 虎 兔 ? 蟲 鹿 馬 環 水 老羊 豕

其中"蟲"即指"蛇","環"與"猿"通,古人視猿爲猴類,"水",此讀爲"隹"(音追),釋爲"雉",即野雞。下文"十二生肖形成的語言學因素"將要詳細分析這些問題。

尚存之疑問在於,《日書》未言明"辰"所屬之禽,只是説:"辰,盜者男子,青赤色,爲人不穀(穀)……"細心的讀者可能已經發現,本文上引王充《論衡・物勢》於"辰"亦略而不述,東漢另一學者蔡邕在《月令問答》中論及"十二辰之禽",亦未談及"辰"之所屬,説明這一現象不是偶然的。古人以龍爲天子的象徵,大約秦漢數術家不敢妄加比附,以避殺身之禍。倘若《日書》的作者如此記述:"辰,龍也。盜者男子……"恐怕就會惹出麻煩。

1986年,甘肅天水放馬灘墓葬中出土了一批《日書》竹簡①。其中關於卜盜的一組簡與睡虎地簡《日書・盜者》類似,只是各地支所屬之禽略有不同,其對應關係如下:

子 丑 寅 卯 辰 巳 午 未 申 酉 戌 亥
鼠 牛 虎 兔 虫 雞 馬 羊 石 雞 犬 豕

其中既有"酉雞",又有"巳雞","巳雞"應是書寫有誤。關於"申石",簡甲38:"申,石殹。盜從西方,禹在山谷,爲人美、不佺。名曰環,遠所殹。不得。"原簡"石"字不清晰,整理者釋爲"矣",或釋爲"石",茲從復旦讀書會釋文②。

---

① 甘肅省考古文物研究所:《天水放馬灘秦簡》,北京:中華書局,2009年。
② 復旦讀書會:《天水放馬灘秦簡〈日書・盜篇〉研讀》,www.gwz.fudan.edu.cn 2009-10-24。

第六章　生肖的起源及文化屬性

　　1999年,湖北隨州漢墓出土的《日書》竹簡①,曆日簡可推至漢景帝二年,竹簡《日書》的抄成年代可推至漢初。其中《盜日》②篇與上引兩種《日書·盜者》相類,各地支所屬之禽又有所不同,其對應關係如次:

子　丑　寅　卯　辰　　巳　午　未　申　　酉　　戌　　亥
鼠　牛　虎　兔　虫水　虫　鹿　馬　玉石　水日　老火　豕

　　其中"辰"所屬第371號簡整理者的釋文爲"辰,〔蟲〕也",是有問題的。原簡"辰"下所存字形左部筆畫有殘損,"蟲"是整理者依據殘存筆畫所擬補。該簡寬約0.9釐米,上段殘寬0.65釐米,參考第372號簡"虫"以及第377號簡"水"之字形作復原分析,可知"辰"下爲"虫水"二字,釋文應作"辰,虫,水也",或"辰,虫水也"。虫,"虺"之初文,《楚辭·天問》"雄虺九首,儵乎焉在",王逸章句:"虺,蛇別名也。"蛇,俗稱"小龍",《説文》:"龍,鱗蟲之長。"龍出於神話,常居於水(參上文所引《抱朴子·登涉》龍爲雨師)。因此簡文"辰,虫,水也"可以理解爲"辰,龍也"。

　　簡370"卯,鬼也",整理者注:"'鬼'系'兔'字之訛。"可信。

　　簡375"申,玉石也",玉石未詳。整理者注:"睡虎地秦簡《日書》甲種作'環',整理小組讀作'猨',同'猿'。'玉石'或由'環'轉訛。"

　　簡377"戌,老火也",上引睡虎地秦簡《日書》作"老羊"。

　　很明顯,天水放馬灘《日書》十二禽更接近東漢王充《論衡》所述"十二辰之禽"。放馬灘簡的時代一説屬秦代,一説屬漢代③,僅從兩種《日書》的內容看,放馬灘《日書》十二禽介於睡虎地秦簡《日書》與《論衡》十二禽之間,其時代應在秦末或西漢初年。

　　睡虎地秦簡《日書》、放馬灘秦簡《日書》、孔家坡漢簡《日書》以肖形動物描寫相應地支盜者的形象,已具生肖雛形,説明生肖的起源至少可以推到戰

---

①　湖北省文物考古研究所、隨州市考古隊:《隨州孔家坡漢墓簡牘》,北京:文物出版社,2006年。

②　"盜日"書於第367號簡端,是原簡自有篇名。

③　天水放馬灘1號墓發掘者何雙全認爲是秦墓,而薛英群《居延漢簡通論》(甘肅教育出版社,1991年,第2頁)認爲是西漢初期墓葬。從該墓所出器物來看,較雲夢睡虎地秦墓及龍崗6號秦墓的時代爲晚,應是秦末或西漢初墓葬。

國晚期,這是依據傳世文獻所得不到的認識。出土文獻中僅有《日書》記載十二辰之禽,說明生肖是數術家的發明。由秦簡《日書》和漢簡《日書》中十二禽的不同記載,可知十二生肖於秦漢之際尚未固定下來,到東漢才逐漸定型。生肖從起源發展到約定俗成,經歷了漫長的歷史時期。

四　楚帛書十二神祇圖與物名紀月

三十年代(一説四十年代),湖南長沙子彈庫楚墓出土了一幅非常珍貴的帛書,學者們稱爲《楚帛書》①。該帛書分甲、乙、丙三篇,甲、乙二篇論述天地的起源,日月、四神以及其他諸神的起源以及因災變而產生的天地變化等。丙篇分佈於帛書四周,由十二神祇圖、十二月名及記述各月吉凶宜忌的文字組成。十二神祇圖與十二月名的分佈具有方位、季節的意義。

李學勤曾經指出,帛書十二月名即《爾雅》十二月名②。筆者曾撰有《中國最早的物候曆月名——楚帛書月名及神祇研究》③,具體分析了十二月名與神祇圖的關係,指出帛書司春、司夏、司秋、司冬之四神即古書中記載的司春、司東方之神句芒;司夏、司南方之神祝融;司秋、司西方之神蓐收;司冬、司北方之神禺強。而其餘八月之神則與古代物候動物崇拜有關,見下表:

表十三　楚帛書十二神祇與十二生肖

月份	正	二	三	四	五	六	七	八	九	十	十一	十二
地支	寅	卯	辰	巳	午	未	申	酉	戌	亥	子	丑
帛書十二月名	取	女	秉	余	欲	虞	倉	臧	玄	昜	姑	荼
動物原形及四季神名	獺	駕	句芒	蛇	鳩	祝融	鷹	螳螂	蓐收	狼	鹿	禺強
十二生肖	虎	兔	龍	蛇	馬	羊	猴	雞	狗	豬	鼠	牛

---

① 參饒宗頤、曾憲通:《楚帛書》,中華書局香港分局,1985年。
② 李學勤:《補論戰國題銘的一些問題》,《文物》,1960年第7期,第67～68頁。
③ 劉信芳:《中國最早的物候曆月名——楚帛書月名及神祇研究》,《中華文史論叢》第53輯,上海:上海古籍出版社,1994年,第75～107頁。

帛書神祇圖是對各月神名的圖解，這些亦獸亦人，亦人亦神的名稱，實際成了各月的代月名，是古代物名紀月最生動的例證。關於"物名紀月"，湯炳正說：

> 我們認為，在文字還沒有出現以前的遠古時代，應當有過"物名紀月"的時期，在這個時期，人們用具體的動物名稱標記抽象的月數次序。迨文字產生以後，才選取十二個與物名有聯繫的文字以代替"物名紀月"，即現在的十二支。[①]

湯炳正認為十二支本身即起源於物名紀月，這是完全正確的。只是十二支的使用年代相當古久，甲骨文中已出現干支表，可推知十二支在商代以前已用過相當長的時期[②]。時至春秋戰國，已經很少有人知道十二支的本始義，也就是說，十二支已經抽象化了，成了純粹的曆法計算單位，而此時出於宗教或巫術活動的需要，數術家又推衍出了十二生肖。

從本質上說，十二生肖屬於物名紀月的範疇，二者之間是屬種關係的概念，就好比楚帛書十二月名、《爾雅》十二月名、十二支都屬於物名紀月一樣。目前要討論物名紀月的起源，亦即弄清十二支的本始意義，是十分困難的，在某種意義上幾乎是不可能的，這個問題只好闕疑。但要弄清楚已有十二支的情況下，流行於中國乃至東南亞地區的"十二生肖"的起源問題，則是有可能的。

五　十二生肖形成的語言學因素

從語言學的角度看，以鼠、牛、虎、兔等十二生肖代替十二支，具有一定的

[①] 湯炳正：《試論"寅"字的本義與十二支的來源》，《江漢論壇》，1983年第8期。該文後由作者收入《語言之起源》，臺灣貫雅文化事業有限公司，1990年，第187～217頁。

[②] 郭沫若曾於1929年作有《釋干支》一文（《郭沫若全集》考古編第一卷），試圖將十二支與古巴比倫黃道十二宮作對比分析，郭氏云："十二肖像于巴比倫、埃及、印度均有之，然均不甚古，疑中亞細亞古民族之稍落後者，如月支、康居之類仿十二宮象之意而為之，故向四週傳播也。"郭沫若認為十二支與黃道十二宮之星象有關，是具有再研究價值的卓越見解。但認為十二生肖是漢武帝時由巴比倫傳入的說法則已經過時。

必然性。也就是説，並不是甚麽動物都可以作爲生肖的，只有那些名稱與十二地支在字形與讀音方面具有一定聯繫的動物，數術家可以據此附會説辭，才有可能入選爲肖形動物之列，古代數術家在向問卜者解説吉凶禍福時，往往據其姓名與生辰八字的文字結構、讀音等進行種種附會，常見於街頭算命攤的拆字遊戲即屬此類。十二生肖的形成過程也是如此。需要説明的是，當我們在分析十二地支與十二生肖在字形、讀音、釋義方面的種種聯繫之時，這種聯繫亦多出於附會，因而並不具有普遍的語言學研究價值。只是爲了探索十二生肖的起源，我們需要從數術家的角度還原其比附過程。惟有如此，我們才能對十二生肖的來龍去脈有個合乎實際的瞭解。

以下我們按十二地支的順序，逐次進行分析。

子鼠 "子"之所屬動物爲鼠，古今無異辭。"鼠"，秦簡多與"予"相通，如睡虎地秦簡954："可取不可鼠。""鼠"即爲"予"之假借，"予"與"子"在秦簡中字形相近。從訓詁學的角度看，"予"在古代爲第一人稱代詞，《爾雅·釋詁》："予，我也。"《禮記·中庸》："人皆曰予知。"《史記·仲尼弟子列傳》："宰予字子我。"由此看來，"鼠"與"予"讀音相通，而"予"與"子"字形相近，大約數術家就是因爲這些聯繫，附會出"子"的肖形動物爲"鼠"。

1978年，河北平山縣戰國中山王墓出土了一批銅器，其中銅方壺銘文之中有這樣一句話："曾亡（無）鼠（一）夫之（救）。"①其中"鼠"字各家皆釋爲"一"。湯炳正解釋説："當時周以建子之月爲歲首，'子月'爲全年的第一個月，'子'字又爲十二支字的第一個字，而在'物名記月'的舊習還沒有完全消失的中山國，可能還有稱周的正月爲'鼠月'的。反映在文字結構上，他們在'一'字傍邊加了'鼠'字作爲意符，以强化'一'字的意義，這是完全可以理解的。"②如此看來，以"鼠"作爲"子"的肖形動物，無論在字形的聯繫，還是在字義的訓釋上，都具有一定的必然性。

---

① 朱德熙、裘錫圭：《平山中山王墓銅器銘文的初步研究》，《文物》，1979年第1期，第42～52頁。

② 湯炳正：《試論"寅"字的本義與十二支的來源》，湯炳正：《語言之起源》，臺灣貫雅文化事業有限公司，1990年，第187～217頁。

丑牛 《説文》："丑，紐也。"《史記·律書》、《漢書·律曆志》、《釋名》皆同此説。"紐"與"牛"古讀音相近，"羞"字從"丑"得聲，亦與"牛"讀音相近。需要再次補充説明的是：數術家以"丑"所屬之禽爲"牛"，最初是出於音近附會，並非通假。

寅虎 金文中"寅"之字形本象虎形，關於這一點，湯炳正論之甚詳。從字形來看，"寅"又有"虎紋"的含義，《左傳》定公八年杜預注："中行文子，荀寅也。"名"寅"而字"文子"，此"文"即指虎紋。此外楚國鬬榖於菟字"子文"，楚人名虎爲於菟；《左傳》僖公二十八年"王子虎"字"文公"，皆其證。

卯兔 《説文》解"卯"字"象開門之形"，朱駿聲《説文通訓定聲》："卯，門兩扉開也。從二戶，象開闢之形。門從二戶相向，卯從二戶相背，古文象柴門桑戶形。""卯"字既從二戶，而"戶"、"兔"二字古音同在魚部。古人認爲，月中有兔，楚人稱爲"顧兔"，《楚辭·天問》："夜光何德，死則又育？厥利維何，而顧兔在腹？"顧字從雇聲，雇正從戶得聲。考慮到雲夢睡虎地秦簡中已有"卯，兔也"的説法，雲夢原屬楚地，則以卯所屬之禽爲兔，很可能是由楚人的語言習慣中派生出來的。

辰龍 甲骨文中"辰"字頗似蟲形。天水放馬灘秦簡《日書》："辰、虫也。"即從字形而加以附會。《説文》："龍，鱗蟲之長。"亦以龍爲蟲類。

巳蛇 睡虎地秦簡《日書》："巳，蟲也。盜者長而黑，蛇目，黄色，疵在足，臧（藏）於瓦器下。"從《日書》所述的實際內容看，簡文中"蟲"實指蛇。《説文》："巳爲它，象形。""它"即"蛇"之初文。段玉裁注："巳不可像也，故以蛇像之。蛇長而冤屈曲尾，其字像蛇。"甲骨文、金文之"巳"，皆頗具蛇形。《楚帛書》四月的神祇圖爲蜥蜴，而古代視蜥蜴爲蛇類，説明四月地支巳之肖形動物爲蛇，《楚帛書》已肇其端。

午馬 "午"的最初肖形動物爲鹿，其演變爲馬應是秦代末年以後的事情。睡虎地秦簡《日書》："午，鹿也。"而天水放馬灘秦簡《日書》云："午，馬也。"説明在秦末漢初，午的肖形動物已經由鹿變馬。值得注意的是，孔家坡漢簡《日書》373"午，鹿也"，與睡虎地秦簡《日書》同。筆者曾經指出，睡虎地秦簡《日書》有相當一部分內容錄自楚國《日書》①，由此不難看出，以午的肖形動物爲鹿，原出於楚地之說。即令到了秦末漢初，原屬秦地的生肖說已改鹿爲馬，而原屬楚地如今湖北隨州等仍然沿襲舊說。秦文化的統一是大趨勢，因而"午"的肖形動物最終定格爲"馬"。

"午"、"鹿"音近，這應該是數術家最初將二者加以比附的原因。而後世午之生肖爲甚麼是馬而不是鹿？則是一個十分有趣的問題。《史記·秦始皇本紀》：秦二世三年，"趙高欲爲亂，恐群臣不聽，乃先設驗，持鹿獻於二世，曰：'馬也。'二世笑曰：'丞相誤邪？謂鹿爲馬。'問左右，左右或默，或言馬以阿順趙高，或言鹿。高因陰中諸言鹿者以法，後群臣皆畏高。"趙高指鹿爲馬，成爲歷史上顛倒黑白的著名惡作劇，但鹿之屬有一種四不像，即所謂"蹄似牛非牛，頭似馬非馬，身似驢非驢，角似鹿非鹿"。《韓非子·外儲說右上》："夫馬似鹿者而題之千金，然而有千金之馬，而無千金之鹿者，何也？馬爲人用而鹿不爲人用也。"《史記·淮陰侯列傳》："蒯（通）對曰：'……秦失其鹿，天下共逐之，於是高材疾足者先得焉。'"這些是否就是秦人以馬代鹿的原因？姑錄以備考。

未羊 "未"的最初所屬之禽爲馬。楚人稱駿馬爲"騅"，《史記·項羽本紀》載："有美人名虞，常幸從；駿馬名騅，常騎從。"項羽所作《垓下歌》云："時不利兮騅不逝，騅不逝兮可奈何。""騅"、"未"古代讀音甚近，"騅"微部喻紐，"未"物部明紐，微、物二部陰入對轉，喻紐與明紐發音部位相近。秦簡《日書》："未，馬也。"這實際上反映了楚人關於十二禽的說法。從放馬灘秦簡《日書》起，"未"所屬之禽就變成了羊，這是楚人的有關說法經秦人改造，對十二禽重新調整的結果。未與羊的聯繫，恐怕僅只是在字形結構上有些許類似而已。

申猴 睡虎地秦簡《日書》："申，環也。"于豪亮指出："環讀爲猨，即猿字。"②是很正確的。"申"之古文頗似以帶纏繞之形，《淮南子·原道》"約車

---

① 劉信芳：《秦簡中的楚國日書試析》，《文博》，1992年第4期，第49～52頁。
② 睡虎地秦墓竹簡整理小組：《睡虎地秦墓竹簡》(8開精裝本)，北京：文物出版社，1990年，第220頁。

申轅",注:"束也。"《漢書·韋玄成傳》"畏忌自申",注:"言自約束也。""申"即"紳"之初文,"紳"本義爲腰帶(大帶),故秦簡《日書》謂"申"爲"環"。

酉雞 秦簡《日書》:"酉,水也。""水",此讀爲"隹"(音"追"),水、隹二字古音皆在微部,同爲照系聲紐,古讀極近。《説文》"水,准也,北方之行",段玉裁注:"准,追也,上聲,此以迭韻爲訓。"准、隹古音皆讀若"追",《説文》又云:"隹,鳥之短尾總名也。"雞古字從"隹"。故"酉,水也",可理解爲"酉,雞也"。

至於何以謂"酉"爲"水",則與"酉"的本始義有關。甲骨文、金文中"酉"的字形實際上是盛水、盛酒之器的符號化。可見數術家以"酉"所屬之禽爲雞,是從"酉"的字形爲水器,而水與隹同音可互假,雞屬隹類,如此輾轉派生而出。

戌犬 "戌"的最初所屬之禽爲"羊",由羊演變爲犬的過程與上述"午鹿"變爲"午馬"類似。

秦簡《日書》:"戌,老羊也。"離開了音韻學和訓詁學的知識,是無法瞭解"戌"與"老羊"之間的聯繫的。《爾雅·釋畜》"羊六尺爲羬",郭璞注引《尸子》曰:"大羊爲羬六尺者。"羬又作"麙",《説文》:"山羊而大者。"是《日書》"戌,老羊也"。實際上就是"戌,羬也"。

"羬"從"咸"得聲。《説文》:"咸,皆也,悉也。從口,從戌。戌,悉也。"戌與咸音近義通,段玉裁注:"此從戌之故。戌爲悉者,同音假借之理。"

稱六尺之羊爲"羬",主要見於先秦典籍,由於其義較生僻,故秦簡《日書》改用了較通俗的稱呼"老羊","老羊"實際上屬於楚人的十二禽體系。至於放馬灘秦簡《日書》戌之所屬之禽爲"犬",恐怕是因爲犬即狗,狗古讀句,"句"與"戌"古讀相去未遠,數術家作此附會應該説是不困難的。

亥豕 亥之所屬之禽爲豕,先秦已有定説。秦簡《日書》:"亥,豕也。"之所以有如此比附,是因爲"亥"與"豕"古字形相近。《呂氏春秋·察傳》:"子夏之晉,過衛,有讀史記者曰:'晉師三豕涉河。'子夏曰:'非也,是己亥也。夫己與三相近,豕與亥相似。'至於晉而問之,則曰晉師己亥涉河也。"用這個典故來解釋數術家以豕爲"亥"所屬之禽,實在是很切當的。

綜上可知:最初入選爲生肖的十二種動物,都是因其稱名與相應地支在字形、讀音方面具有某種聯繫,才被數術家選擇爲十二地支的所屬之禽。生肖最初應該產生於中國南方，秦簡《日書》原出於楚地，其中關於生肖的記載保留了不少南方語言的遺跡。

六　十二生肖與五行學説

　　本文上引王充《論衡・物勢》關於生肖的論述，其中"十二辰之禽"與五行相配的具體構成是：於五行屬木的有寅虎、卯兔；屬火的有午馬、巳蛇；屬土的有辰龍、未羊、戌犬、丑牛；屬金的有申猴、酉雞；屬水的有亥豕、子鼠。《論衡・物勢》篇僅缺辰龍屬土的記載，但我們不難根據五行學説的常識將其補出。

　　按照古人四方四維與五行相配的觀念，東方屬木，南方屬火，中方屬土，西方屬金，北方屬水。古人認爲土無定位，寄在四維①，這樣，我們可以將《論衡・物勢》中的十二禽與五行的關係圖示如下（圖十一）：

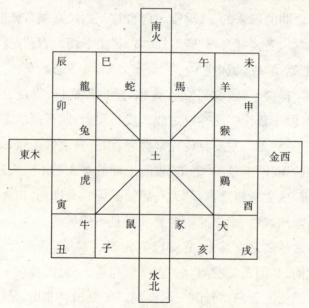

圖十一　十二禽與五行關係圖解

---

　　①　作者曾在《日書四方四維與五行淺説》一文中討論過這一問題，文載《考古與文物》，1993年第2期，第87～94頁。

按照古人對十二辰的分配，寅卯辰屬春季，巳午未屬夏季，申酉戌屬秋季，亥子丑屬冬季，古代數術家推算吉凶時日，主要依據五行與方位、季節的關係。十二禽與五行相配合，是在時間概念（十二地支）、空間概念（東南西北中）的基礎上，增加了五行相生相克的辯證因素，成爲命理學中分析吉凶禍福的操作體系，千百年來，人們對十二生肖津津樂道，其思想根源全在於此。

東漢另一學者蔡邕亦曾論及十二辰之禽與五行的關係，《月令問答》①云：

> 問：春食麥、羊，夏食菽、雞，秋食麻、犬，冬食黍、豕之屬，説以爲時味之宜，不合於五行。《月令》服食器械之制，皆順五行者也，説所食獨不以五行，不已略乎？曰：蓋亦思之矣，凡十二辰之禽，五時所食者，必家人所畜。丑牛、未羊、戌犬、酉雞、亥豕而已；其餘龍虎以下，非食也。春木王，木勝土，土王四季，四季之禽，牛屬季夏，犬屬季秋，故未羊可以爲春食也。夏火王，火勝金，故酉雞可以爲夏食也。季夏土王，土勝水，當食豕而食牛，土，五行之尊重，牛，五畜之大者，五行之牲無足以配土德者，故以牛爲季夏食也。秋金王，金勝木，寅虎非可食者，犬豕而無角，虎屬也，故以犬爲秋食也。冬水王，水勝火，當食馬，而禮不以馬爲牲，故以其類而食豕也。然則麥爲木，菽爲金，麻爲火，黍爲水，各配其牲爲食也。雖有此説，而米鹽精碎，不合于《易》卦所爲之禽及《洪範傳》五事之畜，近似卜筮之術，故予略之，不以爲章句。聊應問見，有説而已。

蔡邕所述十二禽與五行的關係，基本上與《論衡》相同。定其性質爲"近似卜筮之書"，是很正確的。惟蔡邕以漢代的五行觀念解《月令》四季（包括季夏）所食之禽，殊不知《月令》產於戰國之際，其時十二禽尚未固定下來，與五行的配合關係亦不同於漢代，故而無論如何解釋都難以自圓其說。蔡氏以其米鹽精碎，不爲章句，良有以也。

可以這樣説，五行學説是十二生肖的靈魂所在，只有建立在五行學説的

---

① 據《玉函山房輯佚叢書》卷二四。

基礎上，十二生肖才成爲一種可以推衍禍福、預測吉凶的命理學體系。只是我們應該明白，以五行配十二生肖，自產生之日起即有無法克服的矛盾，漢代經學大師對此尚有保留，後人若迷信於此，則實在只是拾其糟粕而已。生肖文化的實用價值，在於給人們以廣闊的想象，以饒有趣味的談資，以節日帶有娛樂意義的祝福，作爲音樂、舞蹈、雕塑、詩詞小說等各種藝術的創作題材，生肖是取之不盡、用之不竭的源泉；但如果用歪了，會使人覺得索然無味。

附帶說明一個問題，數術家說十二禽，多以《周易》有關卦象作比附，其實二者並不屬於一個數術體系。

《周易·說卦》："乾爲馬，坤爲牛，震爲龍，巽爲雞，坎爲豕，離爲雉，艮爲狗，兌爲羊。"

又：按《周易·說卦》的方位體系，震爲東方，巽爲東南，離爲南方，坤爲西南，兌爲西方，乾爲西南，坎爲北方，艮爲東北。若此，《周易》八卦、八禽及方位的關係可圖示如下（圖十二）：

		南		
	巽雞	離雉	坤牛	
東	震龍		兌羊	西
	艮狗	坎豕	乾馬	
		北		

圖十二　《周易》八卦、八禽與方位關係圖解

很明顯，這與十二禽所包含的數術含義是兩碼事，不僅不足十二禽之數，其方位、五行的意義亦不相同，不過數術之附會說辭具有極大的包容性，只要能沾上邊，數術家就可以輕而易舉地將《周易》八卦、八禽之說納入十二生肖的範疇，這在古代數術書、醫書中多見，茲不贅。

七　關於"生肖"的文化屬性問題

許多書本和文章都從文化學的角度討論生肖，這原本不錯。但大多數討論生肖者都有意無意地回避了一個重要問題,即生肖的文化屬性問題①。

我們不必諱言,"生肖"屬於古代數術範疇。《漢書·藝文志》:"太史令尹咸校數術。"顏師古注:"占卜之書。"生肖的最早記載見於《日書》,而《日書》正是占卜之書。蔡邕認爲十二辰之禽"近似卜筮之書",説明漢代學者已認識到生肖類屬於占卜的特徵。

中國古代數術實際上是早期自然科學與原始宗教學説的混生體。數術類有天文、曆譜、五行、蓍龜、雜占、形法等,如果加上與數術關係密切的陰陽、兵書、醫經、方技等,是一個龐大的學術體係。古人對天體運行的週期性認識積累爲天文學和曆法學,受天體運行以及曆法的週期性規律的啟發,進而產生對萬事萬物預測的慾望,於是有五行、蓍龜、雜占、形法等衍生性數術體係②。如果説,古代天文、曆譜基本上是科學的(科學的成分居多),是人類對自然現象的正確認識;那麼,五行、蓍龜、雜占、形法等基本上是荒謬的(荒謬的成分居多),是人類對自然現象的顛倒映像。而生肖正是曆譜與占卜的混生形式,從它產生的第一天起,就已經包含了正確與謬誤的雙重性。

古代數術形成的根本原因在於人類認識自然、解釋自然的需要。而人類在幼年時期,不可能對自然現象一一作出科學解釋,當他們竭其所能、盡其所知,仍未能明其所以之時,就只好依靠神靈的力量。今天我們看來荒謬的種種占卜形式,古人其實是很嚴肅地對待的,因而數術中的正確成分也好,謬誤成分也好,它們都是人類當時所能達到的認識水平的客觀記録。

今天我們討論生肖,也只能尊重人類當年的認識歷程,從數術的角度分析生肖的各個層面。也就是説,數術是"生肖"的依歸,是"生肖"的真實價值所在,而由生肖承載的文化現象僅僅只是附加值——儘管生肖的文化附加值已經超過了它的本來價值。

---

① 將"生肖"歸入"文化",這實際上是無以爲歸的處置方法,因爲廣義的"文化"是個無所不包的概念。

② 形法:《漢書·藝文志》:"形法者,大舉九州之勢以立城郭室舍形,人及六畜骨法之度數、器物之形容,以求其聲氣貴賤吉凶。"所錄有《山海經》、《宮宅地形》、《相人》、《相寶劍刀》、《相六畜》等。

綜合以上論述，我們可以給生肖下這樣一個定義：

生肖本質上屬於古代數術，是曆法和占卜的混生形式。生肖的構成是以十二種肖形動物作爲十二地支的代稱，即子鼠、丑牛、寅虎、卯兔、辰龍、巳蛇、午馬、未羊、申猴、酉雞、戌犬、亥豬等。生於子年者屬鼠，以下依次類推。這種代稱產生於戰國時期，至東漢才固定爲現在的形式。生肖形成以後，成爲宗教、文化、習俗的載體，因而又是一種文化現象。

在很多辭書上都可以找到生肖的定義，這些定義或者忽略了生肖的本質問題，或者忽略了生肖形成的歷史過程，或者忽略了生肖作爲文化現象的特點，因而是不完整的。

十二生肖、《爾雅》十二月名（包括楚帛書十二月名）與十二支同屬於物名紀月的範疇。十二支是最爲古久的，其源起可能與黃道十二宮之星象有關，對於這一問題的研究自郭沫若《釋干支》一文以後，尚未有大的突破。《爾雅》十二月名曾經是千古之謎，但自從楚帛書出土以後，經學術界七十餘年的討論，目前已確知是物候曆月名。十二生肖的起源問題目前亦漸趨明確，是戰國時代數術家的發明，從目前所能見到的資料看，是南方巫文化的產物。只是需要明確的是，十二生肖的形成是一個漸進的過程，最早的源頭可以追溯到戰國以前，但作爲一個數術體係，是在戰國時期逐步形成，秦漢之際才趨於定型的。

簡帛宗教神話文獻論著目

例 言

一、本目錄由綜論目錄、分篇目錄構成。凡簡牘帛書綜合性論著錄入綜論目下,綜論以下按戰國、秦、漢年代爲序,列出簡帛名或篇名爲細目。細目以下先專著,後論文,各編序號均分別起訖。

二、各目下專著、論文依發表先後排列,專著、論文錄入格式分別爲:

專著:作者:專著名,出版地:出版部門,年

期刊論文:作者:論文名,《期刊名》,年、期號

析出論文:作者:論文名,《論文集名》,卷(集、輯)次,出版地:出版部門,年

會議論文:作者:論文名,會議名,地,年月

網絡論文:作者:論文名,網站域名,年/月/日

三、凡學者論著涉及數種簡牘帛書且各具參考價值者,相關細目之下錄入該論著時不避重複,以保持各專題之下所錄文獻的相對完整。重復錄入之文獻於作者姓名之前以"※"號爲標誌。

四、凡重見之論文,若先後篇題相同,於分號(;)後省略篇題,只具另行刊載之處;篇題小有修改,則錄入另行刊載之篇題,均不另編號。若篇題、內容均作修改,則另編號。凡某論文見於多家網站,只錄其一。

五、凡英文、日文論著,或未及覆核。凡見於學者徵引之目而一時未能覆核,亦照錄。因其知而未見,或有傳訛,敬請讀者批評指正。

六、本目錄不是完整意義的專題目錄,僅選其要者,供研究者參考①。

---

① 已有多位學者從事"簡帛研究論著目錄"的編寫工作,筆者屬其中之一。幾十年下來,積累超過一百二十萬字,然僅能備自用。因查漏補缺工作量太大,難度超乎想象,一直未能下決心作定稿工作。

一　綜論

專著

1. 李學勤：簡帛佚籍與學術史，臺北：時報文化出版公司，1994年；南京：江蘇教育出版社，2001年
2. 胡文輝：中國早期方術與文獻叢考，廣州：中山大學出版社，2000年
3. 鄒濬智：西漢以前家宅五祀及其相關信仰研究——以楚地簡帛文獻資料爲討論焦點，臺北縣：花木蘭文化出版社，2008年
4. 武家璧：觀象授時——楚國的天文曆法，武漢：湖北教育出版社，2001年
5. 劉國勝：楚喪葬簡牘集釋，武漢大學博士學位論文，2003年
6. 于成龍：楚禮新證——楚簡中的紀時、卜筮與祭禱，北京大學考古文博學院博士學位論文，2004年
7. 王光華：簡帛禁忌研究，四川大學博士學位論文，2007年
8. 郭永秉：帝系新研：楚地出土戰國文獻中的傳說時代古帝王系統研究，北京：北京大學出版社，2008年
9. 陳偉：楚地出土戰國簡冊［十四種］，北京：經濟科學出版社，2009年

論文

1. 湯璋平：再論楚墓祭祀竹簡與《楚辭·九歌》，《出土文獻與中國文學研究》，北京：廣播學院出版社，2000年；《文學遺產》2001年第4期
2. 胡雅麗：楚人卜筮概述，《江漢考古》2002年第4期
3. 王澤強：從戰國楚墓祭祀竹簡看《九歌》的屬性，《淮陰師範學院學報》2003年第6期
4. 姚小鷗：簡牘碑銘文獻與《九歌·湘夫人》的若干解說，《北方論叢》2003年第6期

5. 楊華:"五祀"祭禱與楚漢文化的繼承，簡帛研究網 www. jianbo. org04/03/11

6. 胡雅麗:楚人時日禁忌初探,楚文化研究會編:《楚文化研究論集》第六集,武漢:湖北教育出版社,2005年

7. 王澤強:戰國楚墓出土竹簡所見神衹"大水"考釋,《湖北教育學院學報》2005年第6期

8. 裘錫圭:新出土先秦文獻與古史傳説,《北京大學中國古文獻研究中心集刊》2004年第4期;簡帛研究網 www.jianbo.org2007/2/20

9. 劉國勝:楚地出土數術文獻與古宇宙結構理論,丁四新主編:《楚地簡帛思想研究(二)》,武漢:湖北教育出版社,2005年

10. 江林昌:考古所見中國古代宇宙生成論以及相關的哲學思想,《學術研究》2005年第10期

11. 李學勤:尚書《金縢》與楚簡禱辭,《中國經學》第1輯,桂林:廣西師範大學出版社,2005年

12. 晏昌貴:楚簡所見諸司神考,《江漢論壇》2006年第9期

13. 范常喜:戰國楚祭禱簡"蒿之"、"百之"補議,《中國歷史文物》2006年第5期

14. 晏昌貴:楚卜筮簡所見神靈雜考,武漢大學簡帛研究中心主辦:《簡帛》第1輯,上海古籍出版社,2006年

15. 晏昌貴:楚卜筮簡所見地衹考,《石泉先生九十誕辰紀念文集》,武漢:湖北人民出版社,2007年

16. 晏昌貴:楚卜筮祭禱簡的文本結構與性質,楚文化研究會編:《楚文化研究論集》第七集,長沙:嶽麓書社,2007年

17. 呂亞虎:出土簡帛資料所見出行巫術淺析,《江漢論壇》2007年第11期

18. 羅運環:論先秦兩漢時期的荊楚巫術文化,《鄂州大學學報》2007年第4期

19. 湯漳平:出土文獻與《楚辭·離騷》之研究,《中州學刊》2007年第6期

20. 陳偉：楚人禱祠紀錄中的人鬼系統以及相關問題，歷史語言研究所編：《古文字與古代史》第1輯，臺北歷史語言研究所，2007年

21. 蔣瑞：楚簡"大水"即水帝顓頊即《離騷》"高陽"考，《湖北大學學報》2008年第3期

22. 羅新慧：禳災與祈福：周代禱辭與信仰觀念研究，《歷史研究》2008年第5期

23. 楊華：楚簡中的"上下"與"内外"——兼論楚人祭禮中的神靈分類問題，武漢大學簡帛研究中心主辦：《簡帛》第4輯，上海古籍出版社，2009年

二 楚帛書

專著

1. 蔡季襄：晚周繒書考證，石印本，1945年；臺北藝文印書館重印本，1972年

2. 蔣玄佁：《長沙（楚民族及其藝術）》第二卷，美術考古學社專刊，上海今古出版社，1950年

3. 饒宗頤：長沙出土戰國繒書新釋，《選堂叢書》之四，香港義友昌記印務公司印行，1958年

4. 鄭德坤：《中國考古》第三冊《周代·帛書》，英國劍橋大學出版社，1963年（Archaeology in China, Vol·3: Chou China, W·Heffer & Sons Ltd, Combridge 1963）

5. 巴納主編：古代中國藝術及其在太平洋地區之影響，哥倫比亞大學學術討論會論文集，紐約，1972年（Early Chinese Art and Its Possible Influence in the Pacific Basin, Intercultural Arts Press, New York 1972）；臺北：泛美圖書有限公司，1974年

6. 李零：長沙子彈庫楚帛書研究，北京：中華書局，1985年

7. 饒宗頤、曾憲通：楚帛書，中華書局香港分局，1985年

8. 曾憲通：長沙楚帛書文字編，北京：中華書局，1993年

9. 饒宗頤、曾憲通：楚地出土文獻三種，北京：中華書局，1993年

10. 湯餘惠：戰國銘文選，長春：吉林大學出版社，1993年

11. 李零：中國方術考，人民中國出版社，1993年；修訂版，北京：東方出版社，2000年

12. 何琳儀：戰國古文字典，北京：中華書局，1998年

13. 陳松長：帛書史話，北京：中國大百科全書出版社，2000年

14. 劉信芳：子彈庫楚墓出土文獻研究，臺北：藝文印書館，2001年

15. 何新：宇宙的起源·長沙楚帛書新考，北京：時事出版社，2002年

16. 徐在國：楚帛書詁林，合肥：安徽大學出版社，2010年

論文

1. 陳槃：先秦兩漢帛書考，《歷史語言研究所集刊》第二十四本，1953年6月

2. 饒宗頤：長沙楚墓時占神物圖卷考釋，香港《東方文化》第一卷第1期，香港大學，1954年1月

3. 饒宗頤：帛書解題，《書道全集》第一卷，日本平凡社，1954年

4. 梅原末治：近時出現的文字資料·長沙的帛書與竹簡，《書道全集》第一卷，日本平凡社，1954年

5. 董作賓：論長沙出土之繒書，《大陸雜誌》第10卷第六期，1955年3月

6. 澤谷昭次：長沙楚墓時占神物圖卷，《定本書道全集》第一卷，日本河出書房，1956年

7. 巴納（Noel Barnard）：楚帛書初探—文字之新復原，《華裔雜志》第十七卷，1958年（A preliminary Stady of the Chu Silk Manuscript _ A new Reconstruction of the text，Monumenta Serica ⅩⅦ，1958）

8. 李學勤：戰國題銘概述（下），《文物》1959年第9期

9. 李學勤：補論戰國題銘的一些問題，《文物》1960年第7期

10. 錢存訓：長沙帛書，《書於竹帛——中國典籍與文字的起源》（Written

on Bamboo and Silk—The Beginnigs of Chinese Books and Inscriptions, University of Chicago Press 1962）；《中國古代書史》，香港中文大學，1975年

11. 陳夢家：戰國楚帛書考，中國社會科學院考古所藏作者手稿，作者自署作於1962年10月，後由王世民整理發表於《考古學報》1984年第2期

12. 安志敏、陳公柔：長沙戰國繒書及其有關問題，《文物》1963年第9期

13. 商承祚：戰國楚帛書述略，《文物》1964年第9期

14. 林巳奈夫：長沙出土戰國帛書考，京都《東方學報》第三十六冊第一分，1964年10月

15. 饒宗頤：楚繒書十二月名覈論，《大陸雜志》第三十卷第1期，1965年1月

16. 陳邦懷：戰國楚帛書文字考證，油印本，1965年4月；《古文字研究》第5輯，北京：中華書局，1981年；《一得集》，濟南：齊魯書社，1989年

17. 林巳奈夫：長沙出土戰國帛書考補正，京都《東方學報》第三十七冊，1966年3月

18. 林巳奈夫：長沙出土的戰國帛書十二神的由來，京都《東方學報》第四十二冊，1967年

19. 嚴一萍：楚繒書新考（上、中、下），《中國文字》第26、27、28冊，1967年12月、1968年3月、6月；《甲骨古文字研究》第3輯，臺北：藝文印書館，1980年

20. 金祥恒：楚繒書"霝虘"解，《中國文字》第28冊，臺北：藝文印書館，1968年

21. 饒宗頤：楚繒書之摹本及圖像——三首神、肥遺與印度古神話之比較，《故宮季刊》第三卷第2期，1968年10月

22. 饒宗頤：楚繒書疏證，《歷史語言研究所集刊》第四十本〔上〕，1968年10月

23. 陳槃：楚繒書疏證跋，《歷史語言研究所集刊》第四十本〔上〕，1968年10月

24. 唐健垣：楚繒書文字拾遺，臺北《中國文字》第30冊，臺北：藝文印書館，1968年

25. 巴納：楚帛書及其他考古出土的中國古代文書（The Chu Silk Manuscript and Other Archaeological Documents of Ancient China），巴納主編《古代中國藝術及其在太平洋地區之影響》，臺北：泛美圖書有限公司，1974年

26. 巴納：楚帛書文字的韻與律，坎培拉，1971年（Rhyme and Metre in The Chu Silk Manuscript Text，Papers On Far Eastern History 4，Department of Far Eastern History，The Australian National University，Canberra 1971）；巴納主編《古代中國藝術及其在太平洋地區之影響》，臺北：泛美圖書有限公司，1974年

27. 李棪：評巴納：《楚繒書文字的韻與律》，《中國文化研究所學報》第四卷第2期，香港中文大學，1971年

28. 巴納：對一部中國古文書——楚帛書進行釋讀、翻譯和歷史考證前的科學鑒定，坎培拉，1972年（Scientific Examination of an Ancient Chinese Document as a Prelude to Decipherment，Translation，and Historical Assessment—The Chu Silk Manuscript，Revised and Enlarged，Studies on the Chu silk Manuscript Part 1，Monographs on Far Eastern History 4）

29. 吉恩·梅蕾（Jean E·Mailey）：從先秦兩漢絲織品工藝推測楚帛書之質地（Suggestions Concerning the Ground of Chu Silk Manuscript in Relation to Silk—Weaving in Pre—Han and Han China），《古代中國藝術及其在太平洋地區之影響》，哥倫比亞大學學術討論會論文集，紐約，1972年

30. 饒宗頤：從楚繒書所見楚人對於曆法、占星及宗教觀念，《古代中國藝術及其在太平洋地區之影響》，哥倫比亞大學學術討論會論文集，紐約，1972年

31. 林巳奈夫：長沙出土的戰國帛書十二神考（The Twelve Gods Of the Chankuo Period Silk Manuscript Excavated at Chang—Sha），巴納主編：《古代中國藝術及其在太平洋地區之影響》，臺北：泛美圖書有限公司，1974年

32. 郭沫若：古代文字的辯證之發展，《考古學報》1972年第1期

33. 巴納：楚帛書及其補遺，紐約，1972年（The Chu Silk Manuscript and Supplementary Volume，New York，1972）

34. 巴納：楚帛書—翻譯和箋注，坎培拉，1973 年 5 月（The Chu Silk Manuscript—Translation and Commentary, Studies on the Chu Silk Manuscript Part 2, Manographs on Far Eastern History 5）

35. 湖南省博物館：長沙子彈庫戰國木槨墓，《文物》1974 年第 2 期

36. 蔡季襄：關於楚帛書流入美國經過的有關資料（遺稿），1974 年；《湖南省博物館文集》第 4 輯，船山學刊雜誌社出版，1998 年

37. 姜亮夫：《離騷》首八句解，《社會科學戰綫》1979 年第 2 期

38. 曾憲通：楚月名初探，《中山大學學報》1980 年第 1 期

39. 俞偉超：關於楚文化發展的新探索，《江漢考古》1980 年第 1 期

40. 李學勤：論楚帛書中的天象，湖南省文物考古研究所編：《湖南考古輯刊》第 1 集，長沙：嶽麓書社，1982 年；《簡帛佚籍與學術史》，臺北：時報出版公司，1994 年

41. 周世榮：湖南楚墓出土古文字叢考，湖南省文物考古研究所編：《湖南考古輯刊》第 1 集，長沙：嶽麓書社，1982 年

42. 莊申：楚帛書上的繪畫，《百姓》第 41 期，香港，1983 年

43. 許學仁：楚文字考釋，《中國文字》新第 7 期，臺北：藝文印書館，1983 年

44. 李學勤：楚帛書的古史與宇宙觀，張正明主編：《楚史論叢》，武漢：湖北人民出版社，1984 年；《簡帛佚籍與學術史》，臺北：時報出版公司，1994 年

45. 吳九龍：簡牘帛書中的"天"字，《出土文獻研究》，北京：文物出版社，1985 年

46. 曹錦炎：楚帛書月令篇考釋，《江漢考古》1985 年第 1 期

47. 高明：楚繒書研究，《古文字研究》第 12 輯，北京：中華書局，1985 年

48. 何琳儀：長沙帛書通釋，《江漢考古》1986 年第 1 期、2 期

49. 朱德熙：長沙帛書考釋（五篇），中國古文字研究會第六次年會論文，1986 年 9 月；《古文字研究》第 19 輯，北京：中華書局，1992 年；《朱德熙古文字論集》，北京：中華書局，1995 年

50. 陳秉新：長沙楚帛書文字考釋之辨正，《文物研究》第 4 期，1988 年

51. 李學勤：長沙楚帛書通論，《楚文化研究論集》第1集，武漢：荊楚書社，1987年；《李學勤集》，哈爾濱：黑龍江教育出版社，1989年；《當代學者自選文庫：李學勤卷》，合肥：安徽教育出版社，1999年

52. 李學勤：再論帛書十二神，湖南省文物考古研究所編：《湖南考古輯刊》第4集，長沙：嶽麓書社，1987年；《簡帛佚籍與學術史》，臺北：時報出版公司，1994年

53. 蔡成鼎：帛書《四時篇》讀後，《江漢考古》1988年第1期

54. 李零：長沙子彈庫楚帛書研究補正，中國古文字研究會成立十周年學術討論會論文，1988年7月；《古文字研究》第20輯，北京：中華書局，2000年

55. 林進忠：長沙戰國楚帛書的書法，《臺灣美術》第2卷第2期，1989年10月

56. 何琳儀：長沙帛書通釋校補，《江漢考古》1989年第4期

57. 李學勤：長沙子彈庫第二帛書探要，《江漢考古》1990年第1期；李學勤：《周易經傳溯源》，吉林：長春出版社，1992年

58. 李零：楚帛書目驗記，《文物天地》1990年第6期

59. 連劭名：長沙楚帛書與卦氣說，《考古》1990年第9期

60. 徐山：長沙子彈庫戰國楚帛書行款問題質疑，《考古與文物》1990年第5期

61. 饒宗頤：楚帛書天象再議，《中國文化》第3期，香港：中華書局，1990年；北京：生活·讀書·新知三聯書店，1991年

62. 李零：楚帛書與式圖，《江漢考古》1991年第1期

63. 連劭名：長沙楚帛書與中國古代的宇宙論，《文物》1991年第2期

64. 劉釗：說"囟"、"甶"二字的來源並談楚帛書"萬"、"兒"二字的讀法，《江漢考古》1992年第1期

65. 李零："式"與中國古代的宇宙模式，《中國文化》第四期，北京：生活·讀書·新知三聯書店，1992年

66. 商志𧫚：記商承祚教授藏長沙子彈庫楚國殘帛書，《文物》1992年第11期

67. 饒宗頤：長沙子彈庫殘帛文字小記，《文物》1992年第11期

68. 李學勤：試論長沙子彈庫楚帛書殘片，《文物》1992 年第 11 期；論楚帛書殘片，李學勤：《簡帛佚籍與學術史》，臺北：時報出版公司，1994 年

69. 商志䪼：商承祚教授藏長沙子彈庫楚帛書殘片，《文物天地》1992 年第 6 期

70. 劉信芳：楚帛書與天問類徵，《楚辭研究》，文津出版社，1992 年

71. 李學勤：楚帛書和道家思想，《簡帛佚籍與學術史》，臺北：時報出版公司，1994 年；《道家文化研究》第 5 輯，上海：上海古籍出版社，1994 年

72. 李學勤：《鶡冠子》與兩種帛書，《道家文化研究》第 1 輯，上海：上海古籍出版社，1992 年；《簡帛佚籍與學術史》，臺北：時報出版公司，1994 年

73. 伊世同、何琳儀：平星考——楚帛書殘片與長周期變星，《文物》1994 年第 6 期

74. 李零：楚帛書的再認識，《中國文化》第 10 期，1994 年；《李零自選集》，桂林：廣西師範大學出版社，1998 年

75. 劉彬徽：楚帛書出土五十周年紀論，《楚文化研究論集》第 4 集，鄭州：河南人民出版社，1994 年；劉彬徽：《早期文明與楚文化研究》，長沙：嶽麓書社，2001 年

76. 院文清：楚帛書與中國創世紀神話，《楚文化研究論集》第 4 集，鄭州：河南人民出版社，1994 年

77. 鄭剛：論楚帛書乙篇的性質，紀念容庚先生百年誕辰暨中國古文字學國際學術研討會論文，廣州，1994 年；《容庚先生百年誕辰紀念文集（古文字研究專號）》，廣州：廣東人民出版社，1998 年

78. 劉信芳：中國最早的物候曆月名——楚帛書月名及神祇研究，《中華文史論叢》第 53 輯，上海：上海古籍出版社，1994 年；劉信芳：《子彈庫楚墓出土文獻研究》，臺北：藝文印書館，2002 年

79. 李零：古文字雜識（五則），《國學研究》第三卷，北京：北京大學出版社，1995 年

80. 江林昌：子彈庫楚帛書《四時》篇宇宙觀及有關問題新探——兼論古代太陽循環觀念，《長江文化論集》，武漢：湖北教育出版社，1995 年

81. 呂威:楚地帛書敦煌殘卷與佛教偽經中的伏羲女媧故事,《文學遺產》1996年第4期

82. 陳茂仁:楚帛書研究,臺灣,中正大學中國文學研究所碩士學位論文,1996年

83. 吳振武:楚帛書"夯步"解,李學勤主編:《簡帛研究》第2輯,北京:法律出版社,1996年

84. 鄭剛:楚帛書中的星歲紀年和歲星占,李學勤主編:《簡帛研究》第2輯,北京:法律出版社,1996年

85. 馮時:楚帛書研究三題,吉林大學古文字研究室編:《于省吾教授百年誕辰紀念文集》,長春:吉林大學出版社,1996年

86. 劉信芳:楚帛書解詁,《中國文字》新第21期,臺北:藝文印書館,1996年

87. 劉信芳:楚帛書論綱,饒宗頤主編:《華學》第2輯,廣州:中山大學出版社,1996年

88. 楊寬:楚帛書的四季神像及其創世神話,《文學遺產》1997年第4期

89. 院文清:楚帛書中的神話傳說與楚先祖譜系略證,《文物考古文集》,武漢:武漢大學出版社,1997年

90. 周鳳五:子彈庫帛書"熱氣倉氣"說,《中國文字》新第23期,臺北:藝文印書館,1997年

91. 陳茂仁:淺談帛書《宜忌篇》章題之內涵,《第九屆中國文字學全國學術研討會論文集》,臺北:臺灣師範大學國文系,1998年3月

92. 楚言:楚帛書殘片回歸故里,《湖南省博物館文集》第4輯,長沙:船山學刊雜志社出版,1998年

93. 王志平:楚帛書月名新探,饒宗頤主編:《華學》第3輯,北京:紫禁城出版社,1998年

94. 邢文:《堯典》星象、曆法與帛書《四時》,饒宗頤主編:《華學》第3輯,北京:紫禁城出版社,1998年

95. 李零:讀幾種出土發現的選擇類占書,《簡帛研究》第3輯,南寧:廣西教育出版社,1998年

96. 江林昌：子彈庫楚帛書"推步規天"與古代宇宙，《簡帛研究》第 3 輯，南寧：廣西教育出版社，1998 年

97. 吳銘生：長沙戰國帛書和人物御龍帛畫發現始末，《文物天地》1999 年第 1 期

98. 曾憲通：楚帛書文字新定，《中國古文字研究》第 1 輯，長春：吉林大學出版社，1999 年；曾憲通：《古文字與出土文獻叢考》，廣州：中山大學出版社，2005 年

99. 陳茂仁：由楚帛書置圖方式論其性質，《先秦兩漢論叢》第 1 輯，臺北：洪業文化事業有限公司，1999 年

100. 王志平：楚帛書"姑月"試探，《江漢考古》1999 年第 3 期

101. 王志平：睡虎地《日書·玄戈篇》探源，《文博》1999 年第 5 期

102. 曾憲通：楚帛書神話系統試論，"第二屆中國古典文學國際研討會——紀念聞——多先生百周年誕辰"論文，新竹，清華大學，1999 年 10 月

103. 李建民：楚帛書氣論發微，《大陸雜誌》第 99 卷第 4 期，1999 年 10 月

104. 許學仁：長沙子彈庫戰國楚帛書研究文獻要目（稿本），2000 年 7 月

105. 饒宗頤：楚帛書與《道原篇》，《道家文化研究》第 3 輯，上海：上海古籍出版社，1993 年

106. 曾憲通：長沙子彈庫楚帛書與帛畫之解讀，2000 年臺灣大學中國文學系學術演講稿，曾憲通著：《古文字與出土文獻叢考》，廣州：中山大學出版社，2005 年

107. 連劭名：長沙楚帛書與古代思想，《江漢考古》2001 年第 2 期

108. 陳久金：長沙子彈庫反映出的先秦南方民族的天文曆法，陳久金著：《帛書及古典天文曆法注析與研究》，臺北：万卷樓圖書有限公司，2001 年

109. 劉信芳：楚帛書"德匿"以及相關文字的釋讀，饒宗頤主編：《華學》第 5 輯，廣州：中山大學出版社，2001 年

110. ［日］池澤優：子彈庫楚帛書八行文譯注，郭店楚簡研究會編：《楚地出土資料與中國古代文化》，汲古書院，2002 年

111. 楊澤生：楚帛書從"之"從"止"之字考釋，"新出土文獻與古代文明研

究"國際學術研討會,上海大學,2002年7月28日;謝維揚主編:《新出土文獻與古代文明研究》,上海:上海大學出版社,2004年

112. 董楚平:楚帛書"創世篇"釋文釋義,《古文字研究》第24輯,北京:中華書局,2002年

113. 謝光輝:楚帛書"箴邑"、"箴室"解,《古文字研究》第24輯,北京:中華書局,2002年

114. 王寧:釋㯱,簡帛研究網www.jianbo.org02/08/07

115. 董楚平:中國上古創世神話鉤沉——楚帛書甲篇解讀兼談中國神話的若干問題,《中國社會科學》2002年第5期

116. 楊澤生:援簡釋帛新例,簡帛研究網www.jianbo.org03/02/03

117. 周波:楚文字中的"雩",簡帛研究網www.jianbo.org04/04/30

118. 饒宗頤:"九州平"及"地平天成"說,饒宗頤主編:《華學》第7輯,2004年

119. 肖發榮:"神話考古"的若干反思,《考古與文物》2005年第2期

120. 劉信芳:楚帛書伏羲、女媧考,李學勤、謝桂華主編:《簡帛研究二〇〇二、二〇〇三》,桂林:廣西師範大學出版社,2005年

121. [法]馬克:先秦歲曆文化及其在早期宇宙生成論中的功用,《文史》2006年第2輯

122. 陳忠信:試論長沙子彈庫楚帛書之水化宇宙神話思維——混沌創世神話視野之分析,簡帛研究網www.jianbo.org06/01/27

123. [日]森和:試論子彈庫楚帛書群中月名與楚曆的相關問題,《江漢考古》2006年第6期

124. 陳斯鵬:戰國楚帛書甲篇文字新釋,《古文字研究》第26輯,北京:中華書局,2006年;戰國楚帛書甲篇新釋,陳斯鵬:《簡帛文獻與文學考論》,廣州:中山大學出版社,2007年12月

125. 范常喜:讀簡帛文字劄記六則,簡帛www.bsm.org.cn(06/11/13)

126. 陳斯鵬:楚帛書甲篇的神話構成、性質及其神話學意義,簡帛研究網www.jianbo.org2007/4/15;《文史哲》2006年第6期;陳斯鵬著:《簡帛文獻與文學考論》,廣州:中山大學出版社,2007年

127. 徐在國：楚帛書"厭"字輯考，"饒宗頤教授九十華誕國際學術研討會"論文，香港大學，2006年12月；談楚帛書讀"厭"之字，饒宗頤主編：《華學》第9、10輯（一），上海古籍出版社，2008年

128. 劉彬徽：楚帛書"女媧"字釋考論，《古文字研究》第27輯，北京：中華書局，2008年

129. 黃儒宣：長沙子彈庫楚帛書的方向，簡帛 www.bsm.org.cn（09/06/18）

130. 武家璧：楚帛書《時日》篇中的天文學問題，簡帛 www.bsm.org.cn（10/09/13）

131. 林志鵬：楚帛書"豸"字小議，簡帛 www.bsm.org.cn（10/12/10）

三　楚帛畫

1. 湖南省博物館：長沙楚墓帛畫，北京：文物出版社，1973年
2. 郭沫若：關於晚周帛畫的考察，《人民文學》1953年第11期
3. 郭沫若：關於晚周帛畫的補充説明，《人民文學》1953年第12期
4. 饒宗頤：長沙楚墓帛畫山鬼圖跋，《金匱論古綜合刊》，香港，1957年
5. 湖南省博物館：新發現的長沙戰國楚墓帛畫，《文物》1973年第7期
6. 郭沫若：西江月——題長沙楚墓帛畫，《文物》1973年第7期
7. 王仁湘：研究長沙戰國楚墓的一幅帛畫，《江漢論壇》1980年第3期
8. 肖兵：引魂之舟——楚帛畫新解，湖南省文物考古研究所編：《湖南考古輯刊》第2集，長沙：嶽麓書社，1984年
9. 楊泓：戰國繪畫初探，《文物》1989年第10期
10. 劉信芳：關於子彈庫楚帛畫的幾個問題，《楚文藝論集》，武漢：湖北人民出版社，1991年
11. 黃宏信：楚帛畫瑣考，《江漢考古》1991年第2期
12. ［日］曾布川寬：嚮往崑崙山的升仙——古代中國人描繪的死後世界，中國社會科學院簡帛研究中心編：《簡帛研究譯叢》第2輯，長沙：湖南人民出版社，1998年

13. 陳松長：馬王堆西漢帛畫的出土與研究,《西漢帛畫》,香港：翰墨軒出版社,2002年

14. 游振群：淺談楚漢帛畫與彩陶畫的主體承傳,《考古與文物 2002 年漢唐考古增刊》,《考古與文物》編輯部,2002年

15. 禹青：楚漢帛畫的美術學研究,安徽大學歷史系碩士學位論文,2007年

四　望山楚簡

專著

1. 湖北省文物考古研究所、北京大學中文系：望山楚簡,北京：中華書局,1995年

2. 湖北省文物考古研究所：江陵望山沙塚楚墓,北京：文物出版社,1996年

論文

1. 連劭名：望山楚簡中的"習卜",《江漢論壇》1986年第11期

2. 陳偉：望山楚簡所見的卜筮與禱祠——與包山楚簡相對照,《江漢考古》1997年第2期

3. 劉信芳：望山楚簡校讀記,《簡帛研究》第3輯,南寧：廣西教育出版社,1998年

4. 袁國華：望山楚墓卜筮祭禱簡文字考釋四則,《歷史語言研究所集刊》,第七十四本第二分,2003年6月

5. [日]工藤元男：望山楚簡"卜筮祭禱簡"的基礎性研究,福井文雅博士古稀、退職紀念論文集刊行會編：《亞洲文化的思想與儀禮》,日本春秋社,2005年

6. 侯乃峰：説楚簡"及"字,簡帛 www.bsm.org.cn(06/11/29)

五　九店楚簡

專著

1. 湖北省文物考古研究所：江陵九店東周墓，北京：科學出版社，1995 年
2. 湖北省文物考古研究所、北京大學中文系：九店楚簡，北京：中華書局，2000 年

論文

1. 劉樂賢：九店楚簡日書研究，饒宗頤主編：《華學》第 2 輯，廣州：中山大學出版社，1996 年；劉樂賢：《戰國秦漢簡帛叢考》，北京：文物出版社，2010 年
2. 武家璧：楚用亥正曆法的新證據，《中國文物報》1996 年 4 月 21 日
3. 饒宗頤：説九店楚簡武𢕼（君）與復山，《文物》1997 年第 6 期
4. 徐在國：楚簡文字拾零，《江漢考古》1997 年第 2 期；黃德寬、何琳儀、徐在國：《新出楚簡文字考》，合肥：安徽大學出版社，2007 年
5. 劉信芳：九店楚簡日書與秦簡日書比較研究，《第三屆國際中國古文字學研討會論文集》，香港中文大學，1997 年 10 月
6. 陳松長：九店楚簡釋讀札記，《第三屆國際中國古文字學研討會論文集》，香港中文大學，1997 年 10 月；陳松長：《簡帛研究文稿》，北京：綫裝書局，2007 年
7. 陳偉：新發表楚簡資料所見的紀時制度，《第三屆國際中國古文字學研討會論文集》，香港中文大學，1997 年 10 月
8. 陳偉武：戰國楚簡考釋斠議，《第三屆國際中國古文字學研討會論文集》，香港中文大學，1997 年 10 月
9. 李零：古文字雜識（二則），《第三屆國際中國古文字學研討會論文集》，香港中文大學，1997 年 10 月
10. 陳偉：九店楚日書釋文校讀與幾個相關問題，《人文論叢》1997 年卷，

武漢:武漢大學出版社,1997年

11. 李守奎:江陵九店56號墓竹簡考釋四則,《江漢考古》1997年第4期

12. 夏德安:戰國時代兵死者的禱辭,《簡帛研究譯叢》第2輯,長沙:湖南人民出版社,1998年

13. 劉樂賢:九店楚簡日書補釋,《簡帛研究》第3輯,南寧:廣西教育出版社,1998年;劉樂賢:《戰國秦漢簡帛叢考》,北京:文物出版社,2010年

14. 李零:讀幾種出土發現的選擇類古書,《簡帛研究》第3輯,南寧:廣西教育出版社,1998年

15. 李零:讀九店楚簡,《考古學報》1999年第2期

16. 李家浩:九店楚簡"告武夷"研究,第一屆簡帛學術研討會論文,臺北:中國文化大學史學系,1999年12月;《第一屆簡帛學術討論會論文集》,臺北:中國文化大學史學系,2003年;《著名中年語言學家自選集·李家浩卷》,合肥:安徽教育出版社,2002年

17. 周鳳五:九店楚簡《告武夷》重探,"第一屆古文字與出土文獻學術研討會"論文,臺北:歷史語言研究所,2000年11月;《歷史語言研究所集刊》第七十二本第四分

18. 李守奎:江陵九店楚墓《歲》篇殘簡考釋,《古籍整理研究學刊》2001年第3期

19. 邴尚白:九店五十六號楚墓一至十二簡試探,中國文學研究第九屆學術研討會論文,臺灣大學中文系,2002年3月;《中國文學研究》第十六期,2002年6月

20. 李守奎:《九店楚簡》相宅篇殘簡補釋,"新出土文獻與古代文明研究"國際學術研討會,上海大學,2002年7月28日;謝維揚主編:《新出土文獻與古代文明研究》,上海:上海大學出版社,2004年

21. 晁福林:《九店楚墓》補釋——小議戰國時期楚國田畝制度,《中原文物》2002年第5期

22. 晏昌貴、鐘煒:九店楚簡《日書·相宅篇》研究,《武漢大學學報》2002年第4期

23. 晏昌貴：《日書》札記十則，丁四新主編：《楚地簡帛思想研究（一）》，武漢：湖北教育出版社，2002年

24. 吳儒宣：九店楚簡研究，臺灣師範大學國研所碩士學位論文，2003年6月

25. 周波：《九店楚簡》釋文注釋校補，簡帛研究網 www.jianbo.org 04/09/12；《江漢考古》2006年第3期

26. 劉國勝：九店《日書》相宅篇釋文校補，李學勤、謝桂華主編：《簡帛研究二〇〇二、二〇〇三》，桂林：廣西師範大學出版社，2005年；張建民主編：《武漢大學歷史學集刊》第3輯，武漢：湖北人民出版社，2005年

27. ［匈牙利］Sandor P. Szabo 貝山：陰陽概念的時空關係與九店楚簡，武漢大學中國傳統文化研究中心等：《新出楚簡國際學術研討會會議論文集》，2006年6月；丁四新主編：《楚地簡帛思想研究（三）》，武漢：湖北教育出版社，2007年

28. 肖毅：九店竹書探研，武漢大學中國傳統文化研究中心等：《新出楚簡國際學術研討會會議論文集》，2006年6月；丁四新主編：《楚地簡帛思想研究（三）》，武漢：湖北教育出版社，2007年

29. 晏昌貴：簡帛《日書》與古代社會生活研究，《光明日報》2006年7月10日

30. 劉樂賢：楚秦選擇術的異同及影響——以出土文獻爲中心，《歷史研究》2006年第6期；劉樂賢：《戰國秦漢簡帛叢考》，北京：文物出版社，2010年

31. 陳峻志：《日書》〈歲〉篇之"大歲"與"太歲"之關係，簡帛研究網 www.jianbo.org 2007/1/4

32. 周波：《九店楚簡》釋文注釋校補，簡帛研究網 www.jianbo.org 2007/9/5

33. ［日］工藤元男：從九店簡《告武夷》篇看《日書》之成立，《簡帛》第3輯，上海：上海古籍出版社，2008年

34. 范常喜：九店簡《告武夷》補議，簡帛 www.bsm.org.cn(09/09/22)

六　包山楚簡

專著

1. 湖北省荊沙鐵路考古隊：包山楚墓，北京：文物出版社，1991年
2. 湖北省荊沙鐵路考古隊：包山楚簡，北京：文物出版社，1991年
3. 陳偉：包山楚簡初探，武漢：武漢大學出版社，1996年
4. 張守忠：包山楚簡文字編，北京：文物出版社，1996年
5. 劉信芳：包山楚簡解詁，臺北：藝文印書館，2003年

論文

1. 李學勤：竹簡卜辭與商周甲骨，《鄭州大學學報》1989年第2期
2. 彭浩：包山二號楚墓卜筮和祭禱竹簡的初步研究，《包山楚墓》附錄二三
3. 劉信芳：二天子爲何方神祇，《中國文物報》1992年6月21日
4. 劉信芳：司中、司骨爲何神，《中國文物報》1992年7月26日
5. 劉信芳："漸木"之神，《中國文物報》1992年10月18日
6. 許學仁：戰國楚墓《卜筮》類竹簡所見數位卦，《中國文字》新第17期，臺北：藝文印書館，1993年
7. 劉信芳：包山楚簡神名與《九歌》神祇，《文學遺產》1993年第5期
8. 許學仁：包山楚簡中所見先公先王考，臺灣師範大學國文系、中國文字學會主編：《魯實先先生學術研討會論文集》，臺北：萬卷樓圖書公司，1993年
9. 李零：包山楚簡研究（占卜類），《中國典籍與文化》第1輯，北京：中華書局，1993年
10. 湯炳正：從包山楚簡看離騷的藝術構思與意象表現，《文學遺產》1994年第2期
11. 陳偉：試論包山楚簡所見的卜筮制度，《江漢考古》1996年第1期

12. 吳鬱芳：包山楚簡卜禱簡牘釋讀，《考古與文物》1996 年第 2 期

13. 孔仲溫：楚簡中有關祭禱的幾個固定字詞試釋，《第三屆國際中國古文字學研討會論文集》，香港中文大學，1997 年 10 月

14. [日]池澤優：祭祀的神與不祭的神——戰國時代楚國"卜筮祭禱記錄"簡所見的神靈結構，《中國出土資料研究》創刊號，1997 年

15. 劉信芳：蒿宮、蒿間與蒿里，《中國文字》新第 24 期，臺北：藝文印書館，1998 年

16. 陳偉：湖北荊門包山卜筮楚簡所見神祇系統與享祭制度，《考古》1999 年第 4 期

17. 于成龍：包山二號楚墓卜筮簡中若干問題的探討，中國文物研究所編：《出土文獻研究》第 5 集，北京：科學出版社，1999 年

18. 李家浩：包山祭禱簡研究，李學勤、謝桂華主編：《簡帛研究 2001》，桂林：廣西師範大學出版社，2001 年

19. 李家浩：包山卜筮簡 218—219 號研究，"長沙三國吳簡暨百年來簡帛發現与研究國際學術研討會"論文，2001 年 8 月，長沙；長沙市文物考古研究所編：《長沙三國吳簡暨百年來簡帛發現與研究國際學術研討會集》，北京：中華書局，2005 年

20. 熊良智：《楚辭》"二湘"誤讀之解釋，《四川師範大學學報》2001 年第 6 期

21. [日]工藤元男：包山楚簡"卜筮祭禱"的結構與系統，《東洋史研究》第 59 卷第 4 號，2001 年

22. [日]工藤元男：由祭祀儀禮所見戰國楚的王權與氏族、封君——以"卜筮祭悼簡"、"日書"爲主，《歷史學研究》768，2002 年

23. 劉樂賢：讀包山楚簡札記，《第四屆國際中國古文字學研討會論文集》，香港中文大學，2003 年 10 月；劉樂賢：《戰國秦漢簡帛叢考》，北京：文物出版社，2010 年

24. 劉奉光：包山楚簡卜祝文學管窺，《廣西社會科學》2003 年第 12 期

25. 宋華強：包山簡祭禱名"伏"小考，簡帛 www.bsm.org.cn（07/11/13）(釋簡 233"閏"爲"伏")

26. 朱曉雪：包山卜筮祭禱簡字跡分類再析，www.gwz.fudan.edu.cn 2010—12—23

七　太一生水

專著

1. 荊門市博物館：郭店楚墓竹簡，北京：文物出版社，1998 年
2. 劉釗：郭店楚簡校釋，福州：福建人民出版社，2003 年

論文

1. 李學勤：荊門郭店楚簡所見關尹遺説，《中國文物報》1998 年 4 月 8 日；《中國哲學》第 20 輯，瀋陽：遼寧教育出版社，1999 年
2. 李零：三一考；郭店老子國際學術研討會論文，美國達慕斯大學，1998 年 5 月；本世紀出土文獻與中國古典哲學研究兩岸學術研討會論文，臺北輔仁大學，1999 年 1 月；陳福濱主編：《本世紀出土思想文獻與中國古典哲學論文集》，臺北：輔仁大學出版社，1999 年
3. 郭沂：試談楚簡《太一生水》及其與簡本《老子》的關係，《中國哲學史》1998 年第 4 期
4. ［日］谷口滿：郭店楚簡太一生水二則，［日］《中國出土資料學會會報》第 9 號，1998 年 10 月
5. 龐樸："太一生水"説，廣東羅浮山道家會議論文提要，1998 年 12 月；《東方文化》，1999 年第 5 期；《中國哲學》第 21 輯，瀋陽：遼寧教育出版社，2000 年
6. 張永義：從"太一生水"篇看先秦道家宇宙觀的演進，廣東羅浮山道家會議論文提要，1998 年 12 月
7. 李學勤：太一生水的數術解釋，本世紀出土文獻與中國古典哲學研究兩岸學術研討會論文，臺北輔仁大學，1999 年 1 月；陳福濱主編：《本世紀出

土思想文獻與中國古典哲學論文集》,臺北:輔仁大學出版社,1999年;《道家文化研究》第17輯,北京:生活·讀書·新知三聯書店,1999年

8. 莊萬壽:太一與水之思想探究——《太一生水》楚簡之初探,本世紀出土文獻與中國古典哲學研究兩岸學術研討會論文,臺北輔仁大學,1999年1月;陳福濱主編:《本世紀出土思想文獻與中國古典哲學論文集》,臺北:輔仁大學出版社,1999年

9. 葉海煙:《太一生水》與莊子的宇宙觀,本世紀出土文獻與中國古典哲學研究兩岸學術研討會論文,臺北輔仁大學,1999年1月;陳福濱主編:《本世紀出土思想文獻與中國古典哲學論文集》,臺北:輔仁大學出版社,1999年;《中國哲學》第21輯,瀋陽:遼寧教育出版社,2000年

10. 李建民:太一新證——以郭店楚簡爲線索,[日]《中國出土資料研究》第三號,東京:早稻田大學文學部,1999年3月

11. 韓東育:《郭店楚墓竹簡·太一生水》與《老子》的幾個問題,《社會科學》1999年第2期

12. 龐樸:宇宙生成新説,《尋根》1999年第2期

13. [日]平勢隆朗:從太歲議論的出現看郭店楚簡《太一生水》,第44屆國際東方學會會議論文,日本,1999年6月

14. [日]松崎實等:"太一生水"譯注,大東文化大學郭店楚簡研究班:《郭店楚簡的研究》(一),1999年8月

15. 龐樸:一種有機的宇宙生成圖式——介紹楚簡《太一生水》,"郭店楚簡"專號,《道家文化研究》第17輯,北京:生活·讀書·新知三聯書店,1999年

16. 許抗生:初讀《太一生水》,"郭店楚簡"專號,《道家文化研究》第17輯,北京:生活·讀書·新知三聯書店,1999年

17. 李零:讀郭店楚簡《太一生水》,"郭店楚簡"專號,《道家文化研究》第17輯,北京:生活·讀書·新知三聯書店,1999年

18. [法]賀碧來:論《太一生水》,"郭店楚簡"專號,《道家文化研究》第17輯,北京:生活·讀書·新知三聯書店,1999年

19. [比]戴卡琳:《太一生水》初探,"郭店楚簡"專號,《道家文化研究》第

17輯,北京:生活·讀書·新知三聯書店,1999年

20. 強昱:《太一生水》與古代的太一觀,"郭店楚簡"專號,《道家文化研究》第17輯,北京:生活·讀書·新知三聯書店,1999年

21. 趙建偉:郭店楚墓竹簡《太一生水》疏證,《太一生水》與古代的太一觀,"郭店楚簡"專號,《道家文化研究》第17輯,北京:生活·讀書·新知三聯書店,1999年

22. 陳鼓應:《太一生水》與《性自命出》發微,"郭店楚簡"專號,《道家文化研究》第17輯,北京:生活·讀書·新知三聯書店,1999年;《東方文化》,1999年第5期

23. 李澤厚:初讀郭店竹簡印象紀要,"郭店楚簡"專號,《道家文化研究》第17輯,北京:生活·讀書·新知三聯書店,1999年

24. 彭浩:一種新的宇宙生成理論——讀《太一生水》,郭店楚簡國際學術討論會論文,武漢大學,1999年10月;武漢大學中國文化研究院:《郭店楚簡國際學術研討會論文集》,武漢:湖北人民出版社,2000年

25. 熊鐵基:對"神明"的歷史考察——兼論《太一生水》的道家性質,郭店楚簡國際學術討論會論文,武漢大學,1999年10月;武漢大學中國文化研究院:《郭店楚簡國際學術研討會論文集》,武漢:湖北人民出版社,2000年

26. 張思齊:太一生水與道教玄武神格,郭店楚簡國際學術討論會論文,武漢大學,1999年10月;武漢大學中國文化研究院:《郭店楚簡國際學術研討會論文集》,武漢:湖北人民出版社,2000年

27. 魏啓鵬:《太一生水》札記,郭店楚簡國際學術討論會論文,武漢大學,1999年10月;武漢大學中國文化研究院:郭店楚簡國際學術研討會論文集,武漢:湖北人民出版社,2000年;《中國哲學史》2000年第1期

28. 顏世安:道與自然知識——談《太一生水》在道家思想史上的地位,郭店楚簡國際學術討論會論文,武漢大學,1999年10月;武漢大學中國文化研究院:《郭店楚簡國際學術研討會論文集》,武漢:湖北人民出版社,2000年

29. 陳松長:《太一生水》考論,郭店楚簡國際學術討論會論文,武漢大學,1999年10月;武漢大學中國文化研究院:《郭店楚簡國際學術研討會論文

集》，武漢：湖北人民出版社，2000年；陳松長：《簡帛研究文稿》，北京：綫裝書局，2007年

30. 陳偉：《太一生水》篇校讀並論與《老子》的關係，郭店楚簡國際學術討論會論文，武漢大學，1999年10月；武漢大學中國文化研究院：《郭店楚簡國際學術研討會論文集》，武漢：湖北人民出版社，2000年；《古文字研究》第22輯，北京：中華書局，2000年

31. 邢文：《太一生水》與《乾鑿度》，郭店楚簡國際學術討論會論文，武漢大學，1999年10月；武漢大學中國文化研究院：《郭店楚簡國際學術研討會論文集》，武漢：湖北人民出版社，2000年

32. ［美］艾蘭：太一・水・郭店《老子》，郭店楚簡國際學術討論會論文，武漢大學，1999年10月；武漢大學中國文化研究院：《郭店楚簡國際學術研討會論文集》，武漢：湖北人民出版社，2000年

33. 陳偉：《太一生水》考釋，《古文字與古文獻》試刊號，臺北：楚文化研究會，1999年10月

34. 林亨錫：郭店楚簡《太一生水》篇與緯書，東京大學郭店楚簡研究會編：《郭店楚簡思想史的研究》第一卷，東京大學文學部中國思想文化學研究室，1999年11月

35. 邢文：《太一生水》與《淮南子》、《乾鑿度》再認識，《中國哲學》第21輯，瀋陽：遼寧教育出版社，2000年

36. 魯瑞菁：《郭店楚簡・太一生水》的思想特色，《鵝湖月刊》第二十五卷第九期，2000年3月

37. 裘錫圭：《太一生水》"名字"章解釋——兼論《太一生水》的分章問題，東京大學郭店楚簡研究會編：《郭店楚簡思想史的研究》第四卷，東京大學文學部中國思想文化學研究室，2000年6月；《古文字研究》第22輯，北京：中華書局，2000年；《中國出土古文獻十講》，上海：復旦大學出版社，2004年

38. 陳偉：《太一生水》校讀並論與《老子》的關係，《古文字研究》第22輯，北京：中華書局，2000年

39. 江山：太一生水：楚儒的體、相論，《清華簡帛研究》第1輯，2000年8

月；龐樸主編：《古墓新知》，臺灣古籍出版有限公司，2002 年

40. 李零：再讀郭店竹簡《太一生水》，《李學勤先生從事學術活動四十五周年紀念文集》，上海：上海人民出版社，2000 年

41. 陳忠信：《太一生水》渾沌創世初探，《鵝湖月刊》第 26 卷第 10 期，2001 年 4 月

42. 李雲峰：水的哲學思想——中國古代自然哲學之精華，《江漢論壇》2001 年第 3 期

43. 李存山：莊子思想中的道、一、氣——比照郭店楚簡《老子》和《太一生水》，簡帛研究網 www.jianbo.org01/06/17；《中國哲學史》2001 年第 4 期

44. 趙東栓：《太一生水》篇的宇宙圖式及其文化哲學闡釋，《齊魯學刊》2001 年第 4 期

45. [日]谷中信一："太一生水"考釋——論述其與今本《老子》的關係，長沙三國吳簡暨百年來簡帛發現與研究國際學術研討會，2001 年 8 月

46. 王志平：《太一生水》與《易》學——兼談中國古代的宇宙論，李學勤、謝桂華主編：《簡帛研究 2001》，桂林：廣西師範大學出版社，2001 年

47. 吳銳：《太一生水》與南方的柔教，李學勤、謝桂華主編：《簡帛研究 2001》，桂林：廣西師範大學出版社，2001 年

48. 李二民：讀《太一生水》札記，李學勤、謝桂華主編：《簡帛研究 2001》，桂林：廣西師範大學出版社，2001 年；龐樸主編：《古墓新知》，臺灣古籍出版有限公司，2002 年

49. 張思齊：論道家"太一生水"的生成途徑，《中國哲學史》2001 年第 3 期

50. 劉大鈞：《太一生水》篇管窺，《周易研究》2001 年第 4 期

51. 顏世安：從《太一生水》看先秦自然道論的分流，《江蘇社會科學》2001 年第 6 期

52. 丁四新：楚簡《太一生水》研究結論述要，簡帛研究網 www.jianbo.org02/02/19

53. 歐陽禎人：《太一生水》與先秦儒家的性情論，《孔子研究》2002 年第 1

期；《太一生水》與儒家的性情論的關係，艾蘭、邢文編：《新出簡帛研究》，北京：文物出版社，2004年

54. 丁四新：簡帛《老子》的思想研究之前沿問題報告，兼論《太一生水》的思想，《現代哲學》2002年第2期

55. 劉信芳：《太一生水》與《曾子天圓》的宇宙論問題，龐樸主編：《古墓新知》，臺灣古籍出版有限公司，2002年；《中華文史論叢》第77輯，上海：上海古籍出版社，2004年

56. 陶磊：《太一生水》發微，龐樸主編：《古墓新知》，臺灣古籍出版有限公司，2002年

57. 姚志華：《太一生水》與太一九宮占，龐樸主編：《古墓新知》，臺灣古籍出版有限公司，2002年

58. 陳忠信：《太一生水》之混沌神話，簡帛研究網 www.jianbo.org02/08/07

59. 趙衛東：《太一生水》"神明"新釋，《周易研究》2002年第5期

60. 蕭漢明：論楚簡《太一生水》的宇宙論與學派屬性，丁四新主編：《楚地簡帛思想研究（一）》，武漢：湖北教育出版社，2002年

61. 丁四新：楚簡《太一生水》研究——兼對當前《太一生水》研究的總體批評，丁四新主編：《楚地簡帛思想研究（一）》，武漢：湖北教育出版社，2002年

62. 胡小璐：郭店楚簡"太一生水"考察，丁四新主編：《楚地簡帛思想研究（一）》，武漢：湖北教育出版社，2002年

63. 劉學文：論郭店楚簡《太一生水》的本體論生成系統，《新疆大學學報》2003年第3期

64. 譚寶剛：《太一生水》乃老聃遺著——讀《太一生水》，簡帛研究網 www.jianbo.org03/9/20；荊門郭店楚簡研究（國際）中心編：《古墓新知——紀念郭店楚簡出土十周年論文專輯》，香港：國際炎黃文化出版社，2003年

65. 楊澤生：《太一生水》"成歲而止"和楚帛書"止以爲歲"，荊門郭店楚簡研究（國際）中心編：《古墓新知——紀念郭店楚簡出土十周年論文專輯》，香

港：國際炎黃文化出版社，2003年

66. 陳偉武：戰國竹簡與傳世子書字詞合證，《第三屆國際中國古文字學研討會論文集》，香港中文大學，1997年10月（釋簡10"青昏"爲"請聞"）

67. 蕭兵："太一生水"的神話學研究，《華中師範大學學報》2003年第6期

68. 李曉宇：《太一生水》校補兩則，簡帛研究網 www.jianbo.org04/08/01

69. 蔡運章、戴霖：論楚簡《太一生水》的宇宙生成模式，《四川文物》2004年第2期

70. 譚寶剛：再論《太一生水》乃老聃遺著，《徐州師範大學學報》2004年第4期

71. 王春：《太一生水》中的"太一"試詮，《山東大學學報》2004年第4期

72. 陳恩林：論《太一生水》與《老子》及《易傳》的關係——《太一生水》不屬於道家學派，《社會科學戰綫》2004年第6期

73. 黃康斌、何江鳳："太一"源流考：兼論《太一生水》中"太一"之含義，《沙洋師範高等專科學校學報》2004年第6期

74. ［美］艾蘭：郭店楚簡新見老子道德經與中國古代宇宙觀，艾蘭、邢文編：《新出簡帛研究》，北京：文物出版社，2004年

75. 馮時："太一生水"思想的數術基礎，艾蘭、邢文編：《新出簡帛研究》，北京：文物出版社，2004年

76. 劉祖信：《太一生水》淺議，艾蘭、邢文編：《新出簡帛研究》，北京：文物出版社，2004年

77. 貝山：陰與陽是如何生成的？一條根據《太一生水》重建的中國自然哲學理論，艾蘭、邢文編：《新出簡帛研究》，北京：文物出版社，2004年

78. 劉文英：關於《太一生水》的幾個問題，艾蘭、邢文編：《新出簡帛研究》，北京：文物出版社，2004年

79. 廖名春：試論郭店簡《太一生水》篇的綴補，艾蘭、邢文編：《新出簡帛研究》，北京：文物出版社，2004年

80. [日]谷中信一：《太一生水》考釋，李學勤、謝桂華主編：《簡帛研究二〇〇二、二〇〇三》，桂林：廣西師範大學出版社，2005 年

81. 陳蔚松：楚簡《太一生水》篇"青昏其名"釋證，楊昶等著：《出土文獻探賾》，武漢：崇文書局，2005 年（讀"青昏"爲"青冥"）

82. 李若暉：論郭店簡中《老子》丙篇與《太一生水》當爲二書，武漢大學中國傳統文化研究中心等：《新出楚簡國際學術研討會會議論文集》，2006 年 6 月

83. 李鋭：《太一生水》補疏，《簡帛研究二〇〇四》，桂林：廣西師範大學出版社，2006 年

84. 張書豪：楚簡《太一生水》劄記，簡帛 www.bsm.org.cn(06/08/23)；《簡帛》第 2 輯，上海：上海古籍出版社，2007 年

85. 郭靜雲：先秦自然哲學中"水"與"或"、"天"與"氣"概念——續探《太一》與《恆先》生成論之異同，武漢大學簡帛研究中心：《中國簡帛學國際論壇 2006 論文集》，2006 年 11 月

86. 鄭吉雄：試論《乾·彖》所記兩種宇宙論——從《太一生水》談起，武漢大學簡帛研究中心：《中國簡帛學國際論壇 2006 論文集》，2006 年 11 月

87. 李鋭：《太一生水》補疏，簡帛研究網 www.jianbo.org 2007/5/26

88. 張書豪：楚簡《太一生水》劄記——以簡九至簡十四爲核心的討論，簡帛 www.bsm.org.cn(07/07/13)；《簡帛》第 3 輯，上海：上海古籍出版社，2008 年

89. 譚寶剛：楚簡《太一生水》"托其名"考，《管子研究》2007 年第 3 期

90. 郭靜雲：《上海博物館竹簡·恆先》與《郭店楚簡·太一》中造化三元概念，《簡帛》第 2 輯，上海：上海古籍出版社，2007 年

91. 鄭吉雄：從《太一生水》試論《乾·彖》所記兩種宇宙論，《簡帛》第 2 輯，上海：上海古籍出版社，2007 年

92. 王連成：也談《太一生水》"名字"章及其與《老子》之間的關係，簡帛研究網 www.jianbo.org 2007/9/12

93. 賈海燕："太一生水"的養生學闡釋——兼論該篇存在的天人觀，《江

漢論壇》2007年第11期

94. 郭静雲：先秦自然哲學中"天恆"觀念（竹簡《太一》與《恆先》論及宇宙源頭），簡帛研究網 www.jianbo.org2007/12/6

95. 郭静雲："神明"考，中華孔子學會：《中國儒學》叢刊，北京：商務出版社，2007年；簡帛研究網 www.jianbo.org 2008/5/4

96. 號安德：再論《太一生水》中宇宙生成論的結構及想法，簡帛 www.bsm.org.cn（09/06/22）

八　子羔

專著

1. 馬承源主編：上海博物館藏戰國楚竹書（二），上海：上海古籍出版社，2002年

論文

1. 陳劍：上博簡《子羔》、《從政》篇的拼合與編連問題小議，簡帛研究網 www.jianbo.org03/01/08；《文物》2003年第5期

2. 李鋭：讀上博簡（二）《子羔》札記，簡帛研究網 www.jianbo.org03/01/10

3. 徐在國：上博竹書《子羔》瑣記，簡帛研究網 www.jianbo.org03/01/11；《上博館藏戰國楚竹書研究續編》，上海：上海書店出版社，2004年；黃德寬、何琳儀、徐在國：《新出楚簡文字考》，合肥：安徽大學出版社，2007年

4. 曹建國：讀上博簡《子羔》札記，簡帛研究網 www.jianbo.org03/01/12

5. 張富海：上博簡《子羔》篇"后稷之母"節考釋，簡帛研究網 www.jianbo.org03/01/17；《上博館藏戰國楚竹書研究續編》，上海：上海書店出版社，2004年

6. 俞志慧：《子羔》："播諸"還是"采諸"畎畝之中，簡帛研究網 www.jianbo.org03/01/24

7. 蘇建洲：《上博簡·子羔》簡11"㝃"字三議，簡帛研究網 www. jianbo. org03/03/21

8. 鄭玉姍：《上博·子羔》11 簡㝃字管見之補述，簡帛研究網 www. jianbo. org03/03/25

9. 廖名春：上博簡《子羔》篇試補，《中州學刊》2003 年第 6 期

10. 廖名春：異中求同，先信後釋——以上博簡子羔感生神話考釋爲例，"出土文獻研究方法學術研討會"論文，臺北：臺灣大學東亞文明研究中心，2003 年 10 月

11. 白於藍："玄咎"考，簡帛研究網 www. jianbo. org03/01/19；《吉林大學古籍研究所建所二十周年紀念文集》，長春：吉林文史出版社，2003 年

12. 廖名春：上博簡《子羔》篇感生神話試探，《福建師範大學學報》2003 年第 6 期

13. 裘錫圭：談談上博簡《子羔》篇的簡序，《上博館藏戰國楚竹書研究續編》，上海：上海書店出版社，2004 年；《中國出土古文獻十講》，上海：復旦大學出版社，2004 年

14. 李學勤：楚簡《子羔》研究，《上博館藏戰國楚竹書研究續編》，上海：上海書店出版社，2004 年

15. 廖名春：《子羔》篇感生簡文考釋，《上博館藏戰國楚竹書研究續編》，上海：上海書店出版社，2004 年

16. 張桂光：《上博簡》（二）《子羔》篇釋讀札記，《上博館藏戰國楚竹書研究續編》，上海：上海書店出版社，2004 年；《華南師範大學學報》2004 年第 4 期

17. 林志鵬：戰國楚竹書《子羔》篇復原芻議，《上博館藏戰國楚竹書研究續編》，上海：上海書店出版社，2004 年

18. 李銳：試論上博簡《子羔》諸章的分合，《上博館藏戰國楚竹書研究續編》，上海：上海書店出版社，2004 年

19. 羅新慧：從上博簡《子羔》和《容成氏》看古史傳說中的后稷，《史學月刊》2005 年第 2 期

20. 饒宗頤:《詩》與古史——從新出土楚簡談玄鳥傳說與早期殷史,饒宗頤:《新出土文獻論證》,上海:上海古籍出版社,2005年

21. 饒宗頤:"玄鳥"補考,饒宗頤《新出土文獻論證》,上海:上海古籍出版社,2005年

22. 郭永秉:讀《六德》、《子羔》、《容成氏》札記三則,簡帛 www.bsm.org.cn(06/05/26)(討論簡4"敏以好詩")

23. [韓]李承律:上博楚簡《子羔》の感生説と二重の受命論,武漢大學中國傳統文化研究中心等:《新出楚簡國際學術研討會會議論文集》,2006年6月

24. 李鋭:上博簡《子羔》、《交交鳴烏》札記二則,簡帛 www.bsm.org.cn (06/10/01)

25. 裘錫圭:釋《子羔》篇"䋣"字並論商得金德之説,武漢大學簡帛研究中心:《中國簡帛學國際論壇2006論文集》,2006年11月;《簡帛》第2輯,上海:上海古籍出版社,2007年

26. 郭永秉:説《子羔》簡4的"敏以好詩",復旦大學出土文獻與古文字研究中心編:《出土文獻與古文字研究》第1輯,上海:復旦大學出版社,2006年

27. 黄人二:《論語·雍也》篇"齊一變至於魯"章與上博藏簡《子羔》之編聯問題,上海社會科學院:《傳統中國研究集刊》第1輯,上海:上海人民出版社,2006年

28. 魯瑞菁:上海博物館藏戰國楚竹書《子羔》感生神話内容析論——兼論其與兩漢經説的關係,上海社會科學院:《傳統中國研究集刊》第1輯,上海:上海人民出版社,2006年;《上海博物館藏戰國楚竹書(二)·子羔》感生神話内容析論,簡帛研究網 www.jianbo.org www.bsm.org 2009/1/5

29. 夏世華:《上海博物館藏戰國楚竹書(二)·子羔》集釋,簡帛 www.bsm.org.cn (08/07/29)

30. [美]艾蘭:楚竹書《子羔》與早期儒家思想的性質,www.gwz.fudan.edu.cn 2010-2-21;復旦大學出土文獻與古文字研究中心編:《出土文獻與傳世典籍的詮釋》,上海:上海古籍出版社,2010年

31. 陳家寧:説簡狄所吞的玄鳥之"卵",簡帛 www.bsm.org.cn (10/05/17);《古文字研究》第28輯,北京:中華書局,2010年

九　魯邦大旱

專著

1. 馬承源主編：上海博物館藏戰國楚竹書（二），上海：上海古籍出版社，2002年

論文

1. 廖名春：上海簡《魯邦大旱》札記，《2000年中國博士後學術大會第3期論文集·農林與西部發展分冊》，北京：科學出版社，2001年；廖名春編：《清華簡帛研究》第2輯，北京：清華大學思想文化研究所，2002年3月

2. 楊朝明：上博竹書《魯邦大旱》管見，《東嶽論叢》2002年第5期

3. 陳偉：讀《魯邦大旱》札記，簡帛研究網 www.jianbo.org 03/01/27；《上博館藏戰國楚竹書研究續編》，上海：上海書店出版社，2004年

4. 俞志慧：《魯邦大旱》句讀獻疑，簡帛研究網 www.jianbo.org 03/01/27

5. 秦樺林：上博簡《魯邦大旱》虛詞札記，簡帛研究網 www.jianbo.org 03/02/15

6. 季旭昇：上博二小議（三）：魯邦大旱、發命不夜，簡帛研究網 www.jianbo.org 03/05/21

7. 劉樂賢：上博簡《魯邦大旱》簡論，《文物》2003年第5期；劉樂賢：《戰國秦漢簡帛叢考》，北京：文物出版社，2010年

8. 廖名春：《魯邦大旱》的"重命"和"寺乎名"，簡帛研究網 www.jianbo.org 03/06/05

9. 彭浩：讀上海博物館藏戰國竹簡（二）札記，簡帛研究網 www.jianbo.org 03/09/13

10. 廖名春：上博藏楚簡《魯邦大旱》校補，《古籍整理研究學刊》2004年第1期

11. 李學勤：上博楚簡《魯邦大旱》解義，《孔子研究》2004年第1期；《上博館藏戰國楚竹書研究續編》，上海：上海書店出版社，2004年

12. 廖名春：試論楚簡《魯邦大旱》篇的內容与思想，《孔子研究》2004年第1期；《上博館藏戰國楚竹書研究續編》，上海：上海書店出版社，2004年

13. 曹峰：魯邦大旱初探，《上博館藏戰國楚竹書研究續編》，上海：上海書店出版社，2004年

14. 楊朝明：上博竹書《魯邦大旱》小議，《上博館藏戰國楚竹書研究續編》，上海：上海書店出版社，2004年

15. 林志鵬：《魯邦大旱》詮解，《上博館藏戰國楚竹書研究續編》，上海：上海書店出版社，2004年

16. 范麗梅：上博楚簡《魯邦大旱》注譯，《上博館藏戰國楚竹書研究續編》，上海：上海書店出版社，2004年

17. ［日］廣瀨薰雄：關於《魯邦大旱》的幾個問題，《武漢大學學報》2004年第4期

18. 康少峰：《魯邦大旱》歧釋文字管見，《四川大學學報》2004年第5期

19. 羅新慧：從上博簡《魯邦大旱》之"敓"看古代的神靈觀念，《學術月刊》2004年第10期

20. 劉信芳：上博藏楚簡《魯邦大旱》"踵命"試解，《古籍整理研究學刊》2005年第1期；《孔子研究》2005年第5期

21. 高佑仁：論《魯邦大旱》、《曹沫之陣》之"飯"字，簡帛研究網 www.jianbo.org 05/02/20

22. 秦樺林：楚簡《魯邦大旱》"重命"解，簡帛研究網 www.jianbo.org 06/01/15

23. 李桂民：上博簡《魯邦大旱》的史實背景和思想特點新論，《聊城大學學報》2007年第2期

24. 裘錫圭：說《魯邦大旱》"抑吾子如重命丌歟"句，饒宗頤主編：《華學》第9、10輯（一），上海：上海古籍出版社，2008年

25. 歐陽禎人：孔子的宗教思想研究——從《魯邦大旱》說起，王中江、李存山主編《中國儒學》第3輯，北京：中國社會科學出版社，2008年

十　恆先

專著

1. 馬承源主編：上海博物館藏戰國楚竹書（三），上海：上海古籍出版社，2003 年

論文

1. 朱淵清："域"的形上學意義，簡帛研究網 www.jianbo.org04/04/18；《簡帛考論》，上海：上海古籍出版社，2007 年

2. 李銳：《恆先》淺釋，簡帛研究網 www.jianbo.org04/04/20

3. 李學勤：楚簡《恆先》首章釋義，簡帛研究網 www.jianbo.org04/04/23；《中國哲學史》2004 年第 3 期

4. 龐樸：《恆先》試讀，簡帛研究網 www.jianbo.org 04/04/26；《中國思想史研究通訊》2004 年第 2 期

5. 范麗梅：上博楚簡《亙先》選釋（初稿），新出戰國楚竹書研讀會第七次會議報告論文，國科會人文學研究中心，2004 年 5 月

6. 王志平：《恆先》管窺，簡帛研究網 www.jianbo.org04/05/08

7. 顧史考：上博竹書《恆先》簡序調整一則，簡帛研究網 www.jianbo.org04/05/08

8. 郭齊勇：《恆先》——道法家形名思想的佚篇，簡帛研究網 www.jianbo.org04/05/08；《江漢論壇》2004 年 8 期；丁四新主編：《楚地簡帛思想研究（二）》，武漢：湖北教育出版社，2005 年

9. 吳根友：上博楚簡《恆先》篇哲學思想探析，簡帛研究網 www.jianbo.org04/05/08；丁四新主編：《楚地簡帛思想研究（二）》，武漢：湖北教育出版社，2005 年

10. 黃人二、林志鵬：上博藏簡第三冊恆先試探，簡帛研究網 www.

jianbo. org04/05/14；讀上博藏簡《恆先》書後，《黃盛璋先生八秩華誕紀念文集》，北京：中國教育文化出版社，2005年

11. 董珊：楚簡《恆先》初探，簡帛研究網 www. jianbo. org04/05/14

12. 曹峰：《恆先》編聯、分章、釋讀札記，簡帛研究網 www. jianbo. org04/05/16

13. 劉信芳：上博藏竹書《恆先》試解，簡帛研究網 www. jianbo. org04/05/16

14. 劉貽群：《恆先》蠡測，簡帛研究網 www. jianbo. org04/05/23

15. 丁四新：有氣之辨和氣的思想——楚簡《亙先》首章哲學釋義，《中國哲學史》2004年第3期

16. 廖名春：上博藏竹書《恆先》新釋，《中國哲學史》2004年第3期

17. 李鋭："氣是自生"：《恆先》獨特的宇宙論，《中國哲學史》2004年第3期；簡帛研究網 www. jianbo. org2006/12/17

18. 郭剛：上博楚簡《恆先》之"恆先""恒氣"窺探，簡帛研究網 www. jianbo. org04/06/06

19. 劉貽群：試論《恆先》的"自生"，簡帛研究網 www. jianbo. org04/06/13

20. 季旭昇：《上博三·恆先》"意出於生，言出於意"説，簡帛研究網 www. jianbo. org04/06/22；《中國文字》新第30期，臺北：藝文印書館，2005年

21. 丁四新：楚簡《恆先》章句釋義，簡帛研究網 www. jianbo. org04/07/25；丁四新主編：《楚地簡帛思想研究（二）》，武漢：湖北教育出版社，2005年；馮天瑜主編：《人文論叢》2004年卷，武漢大學出版社，2005年

22. 曹峰：《恆先》解讀·上，日本上海博楚簡研究会第11次例會，東京大學，2004年7月25日

23. 曹峰：《恆先》解讀·下，日本上海博楚簡研究会第12次例會，東京大學，2004年9月25日

24. ［日］淺野裕一：上博楚簡恆先的道家特色，"多元視野中的中國歷史"

國際研討會,清華大學,2004年8月;《清華大學學報》2005年第3期;《戰國楚簡研究》第三部分第八章,臺灣萬卷樓圖書公司,2004年;早稻田大學《長江流域文化研究所年報》第三號,2005年1月;淺野裕一編《竹簡が語る古代中國思想—上博楚簡研究—》第9章,汲古書院,2005年

  25. 董珊:楚簡《恆先》"詳宜利巧"解釋,簡帛研究網 www.jianbo.org04/11/09

  26. 陳靜:宇宙生成的理論——《恆先》在思想視野下的一種解讀,《自由與秩序的困惑——淮南子研究》第八章,昆明:雲南大學出版社,2004年

  27. 曹峰:楚簡《恆先》"祥義利巧綵物出於作"解,簡帛研究網 www.jianbo.org04/12/26

  28. 黃人二、林志鵬:上海藏簡第三冊《恆先》試探,饒宗頤主編:《華學》第7輯,2004年12月

  29. 曹峰:從"自生"到"自爲"——《恆先》政治哲學探析,簡帛研究網 www.jianbo.org05/01/04;臺灣研究院歷史語言研究所《古今論衡》第十四期,2006年5月

  30. 趙建功:《恆先》易解·上(修訂稿),簡帛研究網 www.jianbo.org05/01/26

  31. 秦樺林、淩瑜:"習以不可改也"——楚簡《恆先》中有關"語言符號的強制性"的思想,簡帛研究網 www.jianbo.org05/01/26

  32. 劉貽群:《恆先》三題,《文史哲》2005年第1期;楚簡《恆先》三題,丁四新主編:《楚地簡帛思想研究(二)》,武漢:湖北教育出版社,2005年

  33. 鄭萬耕:楚竹書《恆先》簡說,《齊魯學刊》2005年第1期

  34. 季旭昇:從"求而不患"談《上博三·恆先》後半部的解讀,新出土文獻與先秦思想重構國際學術研討會,臺灣大學哲學系,2005年3月

  35. 丁原植:《恆先》與古典哲學的始源問題,新出土文獻與先秦思想重構國際學術研討會,臺灣大學哲學系,2005年3月

  36. [日]竹田健二:上博楚簡《恆先》における気の思想,淺野裕一編《竹簡が語る古代中國思想—上博楚簡研究—》第10章,汲古書院,2005年;大阪大學中國哲學學會編《中國研究集刊》第36號(特集《出土楚簡の語る世界——戰國楚簡と中國思想史研究》),2005年6月

37. 曹峰：談《恆先》的編聯與分章，《清華大學學報》2005年第3期

38. 陳鼓應：恆先宇宙演化論及異性附欲說，第十次簡帛文哲研讀會，臺北，2005年9月

39. ［日］中嶋隆藏：《上海博物館藏戰國楚竹書（三）》所收"亙先"小考，《東洋學集刊》第94號，2005年10月

40. 曹峰：《恆先》所見"名"之分析（提綱），楚文化研究會第九次年會，湖南省博物館，2005年10月

41. 李銳：由竹書《恆先》看漢晉學術，《湖南大學學報》2005年第5期；簡帛研究網 www.jianbo.org 2007/01/06

42. 林義正：論《恆先》的宇宙思維——基於內觀功夫的另一個詮釋，出土簡帛文獻與古代學術國際研討會，臺灣政治大學，2005年12月

43. 郭梨華：《亙先》及先秦道家哲學論題探究，出土簡帛文獻與古代學術國際研討會，臺灣政治大學，2005年12月

44. 林明照：論《亙先》有無關係的哲學意涵，出土簡帛文獻與古代學術國際研討會，臺灣政治大學，2005年12月

45. 陳麗桂：近年出土道家簡帛所呈現的道論及其相關思想，出土簡帛文獻與古代學術國際研討會，臺灣政治大學，2005年12月

46. 趙建功：《恆先》意解，《華中科技大學學報》2006年第2期

47. 趙建功：以《易》解《恆先》六則，《中國哲學史》2006年第1期

48. 李零：上博楚簡《恆先》語譯，《中華文史論叢》2006年第1期

49. ［日］谷中信一：《恆先》宇宙論析義，武漢大學中國傳統文化研究中心等：《新出楚簡國際學術研討會會議論文集》，2006年6月；丁四新主編：《楚地簡帛思想研究（三）》，武漢：湖北教育出版社，2007年

50. 王葆玹：《恆先》思想研究，武漢大學中國傳統文化研究中心等：《新出楚簡國際學術研討會會議論文集》，2006年6月

51. ［俄羅斯］郭靜雲：先秦自然哲學中"天恆"觀念，武漢大學中國傳統文化研究中心等：《新出楚簡國際學術研討會會議論文集》，2006年6月；郭齊勇主編：《儒家文化研究》第1輯，北京：生活・讀書・新知三聯書店，2007年

52. 李銳：讀《恆先》札記，簡帛 www.bsm.org.cn(06/08/16)

53. 季旭昇：《恆先》分章語釋，饒宗頤主編：《華學》第8輯，北京：紫禁城出版社，2006年

54. 季旭昇：從隨文作解的體例談《恆先》的詮解，武漢大學簡帛研究中心主辦：《簡帛》第1輯，上海：上海古籍出版社，2006年

55. 郭靜雲：先秦自然哲學中"水"與"或"、"天"與"氣"概念——續探《太一》與《恆先》生成論之異同，武漢大學簡帛研究中心：《中國簡帛學國際論壇2006論文集》，2006年11月

56. 陶磊：《恆先》思想探微，簡帛研究網 www.jianbo.org 2006/12/17

57. 曹峰：《恆先》已發表論著一覽，簡帛研究網 www.jianbo.org 2006/12/24

58. 裘錫圭：是"恆先"還是"極先"？"2007中國簡帛學國際論壇"，臺灣大學，2007年11月；www.gwz.fudan.edu.cn 2009－6－2

59. 夏德安：讀上海博物館楚簡《恆先》，"2007中國簡帛學國際論壇"，臺灣大學，2007年11月

60. 李銳：讀《恆先》札記，丁四新主編：《楚地簡帛思想研究（三）》，武漢：湖北教育出版社，2007年

61. 李銳：釋《恆先》之"凡言名，先者有疑，無言之，後者校比焉"，簡帛研究網 www.jianbo.org 2007/8/13

62. 郭靜雲：《上海博物館竹簡·恆先》與《郭店楚簡·太一》中造化三元概念，《簡帛》第2輯，上海：上海古籍出版社，2007年；簡帛研究網 www.jianbo.org 2008/9/18

63. 王中江：《恆先》的宇宙觀及人間觀的構造，《文史哲》2008年第2期；簡帛研究網 www.jianbo.org 2008/10/19

64. 陳靜：《恆先》：宇宙生成理論背景下的一種解讀，簡帛研究網 www.jianbo.org 2008/5/15

65. 曹峰：《恆先》已發表論著一覽（增補），簡帛研究網 www.jianbo.org 2008/5/15

66. 郭靜雲：閱讀恆先，簡帛研究網 www.jianbo.org 2008/7/25

67. 曹峰:《恆先》研究綜述——兼論《恆先》今後研究的方法,《中國哲學史》2008 年第 4 期;簡帛研究網 www.jianbo.org 2009/1/5

68. 裘錫圭:說"建之以常無有",《復旦大學學報》2009 年第 1 期

69. 邢文:釋"樸",復旦大學出土文獻與古文字研究中心編:《出土文獻與傳世典籍的詮釋》,上海:上海古籍出版社,2010 年

十一　柬大王泊旱

專著

1. 馬承源主編:上海博物館藏戰國楚竹書(四),上海:上海古籍出版社,2004 年

論文

1. 季旭昇:《上博四·柬大王泊旱》三題,簡帛研究網 www.jianbo.org05/02/12

2. 陳劍:上博竹書《昭王與龔之脽》和《柬大王泊旱》讀後記,簡帛研究網 www.jianbo.org05/02/15

3. 陳斯鵬:《柬大王泊旱》編聯補議,簡帛研究網 www.jianbo.org05/03/10

4. 劉信芳:竹書《柬大王泊旱》試解五則,簡帛研究網 www.jianbo.org05/03/14

5. 宋華強:新蔡簡和《柬大王泊旱》的"乃而",簡帛 www.bsm.org.cn(06/09/24)

6. 周鳳五:上博四《柬大王泊旱》重探,武漢大學簡帛研究中心主辦:《簡帛》第 1 輯,上海:上海古籍出版社,2006 年 10 月

7. [日]工藤元男:楚文化圈所見卜筮祭禱習俗——以上博楚簡《柬大王泊旱》爲中心,武漢大學簡帛研究中心主辦:《簡帛》第 1 輯,上海:上海古籍出版社,2006 年

8. 張桂光:《柬大王泊旱》編聯與釋讀略説,《古文字研究》第 26 輯,北京:中華書局,2006 年

9. 葉國良:《柬大王泊旱》詮解,武漢大學簡帛研究中心:《中國簡帛學國際論壇 2006 論文集》,2006 年 11 月;《簡帛》第 2 輯,上海:上海古籍出版社,2007 年

10. 陳偉:《簡大王泊旱》新研,簡帛 www.bsm.org.cn(06/11/22);武漢大學簡帛研究中心:《中國簡帛學國際論壇 2006 論文集》,2006 年 11 月;《簡帛》第 2 輯,上海:上海古籍出版社,2007 年

11. 曹銀晶:《上博・柬大王泊旱》瑣記,簡帛 www.bsm.org.cn(06/12/17)

12. 季旭昇:《柬大王泊旱》解題,簡帛 www.bsm.org.cn(07/02/03)

13. 何有祖:釋《簡大王泊旱》"臨"字,簡帛 www.bsm.org.cn(07/02/20)(釋簡 14 "❀" 爲 "臨")

14. 張崇禮:讀上博四《簡大王泊旱》雜記,簡帛 www.bsm.org.cn(07/06/03)

15. 劉信芳:上博藏竹書《柬大王泊旱》聖人諸梁考,《中國史研究》2007 年第 4 期

16. 王準:上博四《柬大王泊旱》中的祈雨巫術及相關問題,《江漢論壇》2008 年第 5 期

17. [日]淺野裕一:上博楚簡《柬大王泊旱》之災異思想,www.gwz.fudan.edu.cn 2009—9—13

18. 羅小華:"仰天嘘而泣"説,簡帛 www.bsm.org.cn (09/09/29)

19. 蘇建洲:《柬大王泊旱》簡 18 "軒轅" 試論,www.gwz.fudan.edu.cn 2009—12—9

20. 來國龍:《柬大王泊旱》的敍事結構與宗教背景,簡帛 www.bsm.org.cn(12/07/06)

十二　競建內之

專著

1. 馬承源主編：上海博物館藏戰國楚竹書（五），上海：上海古籍出版社，2005 年

論文

1. 何有祖：上博五楚竹書《競建內之》劄記五則，簡帛 www.bsm.org.cn（06/02/18）

2. 李天虹：上博五《競》、《鮑》篇校讀四則，簡帛 www.bsm.org.cn（06/02/19）

3. 范常喜：《上博五·競建內之》簡 2"彝"字試說，簡帛 www.bsm.org.cn（06/02/20）

4. 劉樂賢：讀上博五《競建內之》劄記，簡帛 www.bsm.org.cn（06/02/20）

5. 劉樂賢："遠者不方"補說，簡帛 www.bsm.org.cn（06/02/20）

6. 陳偉：《競建內之》《鮑叔牙與隰朋之諫》零識，簡帛 www.bsm.org.cn（06/02/22）

7. 何有祖：上博（五）零釋，簡帛 www.bsm.org.cn（06/02/22）

8. 楊澤生：讀上博簡《競建內之》短劄兩則，簡帛 www.bsm.org.cn（06/02/24）

9. 林志鵬：上博楚竹書《競建內之》重編新解，簡帛 www.bsm.org.cn（06/02/25）

10. 許無咎：上博楚竹書（五）《競建內之》篇劄記，簡帛研究網 www.jianbo.org06/2/25

11. 郭永秉：關於《競建》和《鮑叔牙》的字體問題，簡帛 www.bsm.org.cn（06/03/05）

12. 趙平安:"進芋俐子以馳于倪廷"解,簡帛 www.bsm.org.cn(06/03/31)

13. 高佑仁:談《競建内之》兩處與"害"有關的字,簡帛 www.bsm.org.cn(06/06/13)

14. 陳劍:也談《競建内之》簡7的所謂"害"字,簡帛 www.bsm.org.cn(06/06/16)(釋爲"夭")

15. [日]廣瀨薰雄:何謂"競建内之",武漢大學中國傳統文化研究中心等:《新出楚簡國際學術研討會會議論文集》,2006年6月

16. 趙平安:上博藏楚竹書《競建内之》第9至10號簡考辯,武漢大學中國傳統文化研究中心等:《新出楚簡國際學術研討會會議論文集》,2006年6月;《出土文獻研究》第8輯,上海:上海古籍出版,2007年;趙平安:《新出簡帛與古文字古文獻研究》,北京:商務印書館,2009年12月

17. 蘇建洲:《上博(五)·競建内之》"亥弋"字小考,簡帛 www.bsm.org.cn(06/07/23)

18. 高佑仁:談《競建内之》簡六之"謫怒",簡帛 www.bsm.org.cn(06/08/16)

19. 劉信芳:上博藏竹書所載殷高宗政令及相關問題,《中國歷史文物》2006年第5期

20. 周鳳五:上博五《競建内之》、《鮑叔牙與隰朋之諫》重探(初稿),中國古文字研究會第十六屆年會暨國際學術研討會論文,廣州:華南師範大學,2006年11月

21. 顏世鉉:星弁子釋讀的補正,簡帛研究網 www.jianbo.org 2007/5/8

22. 李鋭:上博(五)札記二則,《古籍整理研究學刊》2007年第2期(第一則爲:《競建内之》的篇名問題)

23. 吳國源:上博(五)《競建内之》"日既"考釋,《簡帛》第2輯,上海:上海古籍出版社,2007年

24. 朱艷芬:《競建内之》與《鮑叔牙與隰朋之諫》集釋,吉林大學碩士學位論文,2008年4月

25. 高佑仁:釋《競建内之》簡7的"則質諸鬼神曰:'天地明棄我矣?'",簡帛 www.bsm.org.cn(08/05/31)

26. 朱艷芬、邱傳亮：讀《競建人之》札記兩則，《古籍研究》2008 卷上（總第 53 期），合肥：安徽大學出版社，2008 年 12 月

27. 黃人二：從上博藏簡第五冊《競建內之》看《尚書》"高宗肜日，越有雊雉"句之古義與新解——兼論戰國中晚期楚國之內政，彭林主編：《中國經學》第 5 輯，桂林：廣西師範大學出版社，2009 年

十三　鮑叔牙與隰朋之諫

專著

1. 馬承源主編：上海博物館藏戰國楚竹書（五），上海：上海古籍出版社，2005 年

論文

1. 何有祖：上博五《鮑叔牙與隰朋之諫》試讀，簡帛 www.bsm.org.cn (06/02/19)

2. 季旭昇：《上博五·鮑叔牙與隰朋之諫》"毋內錢器"句小考，簡帛 www.bsm.org.cn (06/02/23)

3. 李天虹：再談《鮑叔牙與隰朋之諫》中的"息"字，簡帛 www.bsm.org.cn (06/03/01)

4. 彭浩："錢器"小議，簡帛 www.bsm.org.cn (06/03/01)

5. 范常喜：《上博五·鮑叔牙與隰朋之諫》簡 3"秥"字試說，簡帛 www.bsm.org.cn (06/03/02)

6. 劉信芳："錢器"補說，簡帛 www.bsm.org.cn (06/03/03)

7. 陳偉：《鮑叔牙與隰朋之諫》零識（續），簡帛 www.bsm.org.cn (06/03/05)

8. 范常喜：關於"秥"字的一點補充，簡帛 www.bsm.org.cn (06/03/06)

9. 季旭昇：《上博五·鮑叔牙與隰朋之諫》"篤歡附忨"解，簡帛 www.bsm.org.cn (06/03/06)

10. 彭浩:"有司箸作浮老弱不刑"解,簡帛 www.bsm.org.cn(06/03/07)

11. 蘇建洲:《上博(五)·鮑叔牙與隰朋之諫》"豎刁與易牙爲相"章字詞考釋,簡帛 www.bsm.org.cn(06/03/17)

12. 王三峽:"貴尹"試解,簡帛 www.bsm.org.cn(06/03/28)

13. 彭浩:試説"畎繄短,田繄長,百糧筆",簡帛 www.bsm.org.cn(06/04/02)

14. 董珊:阮校《孟子》與《鮑》簡對讀,簡帛 www.bsm.org.cn(06/04/02)

15. 陳偉:也説《鮑叔牙與隰朋之諫》與《管子·霸形》的對讀,簡帛 www.bsm.org.cn(06/04/04)

16. 魯家亮:《鮑叔牙與隰朋之諫》與《管子·戒》對讀劄記,簡帛 www.bsm.org.cn(06/04/13)

17. 林志鵬:釋《鮑叔牙與隰朋之諫》簡三"如秙加之以敬",簡帛 www.bsm.org.cn(06/04/21)

18. 張富海:上博簡五釋詞兩則,簡帛 www.bsm.org.cn(06/05/10)

19. 張富海:上博簡五《鮑叔牙與隰朋之諫》補釋,簡帛 www.bsm.org.cn(06/05/10);《北方論叢》2006 年第 4 期

20. 林志鵬:釋《鮑叔牙與隰朋之諫》簡二"句(從辵)侚",簡帛 www.bsm.org.cn(06/05/11)

21. 尚賢:小議上博簡《鮑叔牙與隰朋之諫》中的虛詞"凡",簡帛 www.bsm.org.cn(06/05/13);沈培:小議上博簡《鮑叔牙與隰朋之諫》中的虛詞"凡",復旦大學出土文獻與古文字研究中心編:《出土文獻與古文字研究》第 1 輯,上海:復旦大學出版社,2006 年

22. 何有祖:"百糧重命"補説,簡帛 www.bsm.org.cn(06/06/07)

23. 林志鵬:《鮑叔牙與隰朋之諫》"旁(從土)地"、"公君(從二蟲)"二詞試解,簡帛 www.bsm.org.cn(06/06/26)

24. 何琳儀:貴尹求義,武漢大學中國傳統文化研究中心等:《新出楚簡國際學術研討會會議論文集》,2006 年 6 月(讀"尹"爲朘);丁四新主編:《楚地簡帛思想研究(三)》,武漢:湖北教育出版社,2007 年;《中華文史論叢》2007 年第 4 輯

25. 季旭昇：上博五《鮑叔牙與隰朋之諫》試讀，武漢大學中國傳統文化研究中心等：《新出楚簡國際學術研討會會議論文集》，2006年6月；丁四新主編：《楚地簡帛思想研究（三）》，武漢：湖北教育出版社，2007年

26. 彭浩：《鮑叔牙與隰朋之諫》考釋二則，武漢大學中國傳統文化研究中心等：《新出楚簡國際學術研討會會議論文集》，2006年6月；丁四新主編：《楚地簡帛思想研究（三）》，武漢：湖北教育出版社，2007年

27. 李守奎：《鮑叔牙與隰朋之諫》補釋，武漢大學中國傳統文化研究中心等：《新出楚簡國際學術研討會會議論文集》，2006年6月；丁四新主編：《楚地簡帛思想研究（三）》，武漢：湖北教育出版社，2007年

28. 郭梨華：《鮑叔牙與隰朋之諫》有關"日食"之探究——兼論《管子》禮與法，武漢大學中國傳統文化研究中心等：《新出楚簡國際學術研討會會議論文集》，2006年6月；郭齊勇主編：《儒家文化研究》第1輯，北京：生活·讀書·新知三聯書店，2007年

29. 袁國華：《上博楚竹書（五）鮑叔牙與隰朋之諫》"鈇（伐）器"、"滂沱"考釋，武漢大學中國傳統文化研究中心等：《新出楚簡國際學術研討會會議論文集》，2006年6月；《中國文字》新第32期，臺北：藝文印書館，2006年

30. 范常喜：《上博五·鮑叔牙與隰朋之諫》簡5"悟"字試解，簡帛 www.bsm.org.cn(06/07/07)

31. 李學勤：試釋楚簡《鮑叔牙與隰朋之諫》，《文物》2006年第9期

32. 李銳：《鮑叔牙與隰朋之諫》"迵伺"試解，簡帛研究網 www.jianbo.org2006/11/26

33. 林志鵬：戰國楚竹書《鮑叔牙與隰朋之諫》"剸民獵樂"試解，簡帛 www.bsm.org.cn(06/12/09)

34. 方勇：釋上博簡《鮑叔牙與隰朋之諫》中的"悁悁"一詞，簡帛 www.bsm.org.cn(06/12/23)

35. 劉信芳：竹書《鮑叔牙》與《管子》對比研究的幾個問題，《文獻》2007年第1期

36. 陳炫瑋：上博楚竹書《鮑叔牙與隰朋之諫》史料年代問題，簡帛 www.

bsm. org. cn(07/02/03)

37. 顏至君:《上博五·鮑叔牙與隰朋之諫》劄記一則,簡帛 www. bsm. org. cn(07/03/04)

38. 林志鵬:楚竹書《鮑叔牙與隰朋之諫》考釋三則,簡帛 www. bsm. org. cn(07/04/10)

39. 胡瓊:上博簡《鮑叔牙與隰朋之諫》釋讀二則,簡帛 www. bsm. org. cn(07/05/08)

40. 祝升業:上博(五)《鮑叔牙與隰朋之諫》等五篇竹書集釋,武漢大學碩士學位論文,2007年5月

41. 林志鵬:楚竹書《鮑叔牙與隰朋之諫》補釋,簡帛 www. bsm. org. cn(07/07/13)

42. 董珊:《鮑叔牙》篇的"考治"與其歷史文獻背景,簡帛 www. bsm. org. cn(07/07/16)

43. 李銳:上博(五)札記二則,《古籍整理研究學刊》2007年第2期(第二則讀"迵佁"爲"考度")

44. 劉信芳:孔子所述四代五王取人之道考源,《中國歷史文物》2007年第5期

45. 李天虹:《鮑叔牙與隰朋之諫》5－6號簡再讀,《簡帛》第2輯,上海:上海古籍出版社,2007年

46. 侯乃峰:《鮑叔牙與隰朋之諫》"人之性三"補説,簡帛 www. bsm. org. cn (08/04/15);武漢大學簡帛研究中心主辦:《簡帛》第4輯,上海:上海古籍出版社,2009年

47. 朱艷芬:《競建內之》與《鮑叔牙與隰朋之諫》集釋,吉林大學碩士學位論文,2008年4月

48. [日]淺野裕一:《鮑叔牙與隰朋之諫》的災異思想,淺野裕一:《上博楚簡與先秦思想》,臺灣:萬卷樓圖書股份有限公司,2008年

49. 何琳儀、羅小華:釋梁,簡帛 www. bsm. org. cn (08/12/30)(釋《鮑叔牙與隰朋之諫》簡8 ▓ 爲"梁")

50. 劉雲：說《鮑叔牙與隰朋之諫》中"貴尹"與"人之與者而食人"，www. gwz. fudan. edu. cn 2009－9－5

51. 蕭從禮：上博五《鮑叔牙與隰朋之諫》"宛悁"考，張顯成主編：《簡帛語言文字研究》第 5 輯，成都：巴蜀書社，2010 年

52. 史傑鵬：釋上博簡《鮑叔牙與隰朋之諫》中的"迵侜"，《古文字研究》第 28 輯，北京：中華書局，2010 年

53. 王志平：《鮑叔牙與隰朋之諫》與三代損益之禮，《簡帛》第 6 輯，上海：上海古籍出版社，2011 年

十四　鬼神之明

專著

1. 馬承源主編：上海博物館藏戰國楚竹書（五），上海：上海古籍出版社，2005 年

論文

1. 陳偉：上博五《鬼神之明》篇初讀，簡帛 www. bsm. org. cn(06/02/18)

2. 廖名春：讀《上博五·鬼神之明》篇劄記 簡帛研究網 www. jianbo. org 2006/2/20

3. 廖名春：讀《上博五·融師有成氏》篇劄記四則，簡帛研究網 www. jianbo. org 2006/2/20

4. 楊澤生：說上博簡"宋穆公者，天下之亂人也"，簡帛 www. bsm. org. cn(06/03/10)

5. 丁四新：上博楚簡《鬼神》篇注釋，簡帛 www. bsm. org. cn(06/05/07)；丁四新主編：《楚地簡帛思想研究（三）》，武漢：湖北教育出版社，2007 年；郭齊勇主編：《儒家文化研究》第 1 輯，北京：生活·讀書·新知三聯書店，2007 年

6.［日］淺野裕一：上博楚簡《鬼神之明》與《墨子》明鬼論，武漢大學中國傳統文化研究中心等：《新出楚簡國際學術研討會會議論文集》，2006年6月；丁四新主編：《楚地簡帛思想研究（三）》，武漢：湖北教育出版社，2007年；淺野裕一：《上博楚簡與先秦思想》，臺灣：萬卷樓圖書股份有限公司，2008年

7.丁四新：上博楚簡《鬼神》篇註釋與研究，武漢大學中國傳統文化研究中心等：《新出楚簡國際學術研討會會議論文集》，2006年6月

8.黃人二：上博藏簡第五冊鬼神之明試釋，簡帛www.bsm.org.cn(07/02/17)

9.［日］西山尚志：上博楚簡《鬼神之明》的"貴爲天子，富有天下"，《人文科學》第12號，日本大東文化大學人文科學研究所，2007年3月；簡帛研究網www.jianbo.org 2007/5/14

10.丁四新：上博楚簡《鬼神》篇的鬼神觀及其學派研究，郭齊勇主編：《儒家文化研究》第一輯，三聯書店2007年

11.［日］西山尚志：上博楚簡《鬼神之明》的四個注釋，丁四新主編：《楚地簡帛思想研究（三）》，武漢：湖北教育出版社，2007年

12.劉釗：《上博五·融師有成氏》"耽淫念惟"解，簡帛www.bsm.org.cn(07/07/25)

13.李鋭：讀《鬼神之明》劄記（三則），簡帛研究網www.jianbo.org2007/9/27

14.王連成：《老子》與上博簡《鬼神之明》之"鬼神"原意考，簡帛研究網www.jianbo.org2007/11/2

15.［日］西山尚志：上博楚簡《融師有成氏》における冒頭の一文について，大東文化大學人文科學研究所編：《人文科學》第13號，2008年3月

16.王中江：《鬼神之明》與東周的"多元鬼神觀"，《中國哲學史》2008年第4期

17.李家浩、楊澤生：談上博竹書《鬼神之明》中的"送丞公"，武漢大學簡帛研究中心主辦：《簡帛》第4輯，上海：上海古籍出版社，2009年

18.范常喜：金文"蔑曆"補釋，www.gwz.fudan.edu.cn 2011－1－9（論及《尊德義》簡35"沫"、上博簡《融師有成氏》簡6"蔑"）

19. 連劭名：楚竹書《融師有成》新證，《古文字研究》第 28 輯，北京：中華書局，2010 年

十五　天子建州

專著

1. 馬承源主編：上海博物館藏戰國楚竹書（六），上海：上海古籍出版社，2007 年

2. 何有祖：上博簡《天子建州》初步研究，武漢大學博士學位論文，2009 年 5 月

論文

1. 劉洪濤：讀上博竹書《天子建州》劄記，簡帛 www. bsm. org. cn(07/07/12)

2. 陳偉：《天子建州》校讀，簡帛 www. bsm. org. cn(07/07/13)

3. 裘錫圭：《天子建州》（甲本）小札，簡帛 www. bsm. org. cn(07/07/16)；《簡帛》第 3 輯，上海：上海古籍出版社，2008 年

4. 蘇建洲：讀《上博（六）·天子建州》筆記，簡帛 www. bsm. org. cn(07/07/22)

5. 范常喜：上博簡《容成氏》和《天子建州》中"鹿"字合證，簡帛 www. bsm. org. cn(07/08/10)；《古文字研究》第 28 輯，北京：中華書局，2010 年

6. 張崇禮：讀《天子建州》劄記，簡帛研究網 www. jianbo. org 2007/10/9

7. 林文華：《天子建州》零釋，簡帛 www. bsm. org. cn(07/10/10)

8. 墨子涵：《天子建州》中所見反印文、未釋字及幾點臆斷，簡帛 www. bsm. org. cn (07/12/25)

9. 侯乃峰：《天子建州》"恥度"解，簡帛 www. bsm. org. cn (08/02/16)

10. 林文華：《天子建州》"強行"考，www. gwz. fudan. edu. cn08/02/22

11. [日]淺野裕一：《天子建州》的北斗與日月，淺野裕一：《上博楚簡與先秦思想》，臺灣：萬卷樓圖書股份有限公司，2008 年

12. 楊澤生:上博藏簡《天子建州》中有關言語的禁忌禮俗,《文化遺產》2009年第4期

13. 李佳興:《天子建州》試釋二則,www.gwz.fudan.edu.cn 2009—11—26

14. 楊華:上博簡《天子建州》禮疏,楊華主編:《學鑒》第3輯,武漢:武漢大學出版社,2010年

15. 單育辰:《上海博物館藏戰國楚竹書(六)》研究二題,《寧夏大學學報》2010年第4期(釋《平王與王子木》"酸",《天子建州》"興(繩)")

十六　凡物流形

專著

1. 馬承源主編:上海博物館藏戰國楚竹書(七),上海:上海古籍出版社,2008年

論文

1. 曹錦炎:楚竹書《問日》章與《列子·湯問》"小儿辯日"故事,《古文字研究》第27輯,北京:中華書局,2008年

2. 宋華強:上博竹書《問》篇偶識,簡帛 www.bsm.org.cn (08/10/21)

3. 復旦大學出土文獻與古文字研究中心研究生讀書會:《上博七·凡物流形》重編釋文,www.gwz.fudan.edu.cn 2008—12—31

4. 郭永秉:由《凡物流形》"鳶"字寫法推測郭店《老子》甲組與"朘"相當之字應爲"鳶"字變體,www.gwz.fudan.edu.cn 2008—12—31

5. 羅小華:《凡勿流型》甲本選釋五則,簡帛 www.bsm.org.cn (08/12/31)

6. 李銳:《凡物流形》釋文新編(稿),清華大學簡帛研究 Confucius2000,2008/12/31

7. 李銳:《凡物流形》釋讀札記,清華大學簡帛研究 Confucius2000,2008/12/31

8. 廖名春：《凡物流形》校讀零札（一），清華大學簡帛研究 Confucius2000，2008/12/31

9. 廖名春：《凡物流形》校讀零札（二），清華大學簡帛研究 Confucius2000，2008/12/31

10. 何有祖：《凡物流形》札記，簡帛 www. bsm. org. cn（09/01/01）

11. 魏宜輝：論戰國楚系文字中"緐"，www. gwz. fudan. edu. cn 2009－1－1

12. 孫飛燕：讀《凡物流形》札記，清華大學簡帛研究 Confucius2000，2009/1/1

13. 李鋭：《凡物流形》釋讀札記（續），清華大學簡帛研究 Confucius2000，2009/1/1

14. 吳國源：《上博（七）凡物流形》零釋，清華大學簡帛研究 Confucius2000，2009/1/1

15. 蘇建洲：《上博七·凡物流形》"一"、"逐"二字小考，www. gwz. fudan. edu. cn 2009－1－2

16. 陳偉：讀《凡物流形》小札，簡帛 www. bsm. org. cn（09/01/02）

17. 季旭昇：上博七芻議（二）：凡物流形，簡帛 www. bsm. org. cn（09/01/02）

18. 凡國棟：上博七《凡物流形》簡 4 "九囿出牧"試説，簡帛 www. bsm. org. cn（09/01/03）

19. 宋華强：《上博（七）·凡物流形》札記四則，簡帛 www. bsm. org. cn（09/01/03）

20. 季旭昇：上博七芻議三：凡物流形，www. gwz. fudan. edu. cn 2009－1－3

21. 范常喜：《上博七·凡物流形》短札一則，簡帛 www. bsm. org. cn（09/01/03）

22. 凡國棟：也説《凡物流形》之"月之有軍（暈）"，簡帛 www. bsm. org. cn（09/01/03）

23. 羅小華：《凡物流形》所載天象解釋，簡帛 www. bsm. org. cn（09/01/03）

24. 李鋭：《凡物流形》釋讀札記（重訂版），清華大學簡帛研究 Confucius2000，2009/1/3

25. 曹方向:關於《凡物流形》的"月之有輪",簡帛 www.bsm.org.cn(09/01/04)

26. 凡國棟:上博七《凡物流形》劄記一則,簡帛 www.bsm.org.cn(09/01/04)

27. 秦樺林:楚簡《凡物流形》中的"危"字,簡帛 www.bsm.org.cn(09/01/04)

28. 秦樺林:楚簡《凡物流形》札記二則,簡帛 www.bsm.org.cn(09/01/04)

29. 孫飛燕:讀《凡物流形》札記(二),清華大學簡帛研究 Confucius2000,2009/1/4

30. 范常喜:《上博七·凡物流行》"令"字小議,簡帛 www.bsm.org.cn(09/01/05)

31. 何有祖:《凡物流形》補釋一則,簡帛 www.bsm.org.cn(09/01/05)

32. 凡國棟:上博七《凡物流形》簡25"天式"試解,簡帛 www.bsm.org.cn(09/01/05)

33. 曹峰:《凡物流形》中的"左右之情"(修訂版),清華大學簡帛研究 Confucius2000,2009/1/5

34. 徐在國:談上博七《凡物流形》中的"誓"字,www.gwz.fudan.edu.cn 2009-1-6;《古文字研究》第28輯,北京:中華書局,2010年

35. 宋華强:《上博(七)·凡物流形》散札,簡帛 www.bsm.org.cn(09/01/06)

36. 凡國棟:上博七《凡物流形》2號簡小識,簡帛 www.bsm.org.cn(09/01/07)

37. 鄔可晶:談《上博(七)·凡物流形》甲乙本編聯及相關問題,www.gwz.fudan.edu.cn 2009-1-7

38. 李銳:《凡物流形》釋讀劄記(三續),簡帛研究網 www.jianbo.org www.bsm.org 2009/1/8

39. 秦樺林:《凡物流形》第二十一簡試解,www.gwz.fudan.edu.cn2009-1-9

40. 李銳:《凡物流形》甲乙本簡序再論,簡帛研究網 www.jianbo.orgwww.bsm.org 2009/1/9

41. 李銳:《凡物流形》釋讀再續(再訂版),簡帛研究網 www.jianbo.orgwww.bsm.org 2009/1/9

42. 曹峰:《凡物流形》的"少徹"和"少成",簡帛研究網 www.jianbo.orgwww.bsm.org 2009/1/9

43. 陳志向:《凡物流形》韻讀,www.gwz.fudan.edu.cn 2009－1－10

44. 曹峰:《凡物流形》的"少徹"和"少成"——"心不勝心"章疏證,清華大學簡帛研究 Confucius2000,2009/1/10;《凡物流形》"心不勝心"章疏證,張顯成主編:《簡帛語言文字研究》第4輯,成都:巴蜀書社,2010年

45. 李銳:《凡物流形》甲乙本簡序再論,清華大學簡帛研究 Confucius2000,2009/1/10

46. 孟蓬生:説《凡物流形》之"祭員",www.gwz.fudan.edu.cn 2009－1－12

47. 劉信芳:《凡物流形》櫺祭及相關問題,簡帛 www.bsm.org.cn(09/01/13)

48. 蘇建洲:釋《凡物流形》甲15,www.gwz.fudan.edu.cn 2009－1－14

49. 高佑仁:釋《凡物流形》簡8之"通天之明奚得?",簡帛 www.bsm.org.cn(09/01/16)

50. 蘇建洲:試釋《凡物流行》甲8"敬天之明",www.gwz.fudan.edu.cn 2009－1－17

51. 叢劍軒:也説《凡物流形》的所謂"敬天之明",簡帛 www.bsm.org.cn(09/01/17)

52. 蘇建洲:《凡物流形》"問日",www.gwz.fudan.edu.cn 2009－1－17

53. 蘇建洲:釋《凡物流行》"一言而力不窮",www.gwz.fudan.edu.cn 2009－1－20

54. [日]淺野裕一:《凡物流形》的結構,簡帛 www.bsm.org.cn(09/01/23)

55. [日]淺野裕一:《凡物流形》的結構新解,簡帛 www.bsm.org.cn(09/02/02)

56. 劉雲:説《上博七·凡物流形》中的"巽"字,www. gwz. fudan. edu. cn 2009－2－8

57. 蘇建洲:《凡物流形》甲 27"齊聲好色"試解,www. gwz. fudan. edu. cn 2009－2－10

58. 楊澤生:上博簡《凡物流形》中的"一"字試解,www. gwz. fudan. edu. cn 2009－2－15

59. 王中江:《凡物流形》編聯新見,簡帛 www. bsm. org. cn (09/03/03)

60. 楊澤生:説《凡物流形》從"少"的兩個字,簡帛 www. bsm. org. cn (09/03/07)

61. 陳峻誌:《凡物流形》之"天咸"即"咸池"考,簡帛 www. bsm. org. cn (09/03/14)

62. 張崇禮:釋《凡物流形》的"端文書",www. gwz. fudan. edu. cn 2009－3－15

63. 張崇禮:釋《凡物流形》的"其夬奚適,孰知其疆",www. gwz. fudan. edu. cn 2009－3－19

64. 張崇禮:《凡物流形》新編釋文,www. gwz. fudan. edu. cn 2009－3－20

65. 鄔可晶:《上博(七)·凡物流形》補釋二則,www. gwz. fudan. edu. cn 2009－4－11

66. 凡國棟:上博七《凡物流行》甲 7 號簡從"付"之字小識,簡帛 www. bsm. org. cn (09/04/21)

67. 陳惠玲:《凡物流形》簡 3"左右之情"考 ,www. gwz. fudan. edu. cn 2009－4－22

68. 顧史考:上博簡《凡物流形》初探,"傳統中國形上學的當代省思"國際學術研討會論文,臺北:臺灣大學哲學系,2009 年 5 月,《臺灣大學哲學論評》38,2009 年

69. 李松儒:《凡物流形》甲乙本字跡研究,簡帛 www. bsm. org. cn (09/06/05)

70. 單育辰:上博七《凡物流形》、《吳命》札記,簡帛 www. bsm. org. cn (09/06/05);《簡帛》第 5 輯,上海:上海古籍出版社,2010 年

71. 陳偉:《凡物流形》"五度"句試說,簡帛 www.bsm.org.cn(09/06/19)

72. 宋華強:《凡物流形》"五音才人"試解,簡帛 www.bsm.org.cn(09/06/20)

73. 宋華強:《凡物流形》甲本5—7號部分簡文釋讀,簡帛 www.bsm.org.cn (09/06/23)(釋𩲒爲"魂","其來"句釋文爲"其來無宅,吾奚待之窟?")

74. 宋華強:《凡物流形》"遠之步天"試解,簡帛 www.bsm.org.cn(09/06/28)

75. 宋華強:《凡物流形》"之知四海"新說,簡帛 www.bsm.org.cn(09/06/30)

76. 王中江:《凡物流行》的宇宙觀、自然觀和政治哲學——圍繞"一"而展開的探究並兼及學派歸屬,《哲學研究》2009年第6期

77. [日]淺野裕一:上博楚簡《凡物流形》之整體結構,《中國研究集刊》麗號(總四十八號),2009年6月;www.gwz.fudan.edu.cn 2009—9—15

78. 宋華強:《凡物流形》"上干於天,下蟠於淵"試解,簡帛 www.bsm.org.cn (09/07/11)

79. [美]顧史考:上博七《凡物流形》上半篇新探,www.gwz.fudan.edu.cn 2009—8—23

80. [美]顧史考:上博七《凡物流形》下半篇新探,www.gwz.fudan.edu.cn 2009—8—24;上博七《凡物流形》下半篇試解,復旦大學出土文獻與古文字研究中心編:《出土文獻與傳世典籍的詮釋》,上海:上海古籍出版社,2010年

81. 宋華強:《凡物流形》零劄,簡帛 www.bsm.org.cn (09/08/29)

82. 王中江:《凡物流行》的"貴君"、"貴心"和"貴一",《清華大學學報》2010年第1期

83. 曹峰:《凡物流行》的文本結構和思想特徵,《清華大學學報》2010年第1期

84. 劉信芳:試說竹書《凡物流形》"俯而尋之",www.gwz.fudan.edu.cn 2010—2—23;復旦大學出土文獻與古文字研究中心編:《出土文獻與傳世典籍的詮釋》,上海:上海古籍出版社,2010年

85. 曹峰:從《逸周書·周祝解》看《凡物流行》的思想結構,復旦大學出土文獻與古文字研究中心編:《出土文獻與傳世典籍的詮釋》,上海:上海古籍出版社,2010年

86. 蕭聖中：上博七《凡物流形》補釋五則，簡帛 www.bsm.org.cn（10/06/07）

87. 來國龍：《凡物流形》新研（稿），簡帛 www.bsm.org.cn（10/06/07）

88. 劉洪濤：上博竹簡釋讀札記，簡帛 www.bsm.org.cn（10/11/01）（論及《姑成家父》"當世"、《凡物流行》"府"字）

89. 陳冬冬：再論《凡物流形》篇中用作"俯"之字，簡帛 www.bsm.org.cn（10/12/17）

90. 凡國棟：上博七《凡物流行》札記五則，張顯成主編：《簡帛語言文字研究》第 5 輯，成都：巴蜀書社，2010 年

91. 宋華强：上博七《凡物流形》釋讀札記（二則），《古文字研究》第 28 輯，北京：中華書局，2010 年

92. 曹錦炎：楚竹書《問》篇的幾則成語，《紀念徐中舒先生誕辰 110 周年國際學術研討會論文集》，成都：巴蜀書社，2010 年

93. 楊澤生：楚竹書《問日》章新釋，《古文字研究》第 28 輯，北京：中華書局，2010 年

十七　睡虎地秦簡《日書》

專著

1. 睡虎地秦墓竹簡整理小組：睡虎地秦墓竹簡（8 開綫裝本），北京：文物出版社，1977 年

2. 睡虎地秦墓竹簡整理小組：睡虎地秦墓竹簡（32 開平裝本），北京：文物出版社，1978 年

3. 雲夢睡虎地秦墓編寫組：雲夢睡虎地秦墓，北京：文物出版社，1981 年

4. 饒宗頤、曾憲通：雲夢秦簡日書研究，香港中文大學，1982 年

5. 饒宗頤、曾憲通：楚地出土文獻三種，北京：中華書局，1993 年

6. 劉樂賢：睡虎地秦簡日書研究，臺北：文津出版社，1994 年

7. 吳小強：秦簡日書集釋，長沙：嶽麓書社，2000年7月

8. 胡文輝：中國早期方術與文獻叢考，廣州：中山大學出版社，2000年

9. 王子今：睡虎地秦簡《日書》甲種疏證，武漢：湖北教育出版社，2002年

10. 劉樂賢：簡帛數術文獻探論，武漢：湖北教育出版社，2003年

11. 王子今：讀劉樂賢著《簡帛數術文獻探論》，《中國史研究動態》2003年第8期

論文

1. 曾憲通：楚月名初探，《中山大學學報》1980年第1期

2. 于豪亮：秦簡《日書》記時記月諸問題，《雲夢秦簡研究》，北京：中華書局，1981年；《于豪亮學術文存》，北京：中華書局，1985年

3. 饒宗頤：秦簡日書中"夕"字含義探討，《中國語言學報》第一期，北京：商務印書館，1983年；饒宗頤、曾憲通：《雲夢秦簡日書研究》，香港中文大學，1982年

4. 曾憲通：秦簡日書歲篇講疏，饒宗頤、曾憲通：《雲夢秦簡日書研究》，香港中文大學，1982年；曾憲通：《古文字與語言學論文集》，廣州：中山大學出版社，1986年

5. 李學勤：睡虎地秦簡日書與秦楚社會，《江漢考古》1985年第4期；《李學勤集》，哈爾濱：黑龍江教育出版社，1989年

6. [日]工藤元男：論睡虎地秦墓竹簡《日書》，日本早稻田大學東洋史懇話會《史滴》第7號，1986年1月

7. 《日書》研讀班：日書，秦國社會的一面鏡子，《文博》1986年第5期

8. 黃曉芬、李曉東：從秦簡《日書》看秦人的鬼神觀，《中國秦漢史研究會通訊》第3期，1986年

9. 饒宗頤：秦簡中的五行說與納音説，《古文字研究》第十四輯，北京：中華書局，1986年

10. [日]工藤元男：二十八宿占（一）——秦簡《日書》札記，日本早稻田大學東洋史懇話會《史滴》第8號，1987年1月

11. 張聞玉：雲夢秦簡《日書》初探，《江漢論壇》1987年第4期

12. 王勝利：《雲夢秦簡日書初探》商榷，《江漢論壇》1987年第11期

13. 林劍鳴：從秦人價值觀看秦文化的特點，《歷史研究》1987年第3期

14. 李曉東、黃曉芬：從《日書》看秦人鬼神觀及秦文化特徵，《歷史研究》1987年第4期

15. 林富士：試釋睡虎地秦簡《日書》中的"夢"，臺北，《食貨》復刊第十七卷3、4期，1987年

16. [日]工藤元男：被埋沒的行神——以秦簡《日書》爲主，《東洋文化研究所紀要》第106册，1988年3月

17. [日]工藤元男：中國古代文明之謎，《光和社文庫·歷史謎事典》，1988年

18. 林劍鳴：曲徑通幽處　高樓望路時——評介當前簡牘《日書》研究狀况，《文博》，1988年第3期

19. 賀潤坤：從《日書》看秦國的穀物種植，《文博》1988年第3期

20. 張銘洽：雲夢秦簡《日書》占卜術初探，《文博》1988年第3期

21. 張銘洽：秦簡《日書》"建除法"試析，中國秦漢史研究會暨國際學術討論會論文，1988年；《陝西歷史博物館館刊》第7輯，西安：三秦出版社，2000年；王子今等編：《紀念林劍鳴教授史學論文集》，北京：中國社會科學出版社，2002年

22. [日]工藤元男：雲夢秦簡《日書》所見法與習俗，《木簡研究》第10號，1988年11月；《考古與文物》1993年第5期

23. 楊巨中：《日書·星》釋議，《文博》1988年第4期

24. 王桂鈞：《日書》所見早期秦俗發微——信仰、習尚、婚俗及貞節觀，《文博》1988年第4期

25. [日]林富士："日書"正文標題與內容分類表，《漢代的巫者》附表一，臺北：稻鄉出版社，1988年

26. 吳小强：試論秦人婚姻家庭生育觀念，《中國歷史研究》1989年第3期

27. 賀潤坤：雲夢秦簡所反映的秦國漁獵活動，《文博》1989年第4期

28. 賀潤坤：中國最早的相馬法——雲夢秦簡《日書·馬》篇，《西北農業大學學報》1989年第3期

29. ［日］工藤元男：雲夢睡虎地秦墓竹簡《日書》的史料可能性，昭和61、62年度科學研究補助金總合研究（A）研究成果報告書《東亞史上的國際關係和文化交流》，1998年3月

30. ［日］工藤元男：雲夢睡虎地秦墓竹簡《日書》所見秦、楚二十八宿占——先秦社會文化的地域性和普遍性，《古代》第88號，1989年9月

31. 李曉東、黃曉芬：秦人鬼神觀與殷周鬼神觀之比較，《人文雜志》1989年第5期

32. 吳小強：秦人生育意願初探，《江漢論壇》1989年第11期

33. 賀潤坤：從雲夢秦簡《日書》看秦國的六畜飼養業，《文博》1989年第6期

34. ［日］成家徹朗：中國古代的占星術與占星盤，《文博》1989年第4期

35. 張銘洽：秦簡《日書》"玄戈"篇解析，《秦漢史論叢》第四輯，西安：西北大學出版社，1989年

36. 劉信芳：秦簡日書與楚辭類徵，《江漢考古》1990年第1期

37. 吳小強：《日書》與秦社會風俗，《文博》1990年第2期

38. 吳小強：從秦簡看秦俑的社會內涵，《文博》1990年第5期

39. ［日］工藤元男：雲夢睡虎地秦墓竹簡《日書》和道教習俗，《東方宗教》第76號，1990年

40. 饒宗頤：楚帛書天象再議·乙、帛書丙篇與日書合證，《中國文化》第3期，香港中華書局，1990年12月；北京：生活·讀書·新知三聯書店，1991年

41. 吳小強：從雲夢秦簡看戰國秦代人口再生產類型，《西北大學學報》1991年第2期

42. 李學勤：睡虎地秦簡中的《艮山圖》，《文物天地》1991年第4期

43. 林劍鳴：日書與秦漢時期吏治，《新史學》第二卷第2期，1991年6月

44. 賀潤坤：雲夢秦簡《日書》"寓人"、"寄者"、"寄人"身份考，《文博》1991年第3期

45. [日]成家徹朗：睡虎地秦簡《日書·玄戈》，《文博》1991年第3期

46. 劉信芳：雲夢秦簡《日書·馬》篇試釋，《文博》1991年第4期

47. 林劍鳴：秦漢政治生活中的神秘主義，《歷史研究》1991年第4期

48. 劉昭瑞：論"禹步"的起源及禹與巫、道的關係，《梁劍韜與人類學》，廣州：中山大學出版社，1991年

49. [日]工藤元男：日書的狀況"工師"，《古代文化》第43卷第8號，1991年

50. 劉樂賢：五行三合局與納音説——讀饒宗頤先生《秦簡中的五行説與納音説》，《江漢考古》1992年第1期

51. 吳小强：論秦人宗教思維特徵，《江漢考古》1992年第1期

52. 林劍鳴：秦簡《日書》校補，《文博》1992年第1期

53. 曾憲通：秦漢時制芻議，《中山大學學報》1992年第4期；《曾憲通學術文集》，汕頭大學出版社，2002年

54. 李零："式"與中國古代的宇宙模式，《中國文化》第四期，北京：三聯書店，1992年

55. 吳小强：論秦人宗教信仰的層次性，臺北，《簡牘學報》第十四期，1992年3月

56. 賀潤坤：從雲夢秦簡《日書》看秦國的農業水利等有關狀況，《江漢考古》1992年第4期

57. 劉信芳：秦簡中的楚國日書試析，《文博》1992年第4期

58. 吳小强：論秦人的多神崇拜特點，《文博》1992年第4期

59. 吳小强：《日書》所見秦人之生死觀，《秦陵秦俑研究動態》1992年第2期

60. 張銘恰：《日書》中的二十八宿問題，《秦陵秦俑研究動態》1992年第2期

61. 吳小强：論秦人宗教思維特徵，《秦漢史論叢》第5輯，北京：法律出版社，1992年

62.［日］工藤元男：雲夢秦簡《日書》與秦史研究，《秦漢史論叢》第 5 輯，北京：法律出版社，1992 年

63. 王維坤：睡虎地秦簡《日書·玄戈》再析，《陳直先生紀念文集》，西安：西北大學出版社，1992 年

64. 劉樂賢：睡虎地秦簡日書的內容、性質及相關問題，《中國社會科學院研究生院學報》1993 年第 1 期

65. 賀潤坤：從雲夢秦簡看秦的吏制，《西安石油學院學報》1993 年第 1 期

66. 蒲慕州：睡虎地秦簡《日書》的世界，臺北：《研究院歷史語言研究所集刊》第 62 本第 4 分，1993 年 4 月

67. 劉信芳：日書四方四維與五行淺說，《考古與文物》1993 年第 2 期

68. 陳國新：先秦文獻中的"方夢"新考，《益陽師專學報》1993 年第 2 期

69. 許信昌：秦簡日書數術的探討，臺灣大學歷史研究所碩士學位論文，1993 年

70. 王子今：睡虎地秦簡《日書》所反映的秦楚交通狀況，《國際簡牘學會會刊》第 1 號，臺北：蘭臺出版社，1993 年

71. 劉樂賢：睡虎地秦簡日書"四法日"小考，《考古》1993 年第 4 期

72. 金良年：雲夢秦簡《日書》"啻"篇研究，《中華文史論叢》第 51 輯，上海：上海古籍出版社，1993 年

73. 高明、張純德：秦簡日書"建除"與彝族日書"建除"比較研究，《江漢考古》1993 年第 2 期；《高明論著選集》，北京：科學出版社，2001 年

74. 鄭剛：論睡虎地秦簡日書的結構特徵，《中山大學學報》1993 年第 3 期

75. 劉樂賢：睡虎地秦簡《日書》"反支篇"及其相關問題，李學勤主編《簡帛研究》第 1 輯，北京：法律出版社，1993 年

76. 林劍鳴：從放馬灘《日書》（甲種）再論秦文化的特點，李學勤主編《簡帛研究》第 1 輯，北京：法律出版社，1993 年

77. 劉樂賢：睡虎地秦簡日書《詰咎篇》研究，《考古學報》1993 年第 4 期

78.［日］工藤元男：雲夢秦簡《日書》所見法與習俗,《考古與文物》1993年第5期

79. 林劍鳴：《睡》簡與《放》簡《日書》比較研究,《文博》1993年第5期

80. 宋會群、李振宏：秦漢時制研究,《歷史研究》1993年第6期

81. 王子今：睡虎地秦簡《日書》秦楚行忌比較,《秦文化論叢》第二輯,西安：西北大學出版社,1993年

82. 陳守亭：睡虎地秦簡《日書》歲星禁忌之研究,《國際簡牘學會會刊》第一號,臺北：蘭台出版社,1993年

83. 李學勤：睡虎地秦簡《日書》盜者章研究,《慶祝饒宗頤教授七十五歲論文集》,香港中文大學中國文化研究所,1993年

84. 賀潤坤：雲夢秦簡《日書・門》圖初探,臺北,《簡牘學報》第十五期,1993年12月

85. 吳小強：從《日書》看秦人的生與死,臺北,《簡牘學報》第十五期,1993年12月

86. 王子今：睡虎地秦簡《日書》所見行歸宜忌,《江漢考古》1994年第2期

87. 賀潤坤：從雲夢秦簡《日書》看秦民間的災變與救災,《江漢考古》1994年第2期

88. 沈頌金：中日兩國學者研究秦簡《日書》述評,《中國史研究動態》1994年第4期

89. 劉樂賢：睡虎地秦簡日書注釋商榷,《文物》1994年第10期

90. 劉樂賢：睡虎地秦簡日書"玄戈篇"新解,《文博》1994年第4期

91. 胡文輝："人日"考辨,《中國文化》1994年第9期；胡文輝：《中國早期方術與文獻叢考》,廣州：中山大學出版社,2000年

92. 金良年：建除研究——以雲夢秦簡《日書》爲中心,《中國天文學史論文集》第六集,北京：科學出版社,1994年

93. 劉樂賢：睡虎地秦簡日書"人字篇"研究,《江漢考古》1995年第1期

94. 賀潤坤：雲夢秦簡《日書》所反映的秦國社會階層,《江漢考古》1995年第1期

95. 賀潤坤：從雲夢秦簡《日書》的良、忌日看《范勝之書》的五穀忌日,《文博》1995年第1期

96. 劉樂賢：睡虎地秦簡日書"人字篇"補釋,《江漢考古》1995年第2期

97. 李文瀾：先秦、六朝"人日"風俗的演變及其意義——睡虎地《日書》與《荊楚歲時記》所見"人日"的比較研究,《長江文化論集》第1輯,武漢：湖北教育出版社,1995年

98. 劉釗：談睡虎地秦簡中的"濆"字,《古漢語研究》1995年第3期

99. ［韓］尹在碩：睡虎地秦簡《日書》所見"室"的結構與戰國末期秦的家庭類型,《中國史研究》1995年第3期;"室"的結構與戰國末期秦的家族類型,中共雲夢縣委宣傳部、雲夢秦漢文化研究會編：《雲夢睡虎地秦簡出土三十周年紀念文集》,內部資料,2005年8月

100. 秦照芬：秦簡《日書》數術的探討,《中國歷史學會史學集刊》第27期,1995年

101. 蔡哲茂：讀《睡虎地秦墓竹簡》札記兩則,《訓詁論叢》第二輯,臺北：文史哲出版社,1995年

102. 許信昌：秦簡日書數術的探討,《中國歷史學會史學集刊》第27期,1995年

103. 賀潤坤：雲夢秦簡《日書》"行"及有關秦人社會活動考察,《江漢考古》1996年第1期

104. 張強：近年來秦簡《日書》研究評介,《文博》1995年第3期;《簡帛研究》第二輯,北京：法律出版社,1996年

105. 胡文輝：《日書》起源考,《簡帛研究》第二輯,北京：法律出版社,1996年;胡文輝：《中國早期方術與文獻叢考》,廣州：中山大學出版社,2000年

106. 陳松長：帛書《陰陽五行》與秦簡《日書》,《簡帛研究》第二輯,北京：法律出版社,1996年

107. 劉樂賢：睡虎地秦簡《日書》中的"往亡"與"歸忌",《簡帛研究》第二輯,北京：法律出版社,1996年

108. 李解民：秦漢時期的一日十六時制,《簡帛研究》第二輯,北京：法律

出版社,1996年

109. 劉信芳:日書驅鬼術發微,《文博》1996年第4期

110. 賀潤坤:雲夢秦簡《日書》中所反映秦人的衣食狀況,《江漢考古》1996年第4期

111. 史黨社:試論雲夢秦簡《日書》中楚文化色彩,《陝西歷史博物館館刊》第3輯,1996年

112. 劉樂賢:睡虎地秦簡《日書》研究二十年,《中國史研究動態》1996年第10期

113. 胡文輝:釋"歲"——以睡虎地秦簡《日書》爲中心,《文化與傳播》第四輯,深圳:海天出版社,1996年;胡文輝:《中國早期方術與文獻叢考》,廣州:中山大學出版社,2000年

114. 尚民傑:從《日書》看十六時制,《文博》1996年第4期

115. [日]工藤元男:禹形象的改觀和五祀,《簡帛研究譯叢》第1輯,長沙:湖南出版社,1996年

116. 吳小強:秦簡《日書》與秦漢社會的生命意識,《廣州師範學院學報》1997年第1期

117. 尚民傑:秦簡《日書》與五行學說,《文博》1997年第2期

118. 劉釗:談秦簡中的鬼怪,《文物季刊》1997年第2期

119. 尚民傑:雲夢《日書》十二時名稱考辨,《華夏考古》1997年第3期

120. 胡文輝:馬王堆《太一出行圖》與秦簡《日書·出邦門》,《江漢考古》1997年第3期;胡文輝:《中國早期方術與文獻叢考》,廣州:中山大學出版社,2000年

121. 魏德勝:《睡虎地秦墓竹簡》雜考,《中國文化研究》1997年第4期

122. 臧知非:"叚門逆旅"新探,《中國史研究》1997年第4期

123. 胡文輝:秦簡《日書·出邦門篇》新證,《文博》1998年第1期;胡文輝:《中國早期方術與文獻叢考》,廣州:中山大學出版社,2000年

124. 王桂鈞:日書所見早期秦俗發微,《文博》1988年第4期

125. 吳小強:秦簡《日書》與秦漢時期的生殖文化,《簡帛研究》第三輯,南

寧:廣西教育出版社,1998年

126. 施謝捷:簡帛文字考釋札記,李學勤主編:《簡帛研究》第三輯,南寧:廣西教育出版社,1998年(睡虎地秦簡甲種《日書》五則,放馬灘秦簡甲種《日書》十則,馬王堆帛書《刑德》二則,羅泊灣《從器志》二則)

127. 劉國忠:試論十二生肖與三十六禽,《清華大學學報》1999年第1期

128. 金良年:"五種忌"研究,以雲夢秦簡《日書》爲中心,《史林》1999年第2期

129. 尚民傑:雲夢《日書》星宿記日探討,《文博》1999年第2期

130. 石鋟:古漢語複音詞研究綜述——兼談《睡虎地秦墓竹簡》中的複音詞,《湖北師院學報》1999年第3期

131. 王志平:睡虎地《日書·玄戈篇》探源,《文博》1999年第5期

132. 李家浩:睡虎地秦簡《日書》"楚除"的性質及其他,《研究院歷史語言研究所集刊》第七十本第四分,1999年;《著名青年語言學家自選集·李家浩卷》,合肥:安徽教育出版社,2002年

133. 李家浩:讀睡虎地秦簡《日書》"占盜疾等"札記三則,《北京大學古文獻研究所集刊》第1輯,北京:燕山出版社,1999年

134. 尚民傑:《日書》"男女日"與"生子",《文博》2000年第1期

135. 胡文輝:睡虎地秦簡中的楚《日書》,《華學》第四輯,北京:紫禁城出版社,2000年;胡文輝:《中國早期方術與文獻叢考》,廣州:中山大學出版社,2000年

136. 王子今:睡虎地秦簡《日書》甲種"以見君上數達"解,《陝西歷史博物館館刊》第7輯,西安:三秦出版社,2000年

137. 尚民傑:睡虎地秦簡《日書》中的"土神"、"土禁",《陝西歷史博物館館刊》第7輯,西安:三秦出版社,2000年

138. 連劭名:睡虎地秦簡《日書》及《詰》篇補正,《江漢考古》2001年第1期

139. 魏德勝:《睡虎地秦墓竹簡》宜忌詞語考釋,第二屆漢語史學術研討會論文,成都,2001年10月

140. 王子今：睡虎地《日書》甲種《稷辰》疏證，李學勤、謝桂華主編：《簡帛研究二〇〇一》，桂林：廣西師範大學出版社，2001年

141. 王子今：秦法"刑棄灰于道者"試解——兼說睡虎地秦簡《日書》"鬼來陽（揚）灰"之術，《陝西歷史博物館館刊》第8輯，西安：三秦出版社，2001年

142. 連劭名：雲夢秦簡《詰》篇考述，《考古學報》2002年第1期

143. 劉樂賢：睡虎地秦簡《日書》"龍"字試釋，張政烺先生九十華誕紀念文集編委會：《揖芬集》，北京：社會科學文獻出版社，2002年

144. 晏昌貴：簡帛《日書》歲篇合證，《湖北大學學報》2003年第1期

145. 劉增貴：秦簡《日書》的出行禮俗與信仰，《歷史語言研究所集刊》第七十二本第三分，2001年

146. 劉釗：秦簡考釋一則，簡帛研究網 www.jianbo.org20003/5/1；中山大學古文字研究所編：《康樂集：曾憲通教授七十壽慶論文集》，廣州：中山大學出版社，2006年

147. 趙裕沛：睡虎地秦墓所見秦社會婚姻、家庭諸問題，《中國社會經濟史研究》2003年第4期

148. 劉樂賢：睡虎地秦簡《日書》釋讀札記，《華學》第6輯，北京：紫禁城出版社，2003年；劉樂賢：《戰國秦漢簡帛叢考》，北京：文物出版社，2010年

149. 王子今：睡虎地秦簡《日書》甲種《病》篇釋讀，《秦文化論叢》第10輯，西安：三秦出版社，2003年

150. 劉釗：睡虎地秦簡"詰"篇"詰咎"一詞別解，簡帛研究網 www.jianbo.org 2003/8/7；劉釗著：《古文字考釋叢稿》，長沙：嶽麓書社，2005年7月；中共雲夢縣委宣傳部、雲夢秦漢文化研究會編：《雲夢睡虎地秦簡出土三十周年紀念文集》，內部資料，2005年8月

151. 楊華：出土日書與楚地的疾病占卜，《武漢大學學報》2003年第5期；楊華：《新出簡帛與禮制研究》，臺灣：臺灣古籍出版有限公司，2007年

152. 陳美東：從睡虎地秦簡《日書》等看秦代曆法的相關內容，《中國科學技術史·天文學卷》，北京：科學出版社，2003年

153. 侯乃峰：睡虎地秦簡日書"畏人所"旁解，簡帛研究網 www.jianbo.org 2004/3/6

154. 龍堅毅：從秦簡《日書》看秦人盜竊問題，《中國社會經濟史研究》2004 年第 2 期

155. 王勝利：睡虎地《日書》"除"篇、"官"篇月星關係考，《中國歷史文物》2004 年第 5 期；楚文化研究會編：《楚文化研究論集》第六集，武漢：湖北教育出版社，2005 年；中共雲夢縣委宣傳部、雲夢秦漢文化研究會編：《雲夢睡虎地秦簡出土三十周年紀念文集》，內部資料，2005 年 8 月

156. 劉道超：秦簡《日書》擇吉民俗研究，《廣西師範大學學報》2004 年第 3 期

157. 陶磊：《日書》與古代曆法研究綜述，《中國史研究動態》2004 年第 9 期

158. 王子今：睡虎地秦簡《日書》甲種性別史料輯考，王子今：《古史性別研究叢稿》，北京：社會科學文獻出版社，2004 年

159. 劉釗：睡虎地秦簡《詰》篇"詰咎"一詞別解，《古文字研究》第二十五輯，北京：中華書局，2004 年；劉釗：《古文字考釋叢稿》，長沙：嶽麓書社，2005 年

160. 曾憲通：睡虎地秦簡日書《歲》篇疏證，曾憲通：《古文字與出土文獻叢考》，廣州：中山大學出版社，2005 年

161. 趙浴沛：從秦簡《日書》看秦代婚姻和家庭人際關係，《河南師範大學學報》2005 年第 2 期

162. 武家璧：雲夢秦簡日夕表與楚曆問題，中共雲夢縣委宣傳部、雲夢秦漢文化研究會編：《雲夢睡虎地秦簡出土三十周年紀念文集》，內部資料，2005 年 8 月

163. 張富春：先秦民間祈財信仰研究——以睡虎地秦簡《日書》爲中心，《四川大學學報》2005 年第 6 期

164. 陳偉：睡虎地日書《艮山》試讀，簡帛 www.bsm.org.cn(05/11/16)；《中國出土資料研究》第 6 號，[日]中國出土資料學會 2002 年；陳偉：《燕說

集》，北京：商務印書館，2011年

165. 劉樂賢：釋"歲"補説，中山大學古文字研究所編：《康樂集：曾憲通教授七十壽慶論文集》，廣州：中山大學出版社，2006年；劉樂賢：《戰國秦漢簡帛叢考》，北京：文物出版社，2010年

166. 沈祖春：先秦簡牘《日書》詞語劄記——《漢語大字典》、《漢語大詞典》收詞釋義補正，《重慶文理學院學報》2006年第6期

167. 沈祖春：秦簡《日書》"夫妻同衣"新解，《重慶工學院學報》2006年第6期

168. 王光華、李秀茹：試析秦簡《日書》辰、戌、丑、未四季土，《求索》2006年第9期

169. 劉樂賢：簡帛札記二則，《簡帛研究二〇〇四》，桂林：廣西師範大學出版社，2006年（討論"人日"）

170. 陳家寧：《睡虎地秦墓竹簡》日書甲種"詰"篇鬼名補證（一），武漢大學簡帛研究中心主辦：《簡帛》第1輯，上海：上海古籍出版社，2006年

171. 劉樂賢：秦楚選擇術的異同及影響——以出土文獻爲中心，《歷史研究》2006年第6期；劉樂賢：《戰國秦漢簡帛叢考》，北京：文物出版社，2010年

172. 趙平安：河南淅川和尚嶺所出鎮墓獸銘文和秦漢簡中的"宛奇"，《中國歷史文物》2007年第2期；趙平安：《新出簡帛與古文字古文獻研究》，北京：商務印書館，2009年

173. 楊華：説"謫"——兼論漢代政治譴告理論的民間基礎，簡帛研究網www.jianbo.org2007/8/20；《學鑒》第二輯，武漢：武漢大學出版社，2008年

174. 陸平：試釋秦簡《日書》中的"操蔡"，www.gwz.fudan.edu.cn07/02/29

175. 晏昌貴：略論睡虎地秦簡《日書》對楚簡《日書》的繼承和改造，丁四新主編：《楚地簡帛思想研究（三）》，武漢：湖北教育出版社，2007年

176. 劉道超：秦簡《日書》五行觀念研究，《周易研究》2007年第4期

177. 杜林淵：從秦簡《日書》看戰國時期的相宅術，《文博》2007年第5期

178. 張培瑜：根據新出曆日簡牘試論秦和漢的曆法，《中原文物》2007年第5期

179. 朱興國:睡虎地秦簡《日書》赤帝臨日"不可具"考釋,簡帛研究網www.jianbo.org2007/10/27

180. 晏昌貴:對《日書》"艮山"圖的一個簡單解讀,簡帛 www.bsm.org.ch(08/03/25)

181. 周敏華:《睡》簡、《放》簡及《孔》簡之《日書》盜篇比較,簡帛 www.bsm.org.cn(08/04/08)

182. 方勇:讀秦簡劄記兩則,www.gwz.fudan.edu.cn08/04/16

183. 張錫科:我國十二生肖文化探源,《東方論壇》2008年第3期

184. 王貴元:十二生肖來源新考,《學術研究》2008年第5期

185. 劉偉:睡虎地秦簡《日書·詰咎篇》中的鬼、神和怪,《通化師範學院學報》2008年第5期

186. 森和:從離日與反支日看《日書》的繼承關係,簡帛 www.bsm.org.cn(08/08/22)

187. 劉樂賢:饒宗頤先生與睡虎地秦簡《日書》研究,《華學》第九、十輯(一),上海:上海古籍出版社,2008年

188. 方勇:説"亢閻",www.gwz.fudan.edu.cn08/10/24

189. 朱曉海:建除名稱臆説,《簡帛》第三輯,上海:上海古籍出版社,2008年

190. 李立:雲夢秦簡"牛郎織女"簡文辨正,《長江大學學報》2008年第6期

191. 趙岩:《睡虎地秦墓竹簡·日書乙種》劄記(四則),簡帛 www.bsm.org.cn (09/04/14)

192. 趙岩:《睡虎地秦墓竹簡·日書乙種》劄記(續五則),簡帛 www.bsm.org.cn (09/04/21)

193. 陸平:試論日書建除表的抄寫傳統,簡帛 www.bsm.org.cn (09/04/25)

194. 史志龍:秦"祠先農"簡再探,簡帛 www.bsm.org.cn (09/06/13)

195. 周波:秦漢簡《日書》校讀,www.gwz.fudan.edu.cn 2010—3—17

196. 苗豐:"皋"與"諸皋",www.gwz.fudan.edu.cn 2010—6—10

197. 武家璧：論秦簡"日夕分"爲地平方位數據，簡帛 www.bsm.org.cn（10/09/03）

198. 宋華强：釋戰國秦漢簡中表示禁忌義的"龍"，簡帛 www.bsm.org.cn（11/12/19）

199. 晏昌貴：放馬灘、睡虎地、孔家坡三種《日書》之比較，"甘肅省第二屆簡牘學國際學術研討會"論文，蘭州，2011年8月

200. 李忠林：出土擇吉文獻《日書》的科技史料價值，"甘肅省第二屆簡牘學國際學術研討會"論文，蘭州，2011年8月

201. 汪桂海：秦漢農業生產中的信仰習俗，"甘肅省第二屆簡牘學國際學術研討會"論文，蘭州，2011年8月

202. ［日］森和：日本的秦簡研究現狀·日書，《簡帛》第6輯，上海：上海古籍出版社，2011年

203. 程少軒：六十甲子衰分數術考，復旦大學出土文獻與古文字研究中心編：《出土文獻與古文字研究》第4輯，上海：上海古籍出版社，2011年

十八　放馬灘秦簡《日書》

專著

1. 甘肅省考古文物研究所：天水放馬灘秦簡，北京：中華書局，2009年
2. 孫占宇：放馬灘秦簡日書整理與研究，西北師範大學博士學位論文，2008年

論文

1. 何雙全：天水放馬灘秦簡綜述，《文物》1989年第2期
2. 秦簡整理小組：天水放馬灘秦簡《日書》釋文，《秦漢簡牘論文集》，蘭州：甘肅人民出版社，1989年
3. 何雙全：天水放馬灘秦簡甲種《日書》考述，《秦漢簡牘論文集》，蘭州：甘肅人民出版社，1989年

4. 任步雲：放馬灘出土竹簡日書芻議，《西北史地》1989年第3期

5. 李學勤：放馬灘簡中的志怪故事，《文物》1990年第4期；《當代學者自選文庫·李學勤卷》，合肥：安徽教育出版社，1999年

6. 方建軍：先秦文字所反映的十二律名稱，《中央音樂學院學報》1990年第4期

7. 鄧文寬：天水放馬灘秦簡《月建》應名《建除》，《文物》1990年第9期

8. 劉信芳：《天水放馬灘秦簡綜述》質疑，《文物》1990年第9期

9. 林劍鳴：從放馬灘《日書》（甲種）再論秦文化的特點，《簡帛研究》第1輯，北京：法律出版社，1993年

10. 方建軍：從樂器、音階、音律和音樂功能看秦音樂文化之構成，《中國音樂學》1996年第2期

11. 饒宗頤：論天水秦簡中之"中鳴"、"後鳴"與古代以音律配合時刻制度，《簡帛研究》第二輯，北京：法律出版社，1996年；甘肅省文物考古研究所、西北師範大學歷史系編：《簡牘學研究》（第二輯），蘭州：甘肅人民出版社，1998年

12. 施謝捷：簡帛文字考釋劄記，李學勤主編：《簡帛研究》第三輯，南寧：廣西教育出版社，1998年（睡虎地秦簡甲種《日書》五則，放馬灘秦簡甲種《日書》十則，馬王堆帛書《刑德》二則，羅泊灣《從器志》二則）

13. 胡文輝：放馬灘《日書》小考，《文博》1999年第6期

14. 曹旅寧：從天水放馬灘秦簡看秦代的棄市，《廣東社會科學》2000年第5期

15. 戴念祖：試析秦簡《律書》中的樂律與占卜，《中國音樂學》2001年第2期；秦簡《律書》的樂律與占卜，《文物》2002年第1期

16. 鐘守華：秦簡《天官書》的中星和古度，《文物》2005年第3期

17. 谷傑：從放馬灘秦簡《律書》再論《呂氏春秋》生律次序，《音樂研究》2005年第3期

18. 陳應時：再談《呂氏春秋》的生律法——兼評《從放馬灘秦簡〈律書〉再論〈呂氏春秋〉生律次序》，《音樂研究》2005年第4期

19. 修海林：先秦三分損益律生律方法的再認識——談"先益後損"、"先損後益"兩種生律方法的並存，《音樂研究》2008年第5期

20. 楊善武：《呂氏春秋》先益後損生律的確定性，《音樂研究》2009年第4期

21. 晏昌貴：放馬灘秦簡乙種《日書》有關五音的簡文，簡帛 www.bsm.org.cn(09/09/22)

22. 劉淨：讀放馬灘簡小劄，簡帛 www.bsm.org.cn (09/01/24)

23. 胡平生：是長髮不是長鼻，簡帛 www.bsm.org.cn (09/09/16)

24. 曹方向：讀《天水放馬灘秦簡》小劄，簡帛 www.bsm.org.cn (09/10/03)

25. 趙岩：放馬灘秦簡日書劄記二則，簡帛 www.bsm.org.cn (09/10/10)

26. 晏昌貴：放馬灘秦簡中的《大禹》逸文，簡帛 www.bsm.org.cn（09/10/13）

27. 方勇：讀《天水放馬灘秦簡》小劄（一）、（二）、（三），簡帛 www.bsm.org.cn (09/10/17)

28. 方勇：讀睡虎地秦簡《日書》劄記二則，www.gwz.fudan.edu.cn 2009-10-18

29. 任攀：讀《天水放馬灘秦簡》劄記一則，www.gwz.fudan.edu.cn 2009-10-18

30. 呂亞虎：讀《天水放馬灘秦簡》小劄，簡帛 www.bsm.org.cn (09/10/24)

31. 復旦大學出土文獻與古文字研究中心研究生讀書會：天水放馬灘秦簡《日書·盜篇》研讀，www.gwz.fudan.edu.cn 2009-10-24

32. 呂亞虎：《天水放馬灘秦簡》殘簡綴合二則，www.gwz.fudan.edu.cn 2009-10-27

33. 呂亞虎：讀《天水放馬灘秦簡》劄記二則，簡帛 www.bsm.org.cn (09/10/27)

34. 呂亞虎：《放簡》簡序重排二則，簡帛 www.bsm.org.cn (09/10/28)

35. 呂亞虎：《天水放馬灘秦簡》缺、誤字訂補幾則，簡帛 www.bsm.org.cn (09/10/31)

36. 呂亞虎:《天水放馬灘秦簡》識小一則,簡帛 www. bsm. org. cn (09/11/03)

37. 方勇:讀放馬灘秦簡《志怪故事》札記,www. gwz. fudan. edu. cn 2009-11-6

38. 程少軒、蔣文:放馬灘簡《式圖》初探,www. gwz. fudan. edu. cn 2009-11-6

39. 曹方向:秦簡《志怪故事》6 號簡芻議,簡帛 www. bsm. org. cn (09/11/07)

40. 程少軒、蔣文:略談放馬灘簡所見三十六禽(稿),www. gwz. fudan. edu. cn 2009-11-11

41. 任攀:放馬灘簡《禹須臾行日》研讀,www. gwz. fudan. edu. cn 2009-11-14

42. 程少軒:試說放馬灘簡所見三合卦,www. gwz. fudan. edu. cn 2009-11-28

43. 孫占宇:天水放馬灘秦簡整理與研究述評,《中國史研究動態》2009年第12期

44. 程少軒:讀放馬灘簡小劄四則,www. gwz. fudan. edu. cn 2010-1-4

45. 夒一:放馬灘簡補釋一則,www. gwz. fudan. edu. cn 2010-1-8

46. 馮先思:讀放馬灘秦簡《日書》筆記二則,www. gwz. fudan. edu. cn 2010-1-16

47. 程少軒:試談放馬灘簡的一組地名,北京大學震旦古代文明研究中心編《古代文明研究通訊》總第44期(2010年3月);www. gwz. fudan. edu. cn 2010-7-16

48. 宋華強:放馬灘秦簡《日書》識小録,簡帛 www. bsm. org. cn (10/02/14)

49. 宋華強:放馬灘秦簡《志怪故事》劄記,簡帛 www. bsm. org. cn (10/03/05)

50. 蘇建洲:試論《放馬灘秦簡》的"莫食"時稱,www. gwz. fudan. edu. cn 2010-5-11

51. 柯秋白：《天水放馬灘秦簡》劄記，簡帛 www.bsm.org.cn（10/06/28）
52. 方勇：説"頯"，簡帛 www.bsm.org.cn（10/07/23）
53. 王輝：《天水放馬灘秦簡》校讀記，簡帛 www.bsm.org.cn（10/07/30）
54. 凡國棟：日書《死失圖》的綜合考察——從漢代日書對楚秦日書的繼承和改造的視角，工藤元男、李成市主編：《東アジア古代出土文字資料の研究》，雄山閣，2009 年 3 月；《簡帛研究二○○七》，桂林：廣西師範大學出版社，2010 年；簡帛 www.bsm.org.cn（10/08/02）
55. [日]名和敏光：天水放馬灘秦簡《日書》乙種《行忌》劄記，www.gwz.fudan.edu.cn 2010-9-22
56. 方建軍：秦簡《律書》生律法再探，《黃鐘》（武漢音樂學院學報）2010 年第 4 期；www.gwz.fudan.edu.cn 2010-10-15
57. 孫占宇：放馬灘秦簡乙 360-366 號"墓主記"説商榷，《西北師大學報》2010 年第 5 期
58. 晏昌貴：天水放馬灘秦簡乙種《日書》分篇釋文（稿），《簡帛》第 5 輯，上海：上海古籍出版社，2010 年
59. 呂亞虎：《天水放馬灘秦簡》識小，《簡帛》第 5 輯，上海：上海古籍出版社，2010 年
60. 程少軒：放馬灘簡式圖補釋，《中國文字》新 36 期，臺北：藝文印書館，2011 年
61. 孫占宇：放馬灘秦簡日書"星度"篇初探，《考古》2011 年第 4 期
62. 雍際春：論天水放馬灘木板地圖的繪製技術及其歷史地位，"甘肅省第二届簡牘學國際學術研討會"論文，蘭州，2011 年 8 月
63. [日]名和敏光：天水放馬灘秦簡《日書》乙種《行忌》考，[日]谷中信一主編：《出土資料與漢字文化圈》，東京：汲古書院，2011 年
64. [日]池澤優：甘肅省天水放馬灘一號秦墓《志怪故事》註記，[日]谷中信一主編：《出土資料與漢字文化圈》，東京：汲古書院，2011 年
65. 劉增貴：放馬灘秦簡《日書·直室門》及門戶宜忌簡試釋，《簡帛》第 6 輯，上海：上海古籍出版社，2011 年

66. 劉國勝:秦簡《日書》零拾,《簡帛》第 6 輯,上海:上海古籍出版社,2011 年(釋簡乙 161"三泉")

67. 宋華強:放馬灘秦簡《邸丞謁御史書》釋讀札記,中國文化遺產研究院編:《出土文獻研究》第 10 輯,北京:中華書局,2011 年

68. 孫占宇:放馬灘秦簡甲種日書校注,中國文化遺產研究院編:《出土文獻研究》第 10 輯,北京:中華書局,2011 年

十九　周家臺秦簡

專著

1. 湖北省荊州市周梁玉橋遺址博物館:《關沮秦漢墓簡牘》,北京:中華書局,2001 年

論文

1. 劉樂賢:從周家臺秦簡看古代的"孤虛"術,中國文物研究所編:《出土文獻研究》第 7 輯,上海:上海古籍出版社,2005 年;劉樂賢:《戰國秦漢簡帛叢考》,北京:文物出版社,2010 年

2. 龍永芳:周家臺秦簡《日書》之"戎曆日"圖符說,中國文物研究所編:《出土文獻研究》第 7 輯,上海:上海古籍出版社,2005 年

3. [美]夏德安:周家臺的數術簡,武漢大學簡帛研究中心:《中國簡帛學國際論壇 2006 論文集》,2006 年 11 月;《簡帛》第二輯,上海:上海古籍出版社,2007 年

4. 王貴元:周家臺秦墓簡牘釋讀補正,簡帛 www.bsm.org.cn (07/05/08)

5. 龍永芳:古代孤虛術小議:兼論周家臺秦簡中的孤虛法,《荊門職業技術學院學報》2007 年第 2 期

6. 劉國勝:秦簡《日書》零拾,《簡帛》第 6 輯,上海:上海古籍出版社,2011 年(釋簡 297~302"置")

7. ［美］墨子涵：從周家臺《日書》與馬王堆《五星占》談日書與秦漢天文學的互相影響，《簡帛》第 6 輯，上海：上海古籍出版社，2011 年

二十　秦駰禱病玉版銘文

1. 李零：秦駰禱病玉版的研究，《國學研究》第六卷，1999 年
2. 李零：入山與出塞，《文物》2000 年第 2 期
3. 李學勤：秦玉牘索隱，《故宫博物院院刊》2000 年第 2 期
4. 李家浩：秦駰玉版銘文研究，《北京大學中國古文獻研究中心集刊》（二），北京：燕山出版社，2001 年
5. 周鳳五：《秦惠文王禱祠華山玉版》新探，《歷史語言研究所集刊》第七十二本，第一分，2001 年 3 月
6. 曾憲通、楊澤生、蕭毅：秦駰玉版文字初探，《考古與文物》2001 年第 1 期；曾憲通：《古文字與出土文獻叢考》，廣州：中山大學出版社，2005 年
7. 連劭名：秦惠文王禱祠華山玉簡文研究，《中國歷史博物館館刊》2000 年第 1 期
8. 連劭名：秦惠文王禱祠華山玉簡文研究補正，《中國歷史博物館館刊》2000 年第 2 期
9. 王輝：秦曾孫駰告華大山明神文考釋，《考古學報》2001 年第 2 期；《一粟集：王輝學術文存》（下），臺北：藝文印書館，2001 年
10. 徐筱婷：秦駰玉版研究，花蓮師範學院語教系編：《第十三屆全國及海峽兩岸中國文字學學術研討會論文集》，臺北：万卷樓圖書有限公司，2002 年
11. 劉金華：論秦駰玉牘研究四種及其相關問題，《考古與文物 2002 年漢唐考古增刊》，《考古與文物》編輯部，2002 年；《漢中師範學院學報》2002 年第 1 期
12. 洪燕梅：秦曾孫駰玉版研究，"第六屆中國訓詁學全國學術研討會"論文，臺灣銘傳大學，2003 年 3 月
13. 呂佩珊：秦駰玉版與秦封邑瓦書文字研究，逢甲大學中國文學系編：《第七屆中國文字學學術研討會論文集》，2004 年 12 月

14. 郭永秉:秦駰玉版銘文考釋中的幾個問題,復旦大學歷史系編:《復旦史學集刊—古代中國:傳統與變革》第 1 輯,上海:復旦大學出版社,2005 年;郭永秉:《古文字與古文獻論集》,上海:上海古籍出版社,2011 年

15. 劉昭瑞:秦禱病玉簡、望祭與道教投龍儀,《四川文物》2005 年第 2 期

16. 侯乃峰:秦駰禱病玉版銘文集解,《文博》2005 年第 6 期

17. 許學仁:《秦駰禱病玉牘》考釋及研究論著目錄(1999－2005),簡帛(06/07/05)

18. 陳劍:說殷墟甲骨文中的"玉戚",www.gwz.fudan.edu.cn 2009－9－11(文中對李家浩認爲玉版銘文"吉叉"當讀爲"吉琡"說有補證)

二十一　銀雀山漢簡

專著

1. 銀雀山漢墓竹簡整理小組:銀雀山漢墓竹簡(壹),北京:文物出版社,1985 年

2. 吳九龍:銀雀山漢簡釋文,秦漢魏晉出土文獻,北京:文物出版社,1985 年

論文

1. 陳乃華:先秦陰陽學説初探——《曹氏陰陽》、《三十時》的文獻價值,《山東師範大學學報》1996 年第 6 期

2. 李零:論銀雀山漢簡《三十時》,李學勤主編:《簡帛研究》第 2 輯,北京:法律出版社,1996 年;《中國方術續考》,北京:東方出版社,2000 年

3. 胡文輝:銀雀山漢簡《天地八風五行客主五音之居》釋證,中國社會科學院簡帛研究中心編輯:《簡帛研究》第 3 輯,南寧:廣西教育出版社,1998 年

4. 連劭名:銀雀山漢簡陰陽災異書研究,《考古》2005 年第 4 期

5. 連劭名:銀雀山漢簡《占書》述略,《考古》2007 年第 8 期

6. 陳侃理:從陰陽書到明堂禮——讀銀雀山漢簡《迎四時》,《中華文史論叢》2010年第1輯,簡帛 www.bsm.org.cn（10/09/24）

7. 陳侃理:銀雀山漢簡《迎四時》補說,簡帛 www.bsm.org.cn（10/09/20）

8. 連劭名:銀雀山漢簡《五音之居》與古代的風占術,中國文化遺產研究院編:《出土文獻研究》第9輯,北京:中華書局,2010年

二十二　馬王堆漢墓帛書

專著

1. 湖南省博物館、中國科學院考古研究所:長沙馬王堆一號漢墓（上、下）,北京:文物出版社,1973年

2. 湖南省博物館:長沙馬王堆漢墓,長沙:湖南人民出版社,1979年

3. 馬王堆漢墓帛書整理小組:五十二病方,北京:文物出版社,1979年

4. 馬王堆漢墓帛書整理小組:導引圖,北京:文物出版社,1979年

5. 馬王堆漢墓帛書整理小組:馬王堆漢墓帛書（壹）,北京:文物出版社,1980年

6. 何介鈞、張維民:馬王堆漢墓,北京:文物出版社,1982年

7. 馬王堆漢墓帛書整理小組:馬王堆漢墓帛書（叄）,北京:文物出版社,1983年

8. 馬王堆漢墓帛書整理小組:馬王堆漢墓帛書（肆）,北京:文物出版社,1985年

9. 陳松長:長沙馬王堆西漢墓,上海:上海古籍出版社,1998年

10. 湖南省博物館、湖南省文物考古研究所編著:長沙馬王堆二、三號漢墓,北京:文物出版社,2004年

11. 陳松長:簡帛研究文稿,北京:綫裝書局,2007年

論文

1. 陳松長:帛書《刑德》略說,《簡帛研究》第1輯,北京:法律出版社,1993

年；陳松長：《簡帛研究文稿》，北京：綫裝書局，2007年

2. [法]M.卡林諾斯基：馬王堆帛書《刑德》試探，《華學》第1輯，廣州：中山大學出版社，1995年

3. 陳松長：帛書《陰陽五行》與秦簡《日書》，李學勤主編：《簡帛研究》第2輯，北京：法律出版社，1996年；陳松長：《簡帛研究文稿》，北京：綫裝書局，2007年

4. 李學勤：馬王堆帛書《刑德》中的軍吏，李學勤主編：《簡帛研究》第2輯，北京：法律出版社，1996年

5. 饒宗頤：圖詩與辭賦——馬王堆新出"大一出行圖"私見，《湖南省博物館四十周年紀念論文集》，長沙：湖南教育出版社，1996年

6. 陳松長：帛書《刑德》乙本釋文校讀，《湖南省博物館四十周年紀念論文集》，長沙：湖南教育出版社，1996年；陳松長：《簡帛研究文稿》，北京：綫裝書局，2007年

7. 黃文傑：馬王堆帛書《刑德》乙本文字釋讀商榷，《中山大學學報》1997年第3期

8. 胡文輝：馬王堆《太一出行圖》與秦簡《日書·出邦門》，《江漢考古》1997年第3期；胡文輝：《中國早期方術與文獻叢考》，廣州：中山大學出版社，2000年

9. 陳松長：帛書《刑德》乙本釋文訂補，《簡牘學研究》第2輯，蘭州：甘肅教育出版社，1998年；陳松長：《簡帛研究文稿》，北京：綫裝書局，2007年

10. 陳松長：帛書《刑德》丙篇試探，中國社會科學院簡帛研究中心編輯：《簡帛研究》第3輯，南寧：廣西教育出版社，1998年；陳松長：《簡帛研究文稿》，北京：綫裝書局，2007年

11. 饒宗頤：馬王堆《陰陽五行》之天一圖——漢初天一家遺説考，《燕京學報》新七期，1999年11月

12. 陳松長：試論帛書《刑德》甲、乙本的撰抄年代，第一屆簡帛學術研討會論文，臺北：中國文化大學史學系，1999年12月；《國際儒學研究》第11輯，北京：國際文化出版公司，2001年；《第一屆簡帛學術討論會集》，臺北：中國

文化大學史學系，2003 年；陳松長：《簡帛研究文稿》，北京：綫裝書局，2007 年

13. 陳松長：馬王堆帛書《刑德》甲、乙本的比較研究，《文物》2000 年第 3 期；《秦漢史論叢》第 8 輯，昆明：雲南大學出版社，2001 年；陳松長：《簡帛研究文稿》，北京：綫裝書局，2007 年

14. 劉國忠：馬王堆帛書《刑德》乙篇再探，廖名春編：《清華簡帛研究》第 2 輯，北京：清華大學思想文化研究所，2002 年 3 月；朱曉海編：《新古典新義》，臺灣學生書局，2001 年

15. 馬王堆漢墓帛書整理小組：馬王堆帛書《式法》釋文摘要，《文物》2000 年第 7 期

16. 裘錫圭：《讀馬王堆帛書〈式法〉釋文摘要》小記，《國際簡帛研究通訊》2000 年第 5 期；艾蘭、邢文編：《新出簡帛研究》，北京：文物出版社，2004 年

17. 陳松長：帛書《陰陽五行》甲篇的文字釋讀與相關問題，《楚地出土資料與中國古代文化》，汲古書院，2002 年 3 月；張顯成主編：《簡帛語言文字研究》第 1 輯，成都：巴蜀書社，2002 年 12 月；陳松長：《簡帛研究文稿》，北京：綫裝書局，2007 年

18. 劉國忠：詩論馬王堆帛書《式法》的"徙"篇，廖名春編：《清華簡帛研究》第 2 輯，北京：清華大學思想文化研究所，2002 年 3 月

19. 劉玉堂、劉金華：馬王堆帛書《式法》"徙"、"式圖"篇講疏，《江漢論壇》2002 年第 4 期

20. 陶磊：馬王堆帛書《式法》初探，簡帛研究網 www.jianbo.org（02/02/25）

21. 晏昌貴：讀馬王堆帛書《式法》，《人文論叢》2003 年卷，張建民主編：《武漢大學歷史學集刊》第 3 輯，武漢：湖北人民出版社，2005 年

22. 陳松長：馬王堆帛書《式法》研究，《湖南省博物館館刊》第 1 期，《船山學社》雜誌社，2004 年 8 月

23. 劉樂賢：馬王堆帛書《式法·祭》復原，《湖南省博物館館刊》第 1 期，《船山學社》雜誌社，2004 年 8 月；劉樂賢：《戰國秦漢簡帛叢考》，北京：文物出版社，2010 年

24. ［日］池田知久：關於《式法》的發言概要，艾蘭、邢文編：《新出簡帛研

究》，北京：文物出版社，2004年

25. 陳松長：馬王堆帛書《式法》初論，艾蘭、邢文編：《新出簡帛研究》，北京：文物出版社，2004年；陳松長：《簡帛研究文稿》，北京：綫裝書局，2007年

26. 汪濤：馬王堆帛書《式法》中的"二十八宿"與"式圖"，艾蘭、邢文編：《新出簡帛研究》，北京：文物出版社，2004年

27. 劉樂賢：馬王堆帛書《式法·天一》補釋，艾蘭、邢文編：《新出簡帛研究》，北京：文物出版社，2004年

28. 劉國忠：帛書《式法》"徙"篇試論，艾蘭、邢文編：《新出簡帛研究》，北京：文物出版社，2004年

29. 李若暉：馬王堆帛書《式法·刑日》式圖初探，艾蘭、邢文編：《新出簡帛研究》，北京：文物出版社，2004年

30. 陳松長：帛書《出行占》中的幾個時稱概念略考，中國文物研究所編：《出土文獻研究》第7輯，上海：上海古籍出版社，2005年；陳松長：《簡帛研究文稿》，北京：綫裝書局，2007年

31. 劉樂賢：馬王堆帛書《出行占》補釋（修訂），簡帛 www.bsm.org.cn（05/11/03）

32. 陳松長：帛書《刑德》分野說略考，《中國的視覺世界》國際會議論文集，巴黎《語彙叢刊》2005年11月；陳松長：《簡帛研究文稿》，北京：綫裝書局，2007年

33. 陳松長：帛書《刑德》甲本箋注（雲氣占部分），《湖南省博物館館刊》第2期，2005年12月；陳松長：《簡帛研究文稿》，北京：綫裝書局，2007年

34. 陳炫煒：也談馬王堆《刑德》甲本"十一年十二月己亥上朔"問題，簡帛 www.bsm.org.cn（06/05/21）

35. 陶磊：馬王堆帛書《刑德》甲、乙本的初步研究，《簡帛研究二〇〇四》，桂林：廣西師範大學出版社，2006年

36. 王樹金：馬王堆漢墓帛書《木人占》述略，簡帛 www.bsm.org.cn（08/04/19）

37. 劉樂賢：馬王堆帛書《式法》中的"無堯"和"鄣"，《出土文獻與古文字

研究》第 2 輯,上海:復旦大學出版社,2008 年;劉樂賢:《戰國秦漢簡帛叢考》,北京:文物出版社,2010 年

二十三　馬王堆漢墓帛畫

專著

1. 湖南省博物館、中國科學院考古研究所:長沙馬王堆一號漢墓(上、下),北京:文物出版社,1973 年
2. 湖南省博物館、湖南省文物考古研究所編著:長沙馬王堆二、三號漢墓,北京:文物出版社,2004 年

論文

1. 湖南長沙馬王堆一號、三號墓出土的西漢帛畫,《中國文物》1980 年第 4 期,北京:文物出版社,1980 年
2. 吳作人:讀馬王堆西漢帛畫後——畫筆隨錄,《文物》1972 年第 9 期
3. 商志䪡:馬王堆一號漢墓"非衣"試釋,《文物》1972 年第 9 期
4. 羅琨:關於馬王堆漢墓帛畫的商討,《文物》1972 年第 9 期
5. 萬山:珍貴的漢初彩繪帛畫,《湖南日報》1972 年 11 月 4 日
6. 郭沫若:桃都、女媧、加陵,《文物》1973 年第 1 期
7. 安志敏:長沙新發現的西漢帛畫試探,《考古》1973 年第 1 期
8. 孫作雲:長沙馬王堆一號漢墓出土的畫幡考釋,《考古》1973 年第 1 期
9. 馬雍:論長沙馬王堆一號漢墓出土帛畫的名稱和作用,《考古》1973 年第 2 期
10. 于民:西漢帛畫初探,《北京大學學報》1973 年第 2 期
11. 孫作雲:長沙出土的漢墓帛畫試釋,《光明日報》1973 年 8 月 6 日
12. [日]林巳奈夫:長沙馬王堆 1 號墓出土的帛畫,《MUSEUM》NO. 267,東京,1973 年

13.［日］林巳奈夫:佩玉和綬序說,附論長沙馬王堆出土的非衣(所謂"幡")的性格,《東方學報》四十五冊,京都,1973年

14.金維諾:談長沙馬王堆3號漢墓帛畫,《文物》1974年第11期

15.［日］上原淳道:關於長沙馬王堆一號漢墓出土的帛畫一考察,《中國古代史研究》第四,東京,1976年

16.金景芳:關於長沙馬王堆一號漢墓帛畫的名稱問題,《社會科學戰綫》1978年第1期

17.劉敦願:馬王堆西漢帛畫中的若干神話問題,《文史哲》1978年第4期

18.韓自強:馬王堆漢墓出土帛畫與《招魂》,《江淮論壇》1979年第1期

19.肖兵:馬王堆帛畫與楚辭,《考古》1979年第2期

20.王伯敏:馬王堆一號漢墓帛畫並無"嫦娥奔月",《考古》1979年第3期

21.鍾敬文:馬王堆漢墓帛畫的神話史意義,《中華文史論叢》1979年第2輯

22.周士琦:馬王堆漢墓帛畫日月神話起源考,《中華文史論叢》1979年第2輯

23.肖兵:馬王堆《帛畫》與《楚辭》二則,《江蘇師範學院學報》1980年第1期

24.馬鴻增:論漢初帛畫的人首蛇身像及天界圖,《南藝學報》1980年第2期

25.肖兵:馬王堆《帛畫》與《楚辭》三則,《淮陰師專學報》1980年第2期

26.肖兵:羽人·相鳥·觀風鳥——《馬王堆帛畫與楚辭一則》,《蘭州大學學報》1980年第2期

27.肖兵:馬王堆《帛畫》與《楚辭》,《浙江師範學院學報》1980年第2期

28.潘絜茲:西漢帛畫,《中國文物》1980年第4期,北京:文物出版社,1980年

29.熊傳薪:馬王堆漢墓"非衣"帛畫與楚國神話傳說,《楚風》1981年創刊號

30. 鮑昌：馬王堆漢墓帛畫新探，《活頁文史叢刊》第 6 輯 115 號，1981 年

31. 林河、楊進飛：南方民族神話、楚辭與馬王堆漢墓飛衣帛畫比較研究，《中國少數民族神話學術討論會論文》(中冊)，1984 年；又：馬王堆漢墓飛衣帛畫與楚辭神話南方神話比較研究，《民間文學論壇》1985 年第 3 期

32. 俞偉超：馬王堆一號漢墓帛畫内容考，俞偉超：《先秦兩漢考古學論集》，北京：文物出版社，1985 年

33. 龔維英：嫦娥化蟾蜍非古神話原貌——馬王堆帛畫臆解一則，《湖南考古輯刊》第 3 集，1986 年

34. 林河：一幅消失了的原始神話圖卷——馬王堆漢墓彩繪與楚越神話和喪葬習俗的比較研究，《民間文學論壇》1986 年第 4 期

35. 彭景元：馬王堆一號漢墓帛畫新解，《江漢考古》1987 年第 1 期

36. 孫世文：馬王堆一號漢墓帛畫人首蛇身圖考，《東北師範大學學報》1987 年第 1 期

37. 黨華：馬王堆一號漢墓彩繪帛畫名稱的考察，《中國考古學研究論集——紀念夏鼐先生考古五十週年》，西安：三秦出版社，1987 年

38. 雪克：馬王堆西漢帛畫"非衣"說質疑，《浙江學刊》1988 年第 1 期

39. 過竹：馬王堆一號漢墓帛畫與苗巫文化及其思想，《廣西師範學院學報》1990 年第 2 期

40. 伯年摘：馬王堆一號墓帛畫與苗巫文化及其思想，《民間文學論壇》1991 年第 2 期

41. 劉曉路：馬王堆帛畫再認識：論其楚藝術性格並釋存疑，《楚文藝論集》，武漢：湖北美術出版社，1991 年

42. 顏新元：長沙馬王堆漢墓 T 形帛畫主題思想辨證，《楚文藝論集》，武漢：湖北美術出版社，1991 年

43. 李建毛：也談馬王堆漢墓 T 形帛畫的主題思想——兼質疑"引魂升天"說，《美術史論》1992 年第 3 期

44. 周世榮：馬王堆漢墓的"神祇圖"帛畫，《考古》1990 年第 10 期

45. 李零：馬王堆漢墓"神祇圖"應屬辟兵圖，《考古》1991 年第 10 期，李

零:《入山與出塞》,北京:文物出版社,2004 年

46. 陳松長:馬王堆漢墓帛畫"太一將行"圖淺論,《美術史論》1992 年第 3 期;陳松長:《簡帛研究文稿》,北京:綫裝書局,2007 年

47. 陳松長:馬王堆漢墓"神祇圖"辨正,《江漢考古》1993 年第 1 期

48. 李家浩:論《太一避兵圖》,《國學研究》,北京:北京大學出版社,1993 年

49. 李建毛:馬王堆漢墓"神祇圖"與原始護身符籙,湖南省博物館編:《馬王堆漢墓研究文集》,長沙:湖南出版社,1994 年

50. 鄭曙斌:馬王堆漢墓 T 形帛畫的巫術意義,湖南省博物館編:《馬王堆漢墓研究文集》,長沙:湖南出版社,1994 年

51. 熊建華:馬王堆一號漢墓"璧畫"、用璧形式及璧制,湖南省博物館編:《馬王堆漢墓研究文集》,長沙:湖南出版社,1994 年

52. 郭學仁:馬王堆一號漢墓帛畫人身蛇尾神新論,湖南省博物館編:《馬王堆漢墓研究文集》,長沙:湖南出版社,1994 年

二十四　尹灣漢簡

專著

1. 連雲港市博物館、東海縣博物館、中國社會科學院簡帛研究中心、中國文物研究所:尹灣漢墓簡牘,北京:中華書局,1997 年

2. 張顯成、周群麗:尹灣漢墓簡牘校理,天津:天津古籍出版社,2011 年

論文

1. 葛兆光:慈烏與寒鴉,《中國典籍與文化》1996 年第 3 期

2. 揚之水:《神烏賦》試論,《中國文化》1996 年 14 期

3. 周鳳五:新訂尹灣漢簡《神烏賦》釋文,《第三屆國際辭賦學學術研討會論文集》,臺灣政治大學,1996 年第 12 月

4. 李學勤:《博局占》與規矩紋,《文物》1997年第1期

5. 裘錫圭:《神烏賦》初探,《文物》1997年第1期;連雲港市博物館、中國文物研究所編:《尹灣漢墓簡牘綜論》,北京:科學出版社,1999年;《中國出土古文獻十講》,上海:復旦大學出版社,2004年

6. 虞萬里:《神烏賦》箋釋,《臺灣第一屆國際暨第三屆全國訓詁學學術研討會論文集》,1997年4月;《學術集林》卷十二,上海:上海遠東出版社,1997年;虞萬里:《榆枋齋學術論集》,南京:江蘇古籍出版社,2001年

7. 周寶宏:漢簡《神烏賦》整理和研究,《古籍整理研究學刊》1997年第2期

8. 揚之水:《神烏賦》讕論,《中國文化》第14期,1997年7月

9. 萬光治:尹灣漢簡《神烏賦》研究,《四川師範大學學報》1997年第3期;南京大學中文系主編:《辭賦文學論集》,南京:江蘇教育出版社,1999年

10. 劉洪石:東海尹灣漢墓術數類簡牘試讀,《東南文化》1997年第4期

11. 伏俊連:從新出土的《神烏賦》看民間故事賦的產生、特徵及其在文學史上的地位,《西北師大學報》1997年第6期

12. 潔芒:尹灣漢墓出土《神烏賦》初探,《內蒙古師大學報》1998年第1期

13. 海濱:對尹灣漢簡《神烏賦》的幾點思考,《西部學壇》1998年第1期

14. 譚家健:《神烏賦》源流漫論,《中國文學研究》1998年第2期

15. 裘錫圭:"佐子"應讀為"嗟子",《文物》1998年第3期

16. 吳儀鳳:詠物與敘事——論禽鳥賦的兩種文學類型,中國古典文學研究會:《中國文學研究》第一期,1999年6月

17. 臧正一:尹灣漢簡《神烏賦》研究,暨南國際大學中國語文學系碩士班研究生論文,1999年7月

18. 吳又辛:漢簡《神烏賦》整理和研究讀後記,《古籍整理研究學刊》1999年第3期

19. 藍旭:尹灣漢簡《神烏賦》研究綜述,《文史知識》1999年第8期

20. 曾藍瑩:尹灣漢墓《博局占》木牘試解,《文物》1999年第8期

21. 臧正一：尹灣漢簡《神烏賦》音韻研究，《古文字與古文獻》試刊號，臺北：楚文化研究會印行，1999年10月

22. 羅國威：尹灣漢簡《神烏賦》訂詁，《學術集林》卷十六，上海：遠東出版社，1999年

23. 黃一農：從尹灣漢簡看中國社會的擇日傳統，《研究院歷史語言研究所集刊》第七十本第三分，1999年

24. 王志平：《神烏傅（賦）》與漢代詩經學，連雲港市博物館、中國文物研究所編：《尹灣漢墓簡牘綜論》，北京：科學出版社，1999年

25. 駱名楠：文壇古珍《神烏傅（賦）》，連雲港市博物館、中國文物研究所編：《尹灣漢墓簡牘綜論》，北京：科學出版社，1999年

26. 劉樂賢：尹灣漢墓出土數術文獻初探，連雲港市博物館、中國文物研究所編：《尹灣漢墓簡牘綜論》，北京：科學出版社，1999年

27. 郭伯佾：尹灣漢簡《神烏賦》的書體運用，第一屆簡帛學術研討會論文，臺北：中國文化大學史學系，1999年12月；《第一屆簡帛學術討論會集》，臺北：中國文化大學史學系，2003年

28. 羅見今：《尹灣漢墓簡牘》博局占構造考釋，《西北大學學報》（自然科學版）30卷第2期，2000年

29. 曲德來：由《神烏傅（賦）》論及有關文學史的幾個問題，姚小鷗編：《出土文獻與中國文學研究》，北京：北京廣播學院出版社，2000年

30. 楊海濰、汪小洋：《神烏賦》評析，《江蘇理工大學學報》2000年第3期

31. 李解民：《尹灣漢墓〈博局占〉木牘試解》訂補，《文物》2000年第8期

32. 王志平：《神烏賦》零箋，《華學》第4輯，北京：紫禁城出版社，2000年

33. 朱曉海：論《神烏賦》及其相關問題；李學勤、謝桂華主編：《簡帛研究2001》，桂林：廣西師範大學出版社，2001年

34. 宗明華：論賦之"俗"與"俗賦"——兼論尹灣漢簡《神烏賦》文體上的承傳及性質，《煙臺大學學報》2002年第1期

35. 李零：跋中山王墓出土的六博棋局——與尹灣《博局占》的設計比較，《中國歷史文物》2002年第1期

36. 李若暉:《神烏賦》與《離騷傳》,廖名春編:《新出楚簡與儒家思想國際學術研討會論文集》,北京:清華大學思想文化研究所,2002年3月;《國學研究》第十七卷

37. 劉淑娟:尹灣漢簡《神烏傳》與敦煌《燕子賦》甲篇之比較研究,《中國學術年刊》第23期,2002年

38. 羅振躍:《神烏賦》的符號學解釋,《廣東商學院學報》2003年第5期(總第70期)

39. 劉樂賢:尹灣漢簡《神烏賦》"勒靳"試釋,《古籍整理研究學刊》2003年第5期;劉樂賢:《戰國秦漢簡帛叢考》,北京:文物出版社,2010年

40. 李零:尹灣漢簡《神烏賦》校讀記,《第四屆國際中國古文字學研討會論文集》,香港中文大學,2003年10月

41. 王繼如:《神烏賦》"隨起擊耳"試釋,《古漢語研究》2004年第3期

42. 王澤強:論"烏"意象的蘊意及演化,《學術探索》2004年第3期

43. 蹤凡:兩漢故事賦探論:以《神烏賦》爲中心,《中國俗文化研究》第2輯,成都:巴蜀書社,2004年

44. 郭學利:尹灣漢墓《神烏賦》研究,內蒙古大學碩士學位論文,2004年5月

45. 饒宗頤:再談"神烏傳(賦)",李學勤、謝桂華主編:《簡帛研究二〇〇二、二〇〇三》,桂林:廣西師範大學出版社,2005年

46. 王志平:簡帛筆記二則,《簡帛研究二〇〇四》,桂林:廣西師範大學出版社,2006年(第二則:《神烏賦》"櫂楝"解,讀"櫂楝"爲"懼悚")

47. 劉洪濤:釋尹灣漢簡《神烏賦》讀爲"豈弟"之"弟"的"旨"字,簡帛 www.bsm.org.cn (07/11/17)

48. 許雲和:尹灣漢簡《神烏傳(賦)》考論,《中山大學學報》2008年第3期(認爲20號簡雙行小字,不過是贈物者的簽名)

49. 蘇成愛:《"佐子"應讀爲"嗟子"》補説,www.gwz.fudan.edu.cn 2009—10—11

二十五　孔家坡漢簡

專著

1. 湖北省文物考古研究所、隨州市考古隊：隨州孔家坡漢墓簡牘，北京：文物出版社，2006年6月

論文

1. 張昌平：隨州孔家坡墓地出土簡牘概述，新出簡帛國際學術研討會論文，北京大學，2000年8月；艾蘭、邢文編：《新出簡帛研究》，北京：文物出版社，2004年
2. 湖北省文物考古研究所、隨州市文物局：隨州市孔家坡墓地 M8 發掘簡報，《文物》2001年第9期
3. 李天虹：孔家坡漢簡中的"徙時"篇，李學勤、謝桂華主編：《簡帛研究二〇〇二、二〇〇三》，桂林：廣西師範大學出版社，2005年；張建民主編：《武漢大學歷史學集刊》第3輯，武漢：湖北人民出版社，2005年
4. 李學勤：隨州孔家坡8號墓的年代學問題，艾蘭、邢文編：《新出簡帛研究》，北京：文物出版社，2004年
5. 陳炫瑋：孔家坡漢簡日書研究，新竹：清華大學歷史學研究所碩士學位論文，2006年
6. 王貴元：讀孔家坡漢簡札記，簡帛 www.bsm.org.cn（06/10/08）
7. 劉樂賢：孔家坡漢簡《日書》"司歲"補釋，簡帛 www.bsm.org.cn（06/10/10）；孔家坡漢簡《日書》"司歲"篇初探，劉樂賢：《戰國秦漢簡帛叢考》，北京：文物出版社，2010年
8. 武家璧：隨州孔家坡漢簡《曆日》及其年代，簡帛 www.bsm.org.cn（06/10/10）
9. 何有祖：也説孔家坡漢簡《日書》所見歲名，簡帛 www.bsm.org.cn（06/10/10）

10. 晏昌貴:孔家坡漢簡《日書》中的五行配物問題,簡帛 www. bsm. org. cn(06/10/15)

11. 劉樂賢:孔家坡漢簡《日書》"歲"篇初探,武漢大學簡帛研究中心:《中國簡帛學國際論壇 2006 論文集》,2006 年 11 月;簡帛 www. bsm. org. cn(07/05/26);《簡帛》第 2 輯,上海:上海古籍出版社,2007 年;劉樂賢:《戰國秦漢簡帛叢考》,北京:文物出版社,2010 年

12. 晏昌貴:孔家坡漢簡《日書》中的五行配音問題,武漢大學簡帛研究中心:《中國簡帛學國際論壇 2006 論文集》,2006 年 11 月;孔家坡漢簡《日書·歲》篇五行配音及相關問題,《簡帛》第 2 輯,上海:上海古籍出版社,2007 年

13. 陳炫瑋:孔家坡《日書》〈離日篇〉補議,簡帛 www. bsm. org. cn(06/11/12)

14. 范常喜:孔家坡漢簡《日書》札記四則,簡帛 www. bsm. org. cn(06/12/26)

15. 胡平生:"其主必[騫]僕屬吉"——讀孔家坡漢簡筆記一則,簡帛 www. bsm. org. cn(07/01/01)

16. 陳炫瑋:孔家坡漢簡《日書》札記二則,簡帛 www. bsm. org. cn(07/01/06)

17. 劉樂賢:讀孔家坡漢墓《告地書》札記,簡帛 www. bsm. org. cn(07/04/14)

18. 陳炫瑋:孔家坡漢簡《日書》〈糴〉篇疏證,簡帛 www. bsm. org. cn(07/05/15)

19. 何有祖:孔家坡日書簡所見"雞血社"淺論,簡帛 www. bsm. org. cn(07/07/04)

20. 周群:也說孔家坡日書簡所見的"雞血社",簡帛(07/07/08)

21. 劉增貴:"左右"、"雌雄"與"反"——孔家坡《日書·反支》考釋,簡帛 www. bsm. org. cn(07/08/02);《簡帛》第 3 輯,上海:上海古籍出版社,2008 年

22. 陸平:也論孔家坡《日書·反支》,簡帛 www. bsm. org. cn(07/08/04)

23. 陳炫瑋：也談孔家坡漢簡《日書·反支》中的"雄雌"問題，簡帛 www. bsm. org. cn (07/08/06)
24. 陳炫瑋：孔家坡漢簡《日書·反支》篇雄雌補說，簡帛 www. bsm. org. cn (07/08/07)
25. 陳炫瑋：孔家坡漢簡《日書·雞》篇補釋，簡帛 www. bsm. org. cn (07/08/14)
26. 陸平：試釋孔家坡漢簡《日書》之"䜣"、"禹"、"女過"，簡帛 www. bsm. org. cn (07/08/25)
27. 陳炫瑋：孔家坡漢簡《日書》札記七則，簡帛 www. bsm. org. cn (07/08/25)
28. 武家璧："隨桃侯"考，簡帛 www. bsm. org. cn (07/09/25)
29. 陳斯鵬：孔家坡漢簡補釋，《中國歷史文物》2007 年第 6 期
30. 陳炫瑋：孔家坡漢簡《日書》選釋，《中國文字》新 33 期，2007 年 12 月
31. 李天虹：孔家坡漢簡"星"篇初探，《考古發現與中國學術史研究首屆國際學術研討會論文集》，保定：河北大學出版社，2007 年
32. 陳炫瑋：孔家坡漢簡《日書》年代下限的考訂，簡帛 www. bsm. org. cn (08/06/14)
33. 范常喜：孔家坡漢簡《日書》劄記四，《東南文化》2008 年 3 期
34. 汪冰冰、鵬宇：《孔家坡漢簡·日書·到室》"䜣"字考釋，簡帛 www. bsm. org. cn(08/09/16)
35. 汪冰冰、鵬宇：釋《孔家坡漢簡·日書·辰》"歲美"，簡帛研究網 www. jianbo. org2008/9/15
36. 晏昌貴：孔家坡漢簡《日書》的篇題與分篇，《簡帛》第 3 輯，上海：上海古籍出版社，2008 年
37. 高明：《隨州孔家坡漢墓簡牘·日書》副詞研究，張顯成主編：《簡帛語言文字研究》第 3 輯，成都：巴蜀書社，2008 年
38. 武家璧：隨州孔家坡漢簡《曆日》及其年代，《江漢考古》2009 年第 1 期
39. 陸平：散見漢日書零簡輯證，南京師範大學碩士學位論文，2009 年
40. 張顯成：《隨州孔家坡漢墓簡牘》文字釋讀訂誤，中國文字學會第五屆

學術年會暨漢字學國際學術研討會,福建師範大學,2009年8月

41. 劉樂賢:孔家坡漢簡《日書》"直室門"補釋,武漢大學簡帛研究中心主辦:《簡帛》第4輯,上海:上海古籍出版社,2009年

42. 晏昌貴:孔家坡漢簡《日書》天牢篇箋證,武漢大學簡帛研究中心主辦:《簡帛》第4輯,上海:上海古籍出版社,2009年

43. 凡國棟:日書《死失圖》的綜合考察——從漢代日書對楚秦日書的繼承和改造的視角,工藤元男、李成市主編:《東アジア古代出土文字資料の研究》,雄山閣,2009年3月;《簡帛研究二〇〇七》,桂林:廣西師範大學出版社,2010年;簡帛www.bsm.org.cn(10/08/02)

二十六 香港中大藏簡

專著

1. 陳松長:香港中文大學文物館藏簡牘,香港中文大學文物舘,2001年
2. 王子今:"為簡牘學增一重要新資料"——讀《香港中文大學文物館藏簡牘》,《中國文物報》2002年4月19日

論文

1. 饒宗頤:記建興廿八年"松人"解除簡——漢"五龍相拘絞"說,李學勤主編:《簡帛研究》第2輯,北京:法律出版社,1996年
2. 連劭名:建興廿八年"松人"解除簡考述,《世界宗教研究》1996年第3期
3. 陳松長:香港中文大學文物館藏簡牘的內容與價值,新出簡帛國際學術研討會論文,北京大學,2000年8月;艾蘭、邢文編:《新出簡帛研究》,北京:文物出版社,2004年;陳松長:《簡帛研究文稿》,北京:綫裝書局,2007年
4. 劉樂賢:讀《香港中文大學文物館藏簡牘》,《江漢考古》2001年第4期;劉樂賢:《戰國秦漢簡帛叢考》,北京:文物出版社,2010年
5. 李均明:讀《香港中文大學文物館藏簡牘》偶識,《古文字研究》第24

輯,北京:中華書局,2002年7月

6. 陳英傑:讀《香港中文大學文物館藏簡牘》札記,簡帛研究網 www.jianbo.org02/11/28

7. 劉金華:讀《香港中文大學文物館藏簡牘》札記,簡帛研究網 www.jianbo.org04/10/12

8. 陳英傑:《香港中文大學文物館藏簡牘·戰國楚簡》第七簡補説,簡帛研究網 www.jianbo.org05/01/15

9. 彭浩:《河堤簡》校讀,《考古》2005年第11期

10. 劉昭瑞:東漢建初四年"序寧"簡若干研究,中山大學古文字研究所編:《康樂集:曾憲通教授七十壽慶論文集》,廣州:中山大學出版社,2006年

11. 于振波:《香港中文大學文物館藏簡牘》劄記之一,簡帛 www.bsm.org.cn(06/02/25)

12. 于振波:《香港中文大學文物館藏簡牘》劄記之二,簡帛 www.bsm.org.cn(06/03/15)

13. 楊華:港大藏《序寧禱券》集釋,武漢大學中國傳統文化研究中心等:《新出楚簡國際學術研討會會議論文集》,2006年6月;《新出簡帛與禮制研究》,臺北:臺灣古籍出版有限公司,2007年;丁四新主編:《楚地簡帛思想研究(三)》,武漢:湖北教育出版社,2007年;簡帛研究網 www.jianbo.org2008/2/19

14. 劉金華:《香港中文大學文物館藏簡牘》整理拾遺,《中國歷史文物》2006年第4期

15. 范常喜:香港序寧簡"頭望目顛""頭望目昏"補議,簡帛 www.bsm.org.cn(06/11/29)

16. 劉樂賢:東漢"序寧"簡補釋,《華學》第8輯,北京:紫禁城出版社,2006年;劉樂賢:《戰國秦漢簡帛叢考》,北京:文物出版社,2010年

17. 晏昌貴:香港藏漢簡《日書》中的"人字",晏昌貴:《簡帛數術與歷史地理論集》,北京:商務印書館,2010年

18. 何有祖:讀香港中文大學文物館藏簡札記,《古籍整理研究學刊》2007年第2期

19. 陸平：港中大館藏漢簡《日書》校釋，簡帛 www.bsm.org.cn（08/09/20），武漢大學簡帛研究中心主辦：《簡帛》第4輯，上海：上海古籍出版社，2009年

20. 陸平：港中大館藏漢簡《日書·生子篇》整理，www.gwz.fudan.edu.cn08/08/06

21. 陸平：讀港藏《日書》簡札記九則，www.gwz.fudan.edu.cn08/08/28

22. 李松儒：香港中文大學藏戰國簡的歸屬，"甘肅省第二屆簡牘學國際學術研討會"論文，蘭州，2011年8月

23. 陳英傑：讀《香港中文大學文物館藏簡牘》札記，陳英傑：《文字與文獻研究叢稿》，北京：社會科學文獻出版社，2011年

二十七　散見漢簡《日書》

1. 胡文輝：居延漢簡中的《日書》殘文，《文物》1995年第4期

2. 劉昭瑞：居延新出漢簡所見方術考釋，《文史》第四十三輯，1997年

3. 何雙全：漢簡《日書》叢釋，甘肅省文物考古研究所、西北師範大學歷史系編：《簡牘學研究》第二輯，蘭州：甘肅人民出版社，1998年3月

4. 魏德勝：居延新簡、敦煌漢簡中的"日書"殘簡，《中國文化研究》2001年春之卷

5. 張銘洽、王育龍：西安杜陵漢牘《日書》"農事篇"考辨，"漢文化學術研討會"論文，南陽師範學院，2002年

6. 劉國勝：港中大館藏漢簡《日書》補釋，武漢大學簡帛研究中心主辦：《簡帛》第1輯，上海：上海古籍出版社，2006年

7. 劉樂賢：懸泉漢簡中的建除占"失"殘文，《文物》2008年第12期

8. 陸平：散見漢日書零簡輯證（一），簡帛 www.bsm.org.cn（10/12/17）

9. 陸平：散見漢日書零簡輯證（二），簡帛 www.bsm.org.cn（10/12/17）